인간 본성에 관한 10가지 철학적 성찰

인간 본성에 관한 10가지 철학적 성찰

초 판 1쇄 1996년 8월 20일
초 판 8쇄 2007년 8월 30일
제1판 1쇄 2018년 9월 10일

지은이 로저 트리그
옮긴이 최용철
펴낸곳 도서출판 자작나무
펴낸이 신영임

주 소 경기도 파주시 가온로 205
전 화 031-947-5160
팩 스 031-947-5198
이메일 chajaknamu@hanmail.net
등록번호 제 406-2007-000050호
등록일자 2007년 9월 1일

ISBN 89-7676-804-3

인간 본성에 관한 10가지 철학적 성찰

로저 트리그 지음 • 최용철 옮김

IDEAS OF HUMAN NATURE

자작나무

한국어판 서문

다른 국가, 다른 대륙에 살고 있는 모든 사람들이 고찰해 볼 만한 철학적 주제로서 인간 본성만큼 적합한 주제는 없다. 정의상 인간 본성은 우리 모두가 공유하는 그 무엇으로서, 그에 관한 논쟁은 모든 사람과 연관되기 때문이다. 이 책에서 다루어지고 있는 열 명의 사상가들은 모두 유럽인으로, 서구의 세계관을 형성하는 데 지대한 영향을 미쳤던 사람들이다. 그러나 그들 저작은 보편적 관심을 받을 만큼 중요하다. 이렇게 생각할 수 있는 것은 그들의 사상이 탁월하기 때문이기도 하지만, 다루고 있는 주제들이 어느 누구도 도외시할 수 없는 그런 성질의 것들이기 때문이다. 우리 모두는 알든 모르든 간에 우리 자신을 비롯하여 우리가 매일 만나는 사람들이 어떤 종류의 인간이라고 전제하면서 살아간다. 정치체제도 예외는 아니어서 인간 본성에 관한 어떤 판단을 전제해야 한다. 사실 많은 정치체제들이 이 책에 소개된 사상가들의 사상으로 소급될 수 있는 신념들에 기초해 있다.

우리가 어떤 사회에 속하든 그리고 어떤 문화권에서 성장하였든, 가장 중요한 사실은 우리가 인간이라는 점이다. 언뜻보는 겉모습과는 달리, 우리는 다른 인종과 다른 문명의 사람들과 훨씬 더 많은 공통점을 갖고 있다. 우리 모두는 서로 매우 다른 것처럼 보이고, 우리가 한국인인가 영국인인가, 러시아인인가 미국인인가 하는 것이 우리에게 중요한 사항처럼 보인다. 그러나 명백한 차이에도 불구하고, 근본적인 유사성이 있다. 우리는 동일한 충동을 공유하며, 우리 본성의 구조도 동일하다. 이 책과 같은 작품이 한 언어에서 다른 언어로 번역될 수 있고, 독자들에게 호소력을 지닐 수 있는 것도 이 때문이다. 또 먼 옛날, 아주 다른 환경 속에서 씌어진 저작과 희곡

들인데도 여전히 인간이 어떤 곤경에 처하는가를 생생하게 다루고 있는 것도 이 때문이다.

이러한 점들은 철학에서 다시금 논쟁의 대상이 되고 있기 때문에 특별히 강조해 둘 만하다. 어디에 살든 우리 모두는 같은 세계에 살고 있으며, 동일한 실재와 대면하고 있다. 진리란 변하지 않는다. 그럼에도 불구하고 많은 철학자들은 오늘날 이러한 사실에 회의를 품는다. 예를 들어 포스트모더니즘(post-modernism)이라 일컬어지는 견해를 취하는 사람들은 우리 모두가 특정한 관점과 해석에 사로잡혀 있음을 강조한다. 그들은 우리가 우리의 역사적 환경에 의해 만들어졌으며 그것을 넘어설 수 없다고 주장한다. 니체를 추종하고 있는 그들은 개인적 상황을 초월하여 보편적 진리를 추론하는 우리의 능력에 대해 대단히 회의적이다. 이러한 입장으로부터 인간 본성과 같은 것이란 없으며 우리 모두가 공유하는 어떠한 것도 없다는 결론이 나온다. 그러한 결론이 바로 진리를 판단자의 입장과 관련시키는 상대주의이며, 그것은 플라톤 시대에도 유행했던 것이었다. 이 책은 한국인이든 영국인이든, 우리 모두 어떤 동일한 인간성과 동일한 합리성을 공유한다는 믿음을 갖고 씌어졌다(그리고 번역되었다). 그것이 우리로 하여금 우리의 특정한 언어와 역사에 의해 우리가 처하게 된 한계를 뛰어넘는 것을 가능하게 할 것이다. 진리는 우리 모두에게 진리이다. 진리는 어떠한 경계도 인정하지 않기 때문이다.

영국 코벤트리 워릭대학교에서
1996년 8월 로저 트리그

저자서문

인간 본성에 관한 가장 중요하고 설득력 있는 사상을 골라 내는 일은 개인적인 의견에 좌우되기 쉬운 것처럼 보인다. 사람마다 취향이 다르고, 또 주목할 만한 주장을 하는 사상가들을 모조리 다룬다는 것은 불가능하기 때문이다. 이 책에서 다루어지지 못하고 후보로만 남은 사상가들도 있으며, 또, 이 책에 포함된 사상가들이라도 그들의 견해를 완벽하게 다룰 수는 없었다.

그렇지만 내가 다루고 있는 열 명의 사상가들은 서양 사상사에 있어 막대한 영향력을 행사해 왔던 인물들이다. 여기서 다루어지는 사상가들의 일부 저작들이 없었더라면 지금의 20세기는 전혀 다른 모습이었을 것이다. 분명히 우리는 우리 자신에 대해 다른 관점들을 취할 수도 있었을 것이다. 그러나 여기에서 다뤄지는 인간 본성과 관련한 몇 가지 사상들로 말미암아 이미 혁명도 치렀고 전쟁도 겪었다. 참이든 거짓이든 간에 사상의 위력을 어느 누구도 과소평가해서는 안 되며, 특히 우리 자신에 대해 관심을 가장 많이 보이는 사상에 대해서 주의를 기울여야 한다.

이 책은 영국학술원의 재정적 후원에 힘입어 씌어졌으며, 그러한 후원에 대해 깊은 감사를 드린다.

또한 이 책을 쓰도록 1년 동안의 연구안식년을 제공한 워릭대학교(University of Warwick)에 대해서도 감사한다. 또 그 기간 동안 객원 교수의 자격을 준 옥스포드 세인트크로스대학(St Cross College, Oxford)의 학장과 동료교수들의 후의를 잊을 수 없다. 옥스포드를 다시 방문하여 편안한 곳에서 연구에 전념할 수 있었던 것은 다시 없는 즐거움이었다.

차례

들어가는 말

인간 본성에 관한 간단한 단 하나의 정의란 있을 수 없다. 철학사 속에 서로 얽혀 있는 숱한 사상들이 우리 자신을 이해하는 데 도움을 주고 있기 때문이다. 그렇지만 우리가 생각하는 우리란 누구인가라는 물음 이상으로 중요한 것은, 내가 생각하는 나란 누구인가 그리고 당신이 생각하는 당신이란 누구인가라는 물음이다. 인간의 본성과 개인의 본성이라는 두 가지 문제는 항상 연계되어 있다.

내가 인간을 천사보다 낮은 등급의 존재로 생각하면서 현실 생활을 초월해서 살고자 한다면, 나는 호모 사피엔스라는 종을 진화의 과정을 거치는 여러 동물의 종들 가운데 한 종에 불과하다고 생각하는 사람과 대립하게 될 것이다. 인간을 목적없이 존재하는 유전자의 다발로 보려는 견해와 신의 지배를 받는 특별한 피조물로 보려는 견해 사이의 논란은 철학자들 사이에서 끊임없이 이루어져 왔던 논쟁의 최근 모습이다. 과연 인간의 삶은 우리가 전혀 의식하지 못하는 물리적 힘에 의해서만 이루어지는가?

인간의 이성은 시공의 제약을 받지 않고서 어느 때라도 스스로 발현하는 능력을 갖는 것처럼 보인다. 이성을 통해 신성의 불꽃을 보는 철학자도 있다. 그러나 최근에 이르러 우리의 운명을 좌우할 우리의 이성능력은 회의의 대상이 되었으며, 사회적이면서도 심리적인 온갖 종류의 무의식적 힘이 진짜 주인이라고 주장되었다. 놀랍게도 자유롭고 자율적인 개인은 보이지 않는 끈에 매달려 춤을 추는 꼭두각시에 불과한 것처럼 보였다. 자아—나를 만드는 것—는 사면팔방의 공격을 받아 점차 사라지는 것처럼 보였다.

한때 '나'는 영원불멸의 존재로 그리고 '나의 이성'은 어느 정도까지는 사물의 참된 본성을 파악할 수 있는 능력을 갖는 것으로 생각되기도 했다. 그러나 그러한 생각은 지난 세기로 이미 끝났거나, 아니면 나는 나의 참된 본성을 충분히 알지 못하는 존재로 생각되기에 이르렀다. '나'란 나의 유전자들, 내가 속한 사회, 나의 유아기 경험 등의 산물이거나 아니면 그러한 요소들의 결합에 불과하다. 어쨌든 분명한 것은 '나'는 나를 구성하고 형성해 가고 있는 외부의 영향력들과 따로 존재하지 않는다는 사실이다. 인간의 이성은 우리가 생각하는 것과는 다르며, 이성이 파악하려는 진리는 한낱 환상에 지나지 않을지 모른다. 적어도 니체 같은 사상가는 그러한 결론에 이르렀다.

이러한 숙고의 배후에는 아직까지도 논의되고 있는 한 가지 사실이 자리잡고 있으며, 진정한 철학자라면 누구나 수시로 그 사실에 직면하게 된다. 그것은 바로 우리 모두가 죽는다는 것이다. 이것은 대수롭지 않은 진리로 들릴지 모르나, 우리가 저마다 죽을 수밖에 없음을 깨닫는 순간 우리 각자에게는 심각한 문제가 된다. 나는 내가 곧 죽으리라는 사실과 나의 인생에 대해 내가 부여한 의미를 어떻게 조화시킬 수 있는가?

플라톤 이래로 철학자들은 적어도 인간에게만은 불멸의 부분이 있다는 것을 적극적으로 논의해 왔다. 기독교는 이것을 가장 핵심적인 문제로 제기했다. 피안의 삶에 대한 가능성이 없다면, 예수는 죽음으로부터 부활할 수 없게 된다. 그렇지만 많은 사상가들은 피안의 삶을 부정하면서 현실의 삶에 관심을 집중시키려고 했다. 삶의 의미와 가치가 현실 세계를 초월하여 보증될 수 없다면 절망 속으로 빠지기 쉽기 때문이다. 분명히 삶의 의미와 관련된 문제는 결국에는 인간의 본성 그리고 세계 내에서 인간의 위치에 관한 문제들과 분리될 수 없다.

인간 본성과 관련된 사상은 개인에게 중요할 뿐만 아니라, 우리가 살고 있는 종류의 사회 그리고 우리가 살고자 하는 종류의 사회에 대해 근본적으로 영향을 미친다. 어느 정도까지 우리는 사회를 필요로 하는가? 화려한 고독 속의 삶을 상상할 수 있는가? 이것은 우리가 본성상 우리 자신의 이익에만 관심을 두고 있으므로, 우리에게 이익이 될 때에만 타인과 협동하려고 하는지의 여부와 관련된 문제이다. 이와는 다르게 과연 우리는 본성상 공동선을 달성하려고 타인과 협동하고자 하는 사회적 존재인가? 우리의 정치적 견해는 이러한 문제에 대한 우리의 답변에 달려 있는지 모른다. 우리의 자연적 경향과 욕구가 사회 속에서 규제되어야 하는가, 또는 그것들이 사회 속에서 적절하게 표출되고 있는가라는 문제도 있다. 우리의 내면에 자리잡은 '야수성'은 규제되어야 하는가 그리고 문명은 인간의 가장 강력한 충동을 억누른 결과인가? 프로이트는 그러한 사실을 유감스러워하면서도 확실히 그렇다고 생각했다.

그렇다면 정치적 수단을 동원하여 인간 본성을 바꾸는 것은 가능한가? 그렇다고 믿는 사람이라면 누구나 정치적 변화의 효율성에 대해 남다른 확신을 갖게 되며, 혁명론에 기울어지기 쉽다. 인간 본성이 생물학적으로 고정되어 있다고 생각하는 사람들은 정치적 활동의 효율성에 대해 냉소적일 것이며, 현재 상태를 묵인할지도 모른다. 그렇지만 정치철학으로서의 보수주의가 득세하려면 인간 삶 속에서 그 무엇보다 관습과 전통이 중요한 역할을 맡고 있음을 실감할 수 있어야 한다. 관습과 전통에 의해 현재의 우리가 있게 된 것이라면, 그것들을 파괴함으로써 우리는 우리 자신을 파괴하는 것이 되기 때문이다.

인간 본성에 관한 사상들은 본질적으로 철학적이다. 그러한 사상들은 과학적으로 입증된 사실들의 결과가 아니라, 합리적 논증을 통해 도달한 일반 개념이다. 그러한 사상들은 자주 논란을 불러 일으킬 수밖에 없지만, 그럼에도 불구하고 개진된 이론들은 우리 자신에 대한 우리의 비전에 영향을 준다. 실제로 인간 이성이 스스로 이러한 숙고를 할 수 있다는 사실은 우리 본성이 어떠하다는 것을 이미 우리에게 말해 주고 있다. 이러한 주제에 관한 대부분의 저작은 명백히도 철학적이다.

그렇지만 우리의 본성에 관한 철학적 전제들이 인간의 활동에 관심을 두는 학문들의 뿌리가 되기 때문에, 다른 학문적 관점에서 인간 본성에 관한 저작을 했던 사상가도 있다는 것은 그리 놀라운 사실이 못된다. 아퀴나스는 신학자로, 다윈은 생물학자로, 마르크스는 정치경제학자로, 프로이트는 심리학자로 분류될 수도 있다. 그렇지만 그들 모두가 어떤 한 인위적 학문 분과에 속하는 것으로 한정될 수는 없다. 그들의 사상은 인간 존재의 뿌리를 파헤쳤으며, 그래서 철학적일 수밖에 없다. 인간 본질에 관한 개념 없이 어느 누구도 인간의 사회나 인간의 활동을 언급하기 어렵다. 이러한 전제들은 너무도 자주 여러 학문적 저작 속에 함축되어 있다. 오로지 위대한 사상가들만이 이러한 전제를 분명히 밝힐 수 있었을 뿐이다. 그렇지만 분명한 것은 역사학, 사회인류학, 사회학, 정치학 등의 많은 학문들이 인간 본성에 관한 견해 위에서만 전개될 수 있다는 사실이다.

그러나 '인간 본성'과 같은 것이 존재한다는 이 모든 학문의 대전제는 결코 처음부터 당연하게 받아들여져서는 안 될 성질의 것이다. 인간 본성의 개념은 많은 것을 함축하지만, 특히 우리가 인간이라는 생물학적 종의 구성원이라는 근거 위에서만 유사성을 전제할 수 있음을 함축한다. 그렇다면 우리 모두는 오로지 인간성이라는 유사성 때문에 공통된 몇 가지 경향성과 기호를 갖게 된다. 그럴 때에만 인간성이라는 개념은 공허한 것이 아닐 것이다. 사실 누군가를 인간이라고 말함으로써 이미 그에 대해 많은 사항을 언급하게 된다는 것은 논란을 불러일으킬 수 있다. 우리는 우리가 속한 사회에 의해 형성되기 때문에 어떤 사회에 소속되느냐가 훨씬 더 중요하다고 주장하는 사상가들도 많이 있기 때문이다. 그렇지만 이러한 사상을 지나치게 강조하다 보면, 어느 한 사회의 구성원과 다른 사회의 구성원과의 상호관계에 의미를 부여할 수 없게 되리라는 것은 확실하다. 그 결과 서로 다른 사회의 구성원들을 비교하는 일에 초점을 맞추는 학문은 존립의 위협을 받게 된다.

우리가 우리 자신에 부여하는 것과 유사한 동기를 과거에 살았던 사람들에게 부여할 수 없다면 역사학 역시 불가능해진다. 어느 한 사회의 구성원들이 다른 사회의 구성원들과 근본적으로 유사하지 않다면, 정치학은 서로 다른 정치체제의 결과를 비교할 수 없게 된다. 공상과학 소설에나 나오는 머나먼 혹성에 거주하는 존재들처럼 우리에게 낯선 사람들의 이상한 관습을 사회인류학은 도저히 이해할 수 없게 될 것이다.

거의 이천오백 년의 기간으로부터 그리고 여러 다양한 국가와 정치체제로부터 10명의 사상가를 고를 수 있다는 발상과, 나아가 그들이 인간에 관해 저술하면서 같은 문제를 논의하고 있다고 생각하는 것은 인간 본성과 같은 그 무엇이 틀림없이 있다는 점을 시사한다. 플라톤과 아리스토텔레스가 관심을 기울였던 문제는 과학과 기술의 진보에 의해 변화된 세계에서 살고 있는 오늘날의 철학자들의 문제와 똑같은 것이었다고 볼 수 있다. 그때의 사람들이나 지금의 사람들은 여전히 같다. 다른 점이 있다고 주장하는 것은 철학사가 불가능한 학문임을 인정하는 셈이고, 특히 철학사가 인간의 본질을 탐구한다고 할 때 그렇다.

몇 년 전 필자는 일천구백 년 전 베스비우스 화산재에 묻혀 버린 고대 로마의 도시 폼페이를 방문했었다. 필자가 벽화를 보고 있는 동안, 두 명의 미국인 부인이 이탈리아인 안내를 받고 있었다. 그들은 특히 찬장으로 설계된 곳 아래 그림을 몹시 보고 싶어했다. 그 그림은 누가 봐도 포르노였으며, 안내자는 그들이 그 그림을 보는 것이 점잖지 못하다고 여겼는지, 그들의 불평에도 불구하고 그들을 다른 곳으로 데려가며, 이렇게 말하는 것이었다. "인생이란 언제나 똑같은 것이다." 필자 역시 인간 본성은 과거나 현재나 본질적으로 똑같다고 확신한다. 그 안내원이 한 말은 과거에 쓰여진 저작에 대해서 만큼이나 현재 우리의 관심사에도 걸맞는 말이다.

홉스(T. Hobbes)

인간은 타인의 결함을 보고 웃는 존재다

인생은 고독하고, 가난하며,
추악하고, 야만스럽고, 짧다.

'인간' 이라는 보편적 속성은 없다

토마스 홉스의 시대는 그 이전 아퀴나스의 시대〔중세시대〕와는 눈에 띄게 달랐다. 카톨릭과 프로테스탄트 사이의 끊임없는 갈등 속에서 종교개혁은 개인의 역할을 크게 강조하는 결과를 낳았다. 이로 말미암아 교회와 국가라는 공동체의 성격에 관한 여러 가지 견해가 나오게 되었다. 홉스는 영국이 스페인의 무적 함대를 무찌르던 1588년 윌트셔 맬므스버리에서 태어났다. 카톨릭을 지지하는 포우크스(Guy Fawkes)와 그의 동료들의 화약폭파 음모가 발각되었을 때 그는 옥스포드 대학에 다니고 있었다. 영국 시민전쟁(Civil War)을 겪었으며, 프랑스에서 몇 년간 체류하기도 했던 그는 1679년 고령의 나이로 세상을 떠났다. 그가 살았던 시기는 근대 과학 및 과학적 방법이 동트던 때였다. 현미경과 망원경이 발명되었던, 갈릴레오와 데카르트의 시대이기도 했다.

이러한 영향력이 모두 홉스의 저작에 분명히 나타나고 있다. 1651년 발표된 『리바이어던』(*Leviathan*)은 특히 유명하다〔이 책의 정식 명칭은 『리바이어던 : 물질, 형상 그리고 국가의 권력』이다〕. 이 저작은 정치적 의무의 본질을 밝히려는 것이 목적이었지만, 거기에 그치지 않고 과학적 문제에 대한 그의 관심을 보여준다. 실제로 과학적 관점이 인간에 대한 그의 사상 전체에 물들어 있다. 17세기 물리학이 물질의 구성요소를 미세한 원자로 보았던 것처럼, 홉스도 인간 사회에 대해 원자론적 견해를 취하였다. 그는 인간 사회가 그것을 구성하는 개인과 관련하여 설명될 수 있다고 믿었다. 정치의 본질을 이해하려면, 먼저 인간을 이해해야 한다는 것이었다. "국가의 속성을 알려면 먼저 인간의 경향, 특성, 생활양식을 아는 것이 필요하다."[1] 인간이 사회적 맥락에서 먼저 이해되어서는 안 된다. 사회 그 자체는 인간 행동방식과 관련하여 설명되어야 하기 때문이다. 이 점은 『리바이어던』의 표지 그림에서 잘 드러난다.[2] 군주는 자신의 왕국에 군림하는 모습으로 묘사되어 있으나, 자세히 보면 그의 모습은 작은 국민들이 모여서 만들어지고 있다. 국가와 그 권력은 국민들의 총합에 불과하다는 것이다.

우리는 본성상 사회와 독립해서 존재하는 원자이며, 따라서 협동하는 것을 배워야 한다. 그런데 이러한 견해는 인간의 사회성을 문제로 제기한다. 곧 인간의 사회성을 정당화하는 문제가 생기게 된다. 도대체 왜 우리는 사회를 이루어야 하고, 서로를 배려해야 하는가에 대해 먼저 대답하지 않으면 안 된다. 이렇듯 강력한 개인주의적 견해는 인간이 본성상 사회적이라는 견해의 반박을 받게 된다. 아리스토텔레스는 우리가 공동체를 형성하는 것은 자연적이라고 생각하였다. 그는 공동체에 우리를 인간으로 만드는 본질적 속성을 부여했기 때문이다. 그러나 홉스는 이러한 견해를 전혀 받아들이지 않는다.

그는 서로 다른 많은 사물에 적용되는 하나의 명칭이 있으므로, 그 명칭을 통해 각 사물의 공통성을 뽑아낼 수 있다고 생각하는 사람들을 비판하였다. 그는 이러한 일반 명사가 실제로 존재하는 그 무엇에 대한 명칭임을 부정한다. 그는 피터와 존 등 개별 인간 이외에 '인간일반'이 존재한다는 주장에 반대하면서, 인간이라는 일반명사가 지시하는 구체적인 대상이 있다는 것을 거부한다.[3] 그는 "보편적 속성은 존재하지 않으며 명칭만 존재한다"고 결론내린다. '유명론'(唯名論, nominalism)이라고 불리우는, 이러한 견해는 플라톤의 형상론처럼 공통성을 강조하는 견해에 대한 직접적 반론이 된다[이 책 플라톤편 참조]. 이러한 홉스의 견해를 계속 밀고 나가다 보면, 엄밀한 의미에서 '인간 본성'과 같은 것은 존재하지 않는다는 패러독스에 이르게 된다. 오로지 개체만이 존재하며, 개체들은 서로가 유사할 수도 있고 유사하지 않을 수도 있다. 유사성이 강조될수록, 유명론은 보편적 속성을 논의해야 하는 위험을 맞게 된다. 그렇지만 홉스가 개인의 동기로부터 논의를 시작하고 있다는 점에서, 우리는 그러한 개인들 사이에 협조와 협동에 못지 않게 충돌과 갈등이 있을 거라고 예상하지 않을 수 없다.

홉스가 아리스토텔레스로부터 벗어나 있다는 것이 결코 우연이 아닌 까닭은, 그가 아리스토텔레스를 아주 신랄히 비판하고 있기 때문이다. 그의 혐오감에 불을 붙인 것은 아리스토텔레스가 아퀴나스와 여타 철학자들을 통해 로마 카톨릭교회에 영향을 미쳤다는 사실이었다. 당시의 많은 영국인들과 마찬가지로, 홉스는 로마 교회의 권위를 불신하였으며, 로마 교회에 끼친 이교도의 영향력을 열거하면서 흐뭇해 했다. 그는 분명히 아리스토텔레스를 이러한 이교도의 영향력 중 하나로 생각하면서, 다음과 같이 말한다.

> 지나치게 불합리한 것이란 없다고 할 만큼 과거의 철학자들은……그다지 불합리한 것을 주장하지는 않았다. 그렇지만 나는 자연철학에서, 현재 아리스토텔레스의 형이상학이라고 불리는 것보다 더 불합리하다고 말해질 수 있는 것은 없다고 믿는다. 더욱이 그의 국가론은 『정치학』과 『윤리학』에서 주장한 내용의 상당 부분이 그렇듯이, 무지할 뿐만 아니라 혐오감을 준다.[4]

홉스는 육체와 분리되어 존재할 수 있는 육체 없는 영혼의 개념을 비판했다. 그는 본질에 대한 개념을 반박했으며, 본질이 따로 존재한다는 생각을 일체 용인하지 않았다. 그에게 "인간은 살아 움직이는 육체이다."[5] '육체'와 '인간'은 같은 대상에 붙여진 명칭이다. 홉스는 명백히 유물론적 관점을 취하고 있으며, 그는 절대로 이원론자가 아니다. 그는 당시의 과학의 발달에 많은 영향을 받았으며, 로마교회에 대한 그의 불신은 로마교회가 새로운 과학이론을 거부함으로써 더욱 심화되었다. 그는 다음과 같이 적고 있다. "우리 자신들의 항해가 분명하게 보여주었다. 인간 사회의 지식인층이라면 누구나 자기가 서 있는 곳의 대척지(antipondes)가 있음을 알고 있다. 그리고 일 년과 하루가 지구의 운동에 의해 결정된다는 것도 점차 상식이 되었다."[6] 그런데도 과거 교회국가는 이러한 이론들을 받아들인 사람들을 처벌했었다고 그는 비판한다.

홉스의 시대에 영국교회는 새로운 갈등에 직면해 있었다. 한동안 주교제도가 영국에서 탄압받았고, 그와 다른 형태의 교회국가가 도입되었다는 점에서 시민전쟁은 종교적 차원의 전쟁이었다. 문제의 발단은 교회의 교리였다. 로마교회는 개인을 초월하는 기독교회의 신비적 성격을 계속 주장해 왔다. 기존의 영국 교회하에서는 국가와 교회, 마을과 교구를 구별하기 어려웠다. 그러나 교회국가에 관한 새로운 이론은 교회란 성스러운 삶을 살기로 신에게 맹세한 신앙인들의 공동체일 뿐이라고 주장했다. 교회는 더 이상 보편이 아니며 부분으로서, 비슷한 생각을 가진 개인들의 결사체에 불과하다는 것이다. 조합교회주의자들(Congregationalists)처럼, 독립교회주의자들(Independents)은 개별 교회의 독립과 신도회의 권한을 주장했다. 이러한 주장들은 왕정복고 이후 서로 다른 종파를 낳는 원인이 되었다. 그리고 이러한 논쟁의 파장은 오늘날에도 여전히 남아 있다. 이러한 갈등은 홉스가 저작활동을 하던 당시 개인과 공동체의 관계가 얼마나 중요한 문제였는가를 보여준다. 우리는 전체의 한 부분인가, 아니면 우리의 자발적 연합에 의해서 공동체는 존재할 수 있는 것인가? 우리의 결단에 의해서 우리는 정말 공동체를 만들 수 있는가?

시민전쟁의 와중에서 중요한 문제가 무엇이었든 간에, 홉스는 시민전쟁이 발발했다는 사실 자체에 깊은 영향을 받았다. 그의 저작은 모든 사람들이 어떤 믿음을 갖든 간에, 그들의 동의를 얻을 수 있는 정치적 의무의 근거를 제시하고자 한다. 실제로 홉스는 무정부상태의 위협이 독재보다 더 나쁘다고 보았다. 플라톤과 아리스토텔레스는 선한 삶의 본질에 대한 일반적 합의를 전제했었기에, 사람들은 오직 무지로 말미암아 선한 삶과 사악한 삶을 구별하지 못할 뿐이라고 생각했다. 그러나 홉스는 윤리학에 관한 한 주관주의자였다. 아름다움이 보는 사람의 눈으로 판단되듯이, 도덕 판단은 판단을 내리는 사람에게만 타당할 수 있다고 그는 주장했다. 그는 '좋은' '악한' '경멸스러운' 등과 같은 단어들은 "그러한 단어들을 사용하는 사람과의 관계 속에서 의미를 갖게 된다"[7]고 믿었다. 그는 "본질적이고 절대적인 것은 없으며", 선악에 대한 판단들은 개인의 문제이거나 국가의 대표자의 결단에 좌우된다고 강조한다. 이로부터 어떤 정치이론도 도덕적 관점에서 수립될 수 없다는 결론이 나온다. 대신에 만인의 합의를 얻는, 혹은 적어도 만인의 묵인을 얻을 그 무엇에 호소해야 한다. 그 무엇보다 우선적으로 요구되는 것은 시민의 안녕이 보장되는 어떤 제도적 틀이다.

인간은 살아 움직이는 기계다

홉스의 유물론적 전제는 『리바이어던』의 서론에서 분명하게 제시된다. 그는 "생명은 수족의 움직임에 지나지 않는다"고 주장하면서, 계속 다음과 같이 말하고 있다.

> 우리는 왜 모든 자동기계(시계가 움직이는 것처럼, 스프링과 톱니바퀴에 의해서 자동적으로 움직이는 엔진)가 인공 생명을 갖고 있다고 말해서는 안 되는가? 심장에 해당하는 것은 스프링이고, 신경에 해당하는 것은 철선이고, 관절에 해당하는 것은 톱니바퀴이다. 이것들이 전체 구조를 살아 움직이게 하고 있지 않은가?[8]

인간은 '엔진'처럼 보인다. 특히 인간은 자기가 움직이고 싶은 대로 움직이면서 스스로를 지탱하는 엔진이다. 그 당시의 기술과 관련하여 인간의 생명을 묘사하고자 하는 홉스의 정열은, 인간을 컴퓨터와 비교함으로써 그와 유사한 시도를 하려는 우리 시대의 사람들에 대한 경고가 될 것이다. 홉스의 기계론적 유물론은 그의 유명론 그리고 개인주의와 결합되어 상당히 매력적인 이론을 구성한다. 그는 인간의 행위가 개인의 신체행태 및 신체에 가해지는 원인과 관련하여 설명되어야 한다고 믿었다. 심지어 인간의 사회까지도 개인에게 미치는 영향력과 관련하여 이해될 수밖에 없었으며, 바로 이러한 이유 때문에 홉스의 이론은 인간 생태학과 관련되었다.

홉스는 결정론자였고, 인간과 동물을 엄격히 구별하지 않았다. 그는 인간이 의지하거나 의지하지 않음에 있어서 다른 생물체에 비해 더 자유로운 것이 아님을 단호히 주장한다.[9] 홉스는 우리가 자유롭다는 것을 부정하지는 않았지만, 일부 현대 철학자들처럼 우리가 원하는 것을 하거나, 우리가 의지한 대로 행위하는 능력으로 자유를 정의했다. 그러나 어떤 결단이나 선택을 행위로 옮기는 자유를 일차적인 선택의 자유로 간주할 수는 없다. 묶이지 않은 개가 원하는 것을 얻을 수 있다고 해서, 아퀴나스가 강조한 숙고의 자유를 가지게 되는 것은 아니다〔이 책 아퀴나스편 참조〕. 홉스에게 인간의 자유는 단순히 강제의 부재에 불과하다. 언덕 아래로 구르는 돌이 자유롭듯이, 우리가 그렇게 자유롭다고 그는 생각한다.

홉스는 그의 결정론 때문에 당대의 사람들에게 강력한 비판을 받았다. 모든 사람들이 그들의 통제범위를 벗어난 강제에 의해 어떤 것을 원하거나 선택했다면, 처벌은 정당화될 수 없는 것처럼 보인다. 모든 일이 결정된 것이라면 무엇을 할 것인가를 고민하고, 충고를 구하고, 무엇인가를 찾는 일이 무슨 소용이겠는가? 홉스는 사람들이 응분의 처벌을 받을 만하다(deserve)는 것을 결코 인정할 수 없었지만, 적어도 처벌에 대한 두려움이 그 자체로 사람들의 행동에 영향을 미치는 잠재적 원인으로 작용할 수 있다는 것은 인정했다. 그는 어떤 사람이 물건을 훔치게끔 인과적으로 결정되었고, 그 결과 사형에 처해지는 경우를 생각해 보라고 한다. "이러한 처벌이 다른 사람들의 절도를 억지(抑止)하지 않겠는가? 그러한 처벌은 다른 사람의 절도를 막는 결과를 가져오지 않겠는가?"[10] 홉스는 법이 '정의의 근거'라고 결론지으면서, 숙고와 협의가 그 자체로 선택의 원인일 수 있다고 주장한다. 숙고가 어떤 원인에 의해 촉발된 것이라 해도, 결정론이 숙고를 무의미하게 만들지 않는다는 것이다.

아퀴나스에게 자유의지가 얼마나 중요했는가를 생각해 본다면, 홉스의 결정론은 기독교적 신앙에 위배되는 것처럼 보인다. 그럼에도 불구하고 홉스는 성경을 자유로이 인용하면서, 자신의 정치이론이 신의 말씀에 위배되지 않는다고 주장한다. 한편 그는 신이 '이해 불가능한' 존재라고 주장하면서 '자연법'이라는 용어를 사용하지만, 그것은 아퀴나스의 도덕적인 개념과는 매우 다른 개념이다. 가치의 객관성에 대한 그의 반론은 기독교적 관점에서 볼 때 이상하기만 하다. 그는 국가의 존재를 세속적 맥락에서 정당화하였으며, 어떤 특정의 종교적 관점의 진리를 전제하지는 않았다. 홉스는 특히 사후 세계의 삶에 관한 논의를 경멸하면서, '현세의 삶'을 초월하여 '사후의 영원한 은총'을 찬양하는 사람들과 절연하게 된다. "이러한 자들은 그들의 동의에 의거해서 그들을 통치하는 주권에 대항하여 살인, 전복, 폭동을 일삼는 것이 가치있다고 생각한다." 말할것도 없이 시민전쟁에 대한 경험이 그로 하여금 이러한 말을 하도록 만들었을 것이다. 사후의 삶을 무시하는 그의 논거는 의미심장하다. 그는 노골적으로 경멸감을 표시하면서 다음과 같이 말한다. "죽은 사람이 어떻게 되리라는 것에 대한 정확한 지식이란 존재하지 않는다. 신통하게 그것에 대해 알고 있다고 하는 사람들의 말에 근거한 믿음을 갖든가, 아니면 그런 사람에게 전해 들어 간접적으로 갖게 되는 믿음을 가질 뿐이다."[11)]

왜 홉스를 당대의 사람들이 무신론자로 생각했는가를 이해하기란 어렵지 않다. '세계'를 물질세계에 국한시키면서 인간을 기계로 묘사하는 것이 이른바 그가 역설하는 과학이었던 것이다. 그는 의회에서 신성모독의 이단적 저술가로 지목되기까지 했다. '홉스주의'(Hobbism)는 모욕적인 언사로 사용되었지만, 그의 저작은 여전히 상당한 인기를 누렸다. 사무엘 페피스[Samuel Pepys, 1633~1703 : 당대의 풍속이나 사생활을 독특한 암호를 써서 적나라하게 묘사했던 것으로 유명하다]는 『리바이어던』의 복사본을 소지했다는 이유로 세 번이나 벌금을 물어야 했을 정도다. 분명한 것은 인간 본성에 대한 홉스의 이해방식이 당대의 많은 사람들의 그것과 부응했다는 것이다.

인간은 이리처럼 서로에 대해 적대적이다

홉스가 인간 행태에 대한 자신의 핵심 주장을 확증하기 위해 곧바로 끌어들인 것은 일상의 경험이었으며, 그것은 다름 아니라 우리 모두 전적으로 이기적이고 우리 자신의 이득을 위해서 타인들을 이용하려 한다는 아주 단순한 사실이었다. 그는 자신의 견해에 대해 회의적인 사람에게 다음과 같이 묻고 있다. "무장을 하고 다닐 때, 그는 가까운 신하에 대해서 어떤 생각을 하는 걸까? 문을 걸어 잠그고 잘 때, 그는 자기 이웃에 대해 어떻게 생각하는 걸까? 금고를 잠글 때, 그는 자기 자식들과 하인들에 대해서 어떻게 생각하는 걸까?"[12] 달리 말해 우리의 일상의 활동을 통해서 밝혀지는 것은, 우리가 서로를 신뢰하지 않고 있으며 모든 사람들이 타인을 희생시켜서라도 자기 이익만을 추구할 것이라고 생각한다는 사실이다. 일상 회화에서 흔히 나오는 '내가 옳다'라든가 '내가 최고다' 라는 식의 상투적인 말은 우리 자신에 대한 우리의 배타적 관심을 밝히려는 홉스의 관점이 지극히 상식적 통찰임을 암시한다.

'자연상태에서' 인간은 대체로 평등하며, 어떤 특정 사회의 법률에 의해 구속되지 않으며, 살아남기 위해 노력한다고 홉스는 생각했다. 자기 보존이 그 무엇보다 우선하며, 우리의 자연적 욕구 그 자체는 선악판단의 대상이 될 수 없다. 도덕은 어떠한 역할도 하지 못한다. '인류의 자연상태'는 각 개인이 다른 모든 사람과 충돌하게 되는 상황이며, 각자가 안전해지고자 노력하는 상황이다. 홉스는 두 가지의 생생한 유비추리를 하고 있다. 먼저 그는 '만인의 만인에 대한 투쟁'을 언급한다. 이 말은 반드시 실제의 투쟁을 의미하지 않는다. 오히려 이 말은 사람들이 불안정한 상태에서 살아가면서 어쩔 수 없이 자신들의 능력에 의존할 수밖에 없게 될 때 야기될 항구적인 갈등을 묘사하고 있다. 홉스가 지적하는 것처럼, 이러한 상태에서 사회는 어떠한 이익도 얻지 못할 것이다. 공업과 농업, 어업은 물론 과학적 지식조차 성립하지 못할 것이다. 그 대신 계속되는 공포와 잔인한 죽음의 위험만이 있을 따름이다. 자연상태에서의 불행의 목록은, "인생은 고독하고, 가난하며, 추악하고, 야만스러우며, 짧다"는 저 유명한 구절로 끝난다.

인간이 사회규제를 벗어났을 때의 상태에 대한 자신의 추론이 역사적 사실과 일치하지 않는다는 점이 그에게는 전혀 문제가 되지 않는다. 물론 그는 '아메리카 여러 곳의 원주민들'이 어떠한 정부도 갖지 않았다는 구체적 사례를 들기도 한다. 그러나 그가 지적하고자 했던 것은 어떤 정부도 없고 어떤 법적 제재도 없는 사회란 있을 수 없다는 점이었다. 상호 적대적인 개인들만이 존재한다는 것이다. 이러한 상태는 원죄 상태의 세속적 반영으로서, 여기로부터 우리는 구출되어야 한다는 것이다. 그러나 홉스는 우리 자신, 더 나아가 우리 자신의 이익을 보호하고자 하는 충동이 잘못이라고는 생각하지 않는다. 그는 인간의 이기성이나 자기 집착을 죄처럼 비난하지 않는다. 그는 그것이 바로 인간 본래의 모습이며, 모든 사회체제는 그러한 사실을 반영해야 한다고 주장한다. 우리가 사회적 관계를 맺고자 하는 유일한 이유는 그렇게 하는 것이 바로 우리 자신에게 이익이 되기 때문이다. 합리적 자기이익의 일관된 추구가 바로 홉스 정치이론의 근간이다.

홉스의 둘째 비유는 인생이 하나의 경쟁이라는 것이다. 그는 우리가 이 경쟁에서 "오로지 최고가 되려는 것 이외에 다른 어떤 목적이나 목표를 갖는다고는 생각할 수 없다"[13]고 주장한다. 경쟁은 우리 인생의 핵심적인 요체이다. 각자는 서로 다른 사람을 능가하려고 한다. 우리는 다른 사람을 희생시켜 이익을 얻으려 하거나 이미 얻은 재산을 지키려고 한다. 뿐만 아니라 우리는 부귀영화를 누리고자 한다. 이러한 경쟁 속에서 엄청난 잔악함이 생길 수 있다. 홉스는 인간에게 '타인의 결함을 보고 웃는 경향이 있다'고 말한다. 그렇다고 타인을 돕는 것이 불가능하다고 생각한 것은 아니다. 경쟁 중에 있는 어떤 사람은 자비심에서 다른 경쟁자를 도와줄 수도 있다. 그럼에도 불구하고 강조되어야 할 것은 공격적 개인주의이다. 이것은 다른 사람들이 우리에게서 우리가 바라는 바를 탈취해 갈 것이라는 공포에서 유래한다. 홉스는 자연권에 대해 언급하지만, 그것은 정의와 관련된 권리가 아니다. 오히려 만인은 "모든 것에 대해서, 심지어 타인의 신체에 대해서도 권리를 갖는다."[14] 우리의 가장 근본적인 자연권은 우리 자신을 보존하기 위해서 가능하면 우리의 능력을 최대한 사용해야 한다는 것이다. 여기서 의무나 책무와는 도저히 조화를 이룰 수 없는 권리의 개념이 처음으로 철학에 등장한다. 각 개인이 타인의 이익을 전혀 고려하지 않고 자신의 이익에 대한 배려만을 요구하는 한, 이러한 권리 개념은 사회적 불안을 낳는 원인이 될 뿐이다. 어떠한 사회도 이러한 상태하에서는 존립할 수 없다. 따라서 홉스는 의무의식이 본래부터 존재한 것은 아니며, 그것이 어떻게 생길 수 있는가를 제시해야만 했다.

우리 각자가 오로지 우리 자신의 이익에 대해서만 관심을 가진다는 홉스의 전제는 과연 옳은가? 사실 그가 어느 정도까지 진심으로 이기주의를 표방하려고 했는지는 그리 분명하지 않다. 심리학적 이기주의는 아주 극단적인 견해로서, 개인은 오로지 그 자신의 이익만을 원한다는 견해이다. 내가 당신을 도와준다고 해도, 이러한 견해에 따르면, 나는 나의 행복을 바라는 것이지 당신의 행복을 바라는 것이 아니다. 어쩌면 내가 관대해질 때의 만족감을 욕구했기 때문이었는지 모른다. 이것은 논리적 명제로서, 내가 원하는 것만을 나는 욕구한다는 하등 새로울 것이 없는 명제이다. 그러나 내가 당신의 이익을 원할 때, 당신의 이익이 나의 욕구의 대상이 된다는 사실은 곧 내가 이기적이 아님을 의미하게 된다. 여전히 내가 욕구하는 대상은 당신의 이익이지 나의 이익이 아니다. 문제는 내가 당신의 이익에 관심을 기울인다는 명제를 과연 홉스가 받아들이겠느냐 하는 것이다. 이미 살펴 보았듯이, 그는 우리가 인생의 경쟁에서 타인을 도와줄 수도 있다는 점을 받아들이고 있다. 그는 심지어 자연 상태에서도 사람들의 관대해질 가능성이 있음을 인정했다. 그렇지만 여전히 문제는 사람들의 동기가 이기적임에도 불구하고, 그들이 그들 자신에게 이익이 되지 않는 것을 추구할 가능성이 있는가의 여부이다.

홉스는 자비심에 대해 설명하면서, "인간에게 있어 그 자신의 욕구를 성취할 수 있을 뿐만 아니라 타인을 도울 수 있는 능력이 있음을 발견하는 것보다 훌륭한 논증은 없다"[15)]고 말한다. 이와 유사하게 그는 동정심을 "타인의 불행을 보면서 자신에게 닥칠지 모르는 미래의 불행에 대한 상상 또는 허구"[16)]라고 서술한다. 자기 중심적 성향은 분명해지고, 따라서 타인에 대한 관심은 자신 자신에 대한 관심의 부산물일 뿐이다. 나에 대한 나의 관심 때문에 당신의 곤경이 동정적 반응을 유발한 것이라면, 나는 진심으로 당신에게 어떠한 관심도 기울이지 않는 것이라고 할 수 있다. 하지만 비록 어떤 다른 목적의 수단이긴 하지만, 내가 당신의 이익에 관심을 기울이고 있다는 사실을 홉스가 부정할 수 있는가 없는가 하는 논리적 문제가 있을 수 있다. 18세기의 유명한 도덕철학자였던 버틀러(J. Butler) 주교는 이 점과 관련하여, 권력에 대한 단순한 애착으로 말미암아 대상들이 구별되지 않는 것이라고 주장하면서 홉스를 반박했다. 나는 권력을 원하는 데 그치지 않고, 그것을 어떤 특정한 방식으로 사용해야 한다. 당신에게 권력을 사용하기 위해서는, 내가 변화시키고자 하는 그 무엇이 당신 주위에 있어야 한다. 내가 당신의 고통을 중단시키기를 원할 때 그렇게 하는 이유가 나에게 우월감을 주기 때문이라면, 그것은 근본적으로 이기적인 것일지 모른다. 그러나 내가 진정으로 원하는 것은 당신이 겪는 고통의 중단이지 단순히 나의 우월감은 아니다.

홉스는 어쩌면 버틀러의 의견에 공감할지도 모른다. 그는 동정심을 그저 미래의 어떤 불행에 대한 공포감에 지나지 않는다고 정의하지는 않았다. 타인의 불행을 보고 우리는 우리 자신에게 그와 유사한 일이 생길지도 모른다고 상상하게 된다고 그는 말한다. 동정심은 유사한 일을 자신도 겪을 것이라는 믿음과 결부된다. 바로 여기서 자기 집착이라는 요소가 커다란 힘을 발휘하지만, 그렇다고 나의 감정의 대상이 다른 사람의 현실적 불행이 아니라 나 자신의 상상적 불행이라는 결론이 나오는 것은 아니다. 타인에 대한 나의 배려는 불충분한 것인지 모르지만, 여전히 그것은 어느 정도까지는 타인에 대한 배려로서 내 자신에 대한 배려와는 다른 것이다. 홉스는 자식에 대한 부모의 '자연스런 애정'이 있을 수 있음을 인정했으며, 우리가 우리와 가까운 타인에 대해 애정을 품을 수 있음도 인정한다.[17] 그러나 그는 낯설은 사람을 돕는 행위에 대해서는 좀더 회의적이었으며, 그러한 행위란 '우정을 구매하려는 행위'이거나, 아니면 공포감에서 유발된 '평화를 구매하려는 행위'라고 주장하였다. 그럼에도 불구하고 이러한 주장은 우리에게 있어 자기 집착이 전부는 아니라는 점과 우리가 타인에 대해서도 배려할 수 있다는 점을 시사해 준다.

어쩌면 홉스는 철저한 심리학적 이기주의의 혐의를 벗을 수 있을지 모른다. 그러나 사회 규제를 받지 않는 개인을 강조하는 방식을 취함으로써, 그는 오로지 우리 자신의 이익에 대한 우리의 관심만을 강조하게 되었다. 타인에 대한 배려가 가능하다 해도 그것은 결코 핵심이 아니며, 기껏해야 우리 자신의 근본적 이익과 결부되는 부차적인 것일 수밖에 없는 것처럼 보인다. 홉스는 바로 이러한 사실에 기초하여 인간 사회가 수립되어야 한다고 생각했다. 우리의 가장 근본적인 욕구는 자기 보존이기에, 사회는 우리의 안전에 기여할 수 있다는 근거 위에서 정당화될 수 있다는 것이다.

사회는 이기적 인간들의 합리적 계약의 산물이다

사회와 그 구성원으로서 인간의 위치에 대한 홉스의 관점은 소극적인 편이다. 그의 의도는 자연상태의 고통과 위험을 피하려는 데 있다. 예를 들어 그는 가족의 적극적인 역할에 대해서는 거의 언급하지 않는다. 공포감으로 말미암아 우리는 다른 사람들과 협력하게 된다. 우리는 다른 사람들과 계약이나 약속을 통해 서로간의 합의에 도달해야 하고, 그럼으로써 우리는 서로간의 투쟁 상태에서 벗어나 평화를 획득할 수 있다. 홉스에 따르면, 이성이 우리의 감정이나 욕구를 좌우할 수 없으며, 오히려 이성이 감정이나 욕구를 위해 사용될 수 있다. 가장 기본적인 '자연법'은 우리가 평화를 추구하기에 그것을 따르게 된다는 것이다. 불안 속에서 살아가는 것이 결코 우리에게 이익이 되지 않는 까닭에, 우리는 다른 사람들과 싸우지 않고 경쟁하지 않기로 합의해야 하며, 다른 사람들이 우리와 동일한 합의를 하는 한에 있어서 그렇게 해야 한다.

홉스가 생각하는 자연법은 하나의 규칙으로서, 그것은 생명을 파괴하거나 자기 보존의 수단을 앗아가는 짓을 금지시키며, 나아가 그것을 지켜야 생명을 가장 잘 보존시킬 수 있음을 명심하도록 만든다.[18] 자기 이익을 이렇듯 강조함으로써, 홉스의 자연법은 아퀴나스의 자연법[이 책 아퀴나스편 참조]과 전혀 다른 것이 되었다. 홉스는 자신의 견해가 '네가 대우받고자 하는 대로 남을 대우하라'는 이른바 '황금률'과 일치한다고 주장한다. 그렇지만 자아와 나의 이익을 전제하는 자연법은 사랑에 관한 일반적 교리와는 매우 다른 것처럼 보인다.

대부분의 인간 행위는 협동적 행동에서 비롯되는 까닭에, 우리는 협동에 대한 합의나 동의가 상호 이익이 된다는 것을 인정한다. 그런데 홉스가 직면한 문제는 우리가 자기 이익의 추구자라고 전제할 때 그리고 자기 이익의 추구자라고 해서 비난받지 않는다고 전제하더라도, 합의가 언제나 지켜지리라는 보장은 거의 없는 듯하다는 사실이었다. 우리는 원하는 것을 얻고 난 후, 그에 대한 대가를 치르지 않은 채 계약을 없었던 것으로 하고 싶은 유혹을 항상 느낀다. 예를 들어, 재화를 획득했을 때 나는 왜 그것에 대해 대가를 치러야 하는가? 우리가 신용과 정직이라는 도덕적 고려 사항에 호소하지 않는다면, 법에 의해 처벌받게 되기 때문에 대가를 치러야 한다는 것이 유일한 답이 될 것이다.

모든 사람이 자신의 이익에만 관심을 둘 때, 사람들로 하여금 합의를 지키도록 만드는 것이 어려운 문제라는 것을 홉스는 알았다. 당신이 계약을 지키지 않을 수 있다면 그리고 지키지 않으리라는 것을 내가 아는 한, 나는 계약을 하지 않을 것이다. 홉스는 다음과 같이 말한다. “어느 누군가가 나중에 약속을 지키지 않을 것 같은데, 그 아닌 다른 사람이 먼저 약속을 지켜야 한다는 것은 이치에 맞지 않는다.”[19]

그러나 이러한 상황은 자연상태로서, 홉스는 계약 당사자들이 계약 조건을 이행하도록 만드는 힘을 갖는 시민 정부의 설립을 요청함으로써 문제를 해결하려고 한다. 계약이 이루어지는 것만으로는 충분치 않으며, 계약 당사자들은 그들을 강제할 수 있는 정치적 체제에 합의해야 한다. 홉스에 따르면, 국가의 법을 제정할 때 비로소 옳고 그름의 문제가 등장하게 된다. 죄란 국가의 법을 고의적으로 어기는 것이다.

이러한 상황을 홉스는 다음과 같이 요약한다. “강제력이 없다면 계약은 한낱 말에 지나지 않으며, 인간을 안심시킬 수 있는 힘을 전혀 갖지 못한다.”[20] 사람들은 합의에 이를 수 있지만, 그렇다고 해서 그들의 근본적 경향이 변한다거나 변할 수 있다는 뜻은 아니다. 이성은 계약의 준수가 그들에게 이익이 되도록 하는 방안을 강구해야 한다. 국가가 세워져야 한다는 것이 지상명령이 되며, 따라서 우리는 저마다 자발적으로 우리의 힘을 어떤 집단이나 한 사람에게 양도하게 된다. 홉스는 군주제를 선호했지만, 그러한 선호를 철저하게 정당화할 수는 없었다. 우리가 양도한 힘을 갖고서 주권자는 평화를 확보하기 위해 우리를 대신하게 된다. 이것이 바로 저 ‘위대한 리바이어던’이라는 국가가 만들어지는 과정이며, 우리에게 의무가 강제되는 절차이다. 이러한 견해에 따르면, “모든 개인이 주권자가 하는 모든 행위의 원천이다.”[21] 시민들은 심지어 주권자를 죽일 수 있을 뿐만 아니라 주권자의 모든 행위와 불가분의 관계를 맺는다.

국가는 우리의 안전과 평화를 유지해야 하지만, 홉스는 우리가 본성상 갖게 되는 우리 자신의 보존에 대한 권리가 언제나 엄존한다는 점을 인정한다. 따라서 국가에 대한 우리의 충성에는 조건이 따른다. 그는 말한다. "주권자에 대한 신민의 의무는 그가 신민들을 보호할 수 있는 권력을 행사할 때, 오로지 그럴 때에만 효력을 갖는 것으로 이해된다."[22] 군대가 패배하면 곧바로 군기와 명령은 잊혀지고 군인들은 오합지졸이 되어 도망갈 궁리만 하는 것처럼, 국가가 붕괴되면 개인들은 저마다 자신의 안녕을 도모하게 된다. 충성과 성실이 홉스에게는 미덕이 아니다. 홉스는 이처럼 국가가 신민들의 충성을 가장 필요로 하는 순간, 신민들이 국가에 대한 충성을 철회할 수 있도록 했다는 사실로도 악명 높다. 이러한 논의의 결론은 정치권력이 일단 성공적으로 수립되어 안정을 확보할 수 있을 때에만 그것에 복종해야 한다는 것이다. 여기서 강조하고 있는 것은 합법적 권력이 아니라 현 상태의 권력이며, 합헌적 통치권이 아니라 현실적 권력이다. 그 당시의 일부 사람들이 찰스 1세 처형 이후 나타난 현실적 통치권을 정당화하기 위해 『리바이어던』을 인용한 것은 매우 당연한 일이었다.

자기 이익은 모든 계약의 기초이지만, 자기 이익의 추구가 역으로 고의적인 계약 파기를 낳는 수도 있음을 홉스는 깨달았다. 그는 계약이 집행될 수 없다면, 계약을 파기하는 쪽이 합리적이라는 데 동의한다. 아무도 약속을 지키지 않는 상황에서 약속을 지킨다는 것은 누군가의 희생물이 된다는 것을 의미할 뿐이다. 홉스가 열거하는 자연법들은 다른 사람에게 받은 이득에 대해 감사함으로써, 혹은 다른 사람들에게 그러한 이득을 베풂으로써, 우리로 하여금 평화와 안정을 추구하게 하도록 자극한다. 그는 자연법들이 우리에게 해가 되는 일을 하도록 권장한다고는 생각하지 않았다. 모든 것은 자기 보존의 강력한 요구에 종속되어야 한다. 홉스는 왜 우리가 계약을 한 후 다시 그것을 위반함으로써 타인의 허술함을 이용해서는 안 되는가 하는 문제에 직면했다. 홉스는 이러한 유혹에 빠지는 자를 '어리석은 자'라 부르며 "그런 자의 마음 속에는 정의와 같은 것은 존재하지 않는다"고 말한다.

타인을 이용하겠다고 하는 이러한 생각은 얼핏보면 그럴듯하다고 홉스는 주장한다. 국가체제는 이러한 생각에 대처하기 위해 존재하며, 나는 다른 사람들의 견해도 고려해야 한다. 홉스는 "자신이 맺은 계약을 위반하면서, 그러한 위반이 합리적인 행위라고 주장하는" 사람은 실수에 의하지 않고서는 결코 사회에 소속될 수 없을 것이라고 지적하면서, 어느 누구도 그러한 종류의 실수가 일어나기를 바라서는 안 된다고 주장한다. 그러나 여전히 문제는 남는다. 내가 계약을 위반하고도 무사히 달아날 수 있는 방법을 안다면 어찌할 것인가? 다른 사람은 결코 눈치채지 못하리라는 것을 안다면 어찌할 것인가? 여기서 홉스는 계약위반이 정당화된다는 결론을 피하기 어렵게 된다. 발견되지 않는 실수에 의존해서는 안심할 수 없다고 반박하는 것만으로는 불충분하다. 홉스의 사회는 빈틈없는 법망 때문에 존재하는 것이지, 시민들의 충성이나 성실 때문에 존재하는 것은 아니다. 정의상 국가는 도덕적 근거를 전혀 갖고 있지 못하며, 언제나 붕괴의 위험 속에 놓여 있다.

합리적 선택이론의 패러독스

홉스의 사회철학은 인간이란 자신에게 이익이 되지 않는 한, 남과 협동한다든지 남을 도와주는 경향을 전혀 갖지 않는, 자기 이익만을 추구하는 개체에 불과하다는 인간관에서 직접적으로 비롯된다. 그의 사회계약론은 비록 그 누구도 타인의 이익을 통해 자신의 이익을 얻지는 못하지만, 만인의 이익을 위해서 사회가 어떻게 구성될 수 있는가를 보여주려는 시도다. 타산성이 도덕성을 대신하며, 이성은 이미 존재하는 욕구를 충족시켜 줄 뿐이다. 우리가 원하는 것을 유감없이 추구하는 것이 합리성이다. 홉스는 자본주의 사회의 인간관과 흡사한 경쟁적 사회상을 그리고 있다. 사실 경제학자의 '순수한' 시장경제 개념은, 엄밀히 말하면 자기 이익에만 관심을 갖는 각 개인의 선택을 집합적으로 이용하는 개념이다. '합리적 경제인' 이라는 일반 개념은 기회가 생길 때마다 다른 모든 사람을 이용해서라도 자신의 이익을 도모하려는 자를 가리킨다. 경제학의 이론 차원에서 만들어진 이러한 전제는 홉스의 그것과 많은 점에서 공통된다. 그렇다고 우리가 사유 재산권에 편향됨으로써 공동선을 무시하는 것이 옳으냐고 묻는 마르크스주의자가 되어야 한다는 것은 아니다. 홉스는 즐겨 성경을 인용했지만, 기독교가 이러한 잠재적 이기성의 개념을 지지했던 것은 결코 아니다. 홉스는 원죄 개념을 세속화시켰지만, 기독교는 적어도 신의 은총을 받아 인간들이 자신들의 원죄와 이기성을 극복할 수 있는 능력을 갖고 있다고 보았다. 실제로 아퀴나스는 원죄의 몹쓸 결과를 인정하면서도, 선을 추구하는 인간의 경향에 대해서는 낙관적이었다.

우려할 만한 패러독스는 우리 자신에게 가장 많은 이익과 가장 적은 피해를 줄 것으로 여겨지는 선택을 가장 합리적인 선택으로 생각할 때 생긴다. 홉스의 견해가 이러한 패러독스와 관계된다는 것은 분명하지만, 이러한 문제는 극히 최근의 문제이기도 하다. 내가 공장 소유주로서 비용절감 때문에 정제되지 않은 폐수를 강으로 흘려보내려 한다고 가정해 보라. 나는 깨끗한 강을 원하고 있으며, 법이 공해를 규제해야 한다는 데에도 동의하고 있다. 그렇다고 내가 강을 오염시키지 않을 거라는 결론이 나오는가? 나는 내가 얻을 수 있는 이윤과 내가 져야 할 비용을 계산해야 한다. 나는 기소되거나 회사가 나쁜 평판을 얻는 것은 두려워할 수도 있지만, 이것은 어디까지나 들키지 않도록 조심만 하면 된다는 것을 뜻할 수도 있다. 강에 대해서는 어떻게 말할 수 있을까? 이것은 깨끗한 물이나 공기처럼 모두를 이롭게 하는 어떤 것, 소위 '공공재'라 불리우는 것과 관련해 발생하는 전형적인 문제들이다. 내가 비용을 지불하지 않고서도 이득을 얻을 수만 있다면, 나는 남보다 잘 살게 될 것이다. 내가 만든 공해의 양은 대단한 것이 아니어서, 전혀 문제가 되지 않을 수도 있다. 한편으로 이미 다른 모든 사람들이 강을 오염시키고 있다면, 오염은 이미 되어 있는 상태이므로 새삼 문제될 게 없다. 따라서 내가 들키지만 않는다면, 폐수를 강으로 흘려보내지 않을 이유가 없다.

그럼에도 불구하고 다른 모든 사람들이 그와 같은 방식으로 논의할 수 있고, 또 논의하려고 한다면, 그 때의 결과는 참혹해질 것이다. 경찰력이 아무 효과도 없고 효과를 가질 수도 없다면, 자기 이익을 추구하는 개인들의 사회는 언제나 곤경에 처할 것이다.

공유지의 황폐화도 같은 문제를 보여준다. 모든 사람에게 같은 장소에서 목축을 할 권리가 있다면, 어느 누구도 그 장소가 사유 재산이었다면 행사했을 법한 자기 규제를 행사하지 않게 된다. 사람들은 저마다 가능한 한 많이 목축하려 할 것이고, 따라서 방목되는 동물의 수효가 토지의 면적에 비해 너무 많아지게 되고 풀도 사라지게 된다. 사람들은 저마다 다른 사람이 스스로 규제를 하지 않으면 자기도 규제할 필요가 없다고 추리한다. 다른 사람들이 스스로 규제를 하지 않으면, 누구도 방목하는 동물의 수효를 스스로 규제할 이유가 없다. 그렇게 한다고 해도 별 차이가 없기 때문이다. 그러나 대부분의 사람들이 스스로 규제를 한다면, 여유있는 공간에서 더 많은 목축을 할 수 있으므로 그러한 상황을 이용하려는 사람이 생길 것이다. 누구나 그렇게 추리할 것이며, 다시금 공간은 비좁아질 것이다. 홉스는 여기서 감시와 통제의 효율적 체계의 필요를 논증할 수 있다. 공유지의 사용자들은 목축을 관리하는 위원회의 설립에 합의할 수 있으며, 목축하는 동물의 수효를 제한하기로 결정할 수도 있다. 이것은 사용자들이 전적으로 이기적이라는 가정하에, 위원회가 경비를 부담하면서 처벌에 대한 적절한 권한을 가질 때에 성립한다. 그렇다 하더라도 사용자들은 그들 스스로가 결성한 위원회를 능가하고자 하는 유혹을 느낄 것이며, 저마다 다른 사람보다 더 많은 이익을 얻고자 할 것이다.

함부로 자기 이익을 추구하는 국가들 사이의 군축합의라든가, 되도록이면 많은 양의 어류를 포획하려는 어부들 사이에서 이루어지는 과잉조업금지에 대한 합의 등도 예가 될 수 있다. 처음에는 합의를 이끌어낼 수 있었던 지속적인 자기 이익의 추구가 결국에는 그러한 합의를 무너뜨리기도 한다. 우리가 계약 당사자라는 단 하나의 이유 때문에 계약을 준수하는 것이 어떻게든 경쟁자를 물리치려고 하는 사람에게는 사치처럼 보일 것이다. 은밀하게 계약이 파기될 수 있다면, 그것은 곧바로 파기되고야 말 것이다. 성실, 신뢰, 충성, 정직은 이기주의자들의 사회에서 제한된 가치를 지닐 수밖에 없다.

자기 이익을 추구하는 우리의 내면에는 많은 요소가 있지만, 그것은 크게 보면 보상에 대한 반응이거나 처벌에 대한 공포에 불과하다. 정치가들은 이러한 점을 고려해야 할 것이다. 그렇지만 많은 사상가들은 인간 본성에는 훨씬 더 고귀한 일면이 있다고 주장한다. 우리는 자기 이익을 추구할 뿐만 아니라 자기를 희생시킬 수도 있다. 우리는 자신의 이익만큼이나 타인의 이익에 대해서도 관심을 가질 수 있다. 만일 실제로 그러하다면 홉스류의 정치이론은 인간 본성을 부당하게 경멸하는 견해가 된다. 시민들의 충성과 헌신을 고무시킴으로써 비이기적 성향을 이끌어낼 수 없는 국가는 단순히 빈곤해지는데 그치지 않는다. 이러한 본래적 불안이 결국에는 국가체제의 붕괴로 이어지리라는 것은 확실하다.

흄(D. Hume)

이성보다는 감정에 지배되는 인간

나의 손가락의 상처보다 전세계의 파멸을
선호하는 것은 이성에 위배되지 않는다.

인과법칙은 습관의 산물이다

데이빗 흄은 1711년 에딘버러에서 출생했으며, 1776년 미국 독립선언이 있고 난 몇 주 후 타계했다. 그는 죠지아 왕조의 비교적 안정되고 평온한 시기를 살았으며, 그래서인지 관습과 전통을 강조하는 그의 철학은 커다란 변혁을 겪어 보지 못한 사람의 생각을 반영하는 듯하다. 그는 '보수주의적'(conservative)이라고 불리우지만, 그러한 용어의 사용은 엄밀히 말해 시대착오적이다. 왜냐하면, 보수주의는 흄의 사후 몇 년 후에 발발한 프랑스 혁명의 과격함에 대한 하나의 반동으로서 나타난 사상이었기 때문이다. 이성의 이름으로 전통을 일소하려는 시도들에 대해 많은 사람들은 두려움을 느꼈던 것이다.

흄은 역사가로도 유명하지만, 많은 사람들에 의해 가장 위대한 영국의 철학자로 간주되어 왔다. 그의 철학은 로크(J. Locke)와 버클리(G. Berkeley)의 영국 경험론 전통을 따르면서도, 과학의 시대와 많은 조화를 이루고 있다. 그는 우리의 천부적 능력을 바탕으로 지식을 형성해 가는 과정에서 경험이 중심 역할을 한다고 강조하였다. 인간 본성에 대한 그의 생각이 그의 철학의 바탕이 되고 있다는 것은 틀림없는 사실이다. 통상적으로 경험론자들이 주장하는 바란 우리의 지식이 우리의 감각 경험에 의해 형성된다는 것이다. 이성 그 자체는 있는 그대로의 사실을 우리에게 말해줄 수 없는 만큼, 우리는 사물의 본성을 경험을 통해 찾아야 한다는 것이다. 경험될 수 없는 것은 생각될 수도 없으며, 따라서 '세계'란 인간이 접근할 수 있고 파악할 수 있는 대상에만 한정된다. 주교였던 버클리는 실재를 지각가능한 것과 일치시켰지만, 사물이 아무도 지각하지 않을 때 존재하기를 그친다는 달갑지 않은 결과를 피하려고, 일체의 것을 인식하는 신의 지각을 자신의 이론체계에 도입하기에 이르렀다. 이에 비해 흄은 훨씬 회의적이었다. 그는 유신론에 대해 회의하였지만, 실제로 그의 회의주의의 폭은 이보다 훨씬 넓었다.

과학의 근본 목적은 자연에 내재한 규칙성을 찾아내고 그것을 설명하는 데 있다. 흄은 인과성이란 언제나 함께 발생하는 두 사건의 문제로서, 그 두 사건을 연계시키려는 우리의 심리적 경향과 관련된다고 주장하였다. 이 두 사건 사이에는 어떠한 필연적 관계도 성립하지 않는다는 것이다. "원인과 결과에 대한 우리의 모든 추리는 오로지 습관으로부터 나온다"[1]고 그는 말한다. 우리는 두 개의 사물을 우연히 우리의 마음 속에서 연결시키면서도 그것이 어떻게 합리적으로 정당화될 수 있는가를 묻지 않는다는 것이다. 이러한 견해는 우리가 어느 한 경험을 다른 경험과 연관시키는 방식을 강조하게 되고, 또 본능의 차원에서 이루어지는 인간 본성의 발현에 관심을 기울이게 된다. 이러한 견해는 인간 사회에서 형성된 관습 및 전통의 중요성과 함께 그것들이 인간의 기본특성과 인간 경험의 발로임을 보여준다. 우리의 믿음에 근거하여 우리가 옳다는 것을 결코 확신할 수는 없다. 사실 경험론은 과학의 동반자가 될 수도 있으나, 과학의 토대를 허물어뜨릴 수도 있다. 어떤 근거에서 우리는 자연의 규칙성을 전제할 수 있는가? 전제할 수 없다면, 과학은 불가능해질 것이다. 흄의 해결책은 이성에 지나치게 의존하는 것이 아니라, 우리가 자연스럽게 기대할 수 있는 것에 만족하는 것이었다. "자연은 모든 회의적 논증의 위력을 적절하게 압도한다"[2]고 그는 말한다.

『인간 본성론』(*A Treatise of Human Nature*)이라는 그의 주저의 타이틀은 두 가지 이유에서 중요하다. 그것은 인간 본성의 개념이 그의 사유의 핵심임을 보여준다. 우리가 물리적 세계뿐만 아니라 다른 사람들과 교제하는 방식을 설명하는 데 있어, 이성은 아무런 권위를 갖지 못하며 감정과 본능이 훨씬 더 중요한 위치에 놓인다는 것이 그 내용이다. 그렇지만 그것은 홉스가 자신의 저작의 한 부분에 붙인 타이틀과 같은 것이었다.[3] 홉스와 흄은 서로 관련지워져 생각되지 않으며, 흄은 홉스에 대해 거의 언급하지 않는데도 말이다. 명백한 차이에도 불구하고, 두 사람의 철학 사이에 유사성이 있다는 것이 분명하다. 흄은 이기주의를 배격했지만, 인간의 이기성에 대해서는 결코 의심하지 않았다. 인간의 자유에 관한 흄의 견해는 홉스에게서 영향을 받았음을 보여준다. 두 사람 모두 도덕과 정치학이 물리학과 동일한 방법으로 연구되어야 한다고 믿었으며, 개인의 동기로부터 논의를 시작하고 있다. 그러한 이유 때문에 두 사람 모두 인간의 서로 다른 감정들에 대한 탐구에 상당한 시간을 쏟았다.

서문에서 흄은 "인간에 관한 학문이 다른 학문들의 유일한 근거이다"라고 주장하며, 인간성의 연구에서도 경험과 관찰이 중요하다는 것을 강조한다.[4] 그리고 나서 그는 (로크와 버클리를 포함해서) 새로운 기반 위에서 인간학을 시작했던 철학자들을 언급한다. 그럼에도 불구하고 그가 홉스의 이름은 빠뜨리고 있는 것은, 아마도 여러 지역에서 이단으로 취급받고 있는 인물과 자신의 저작이 관련되는 것을 염려했기 때문인지도 모른다. 유신론에 대한 비난이 자신에게 지극히 불리할 수 있음을 그는 잘 알고 있었다. 그가 홉스를 언급하고 있는 곳은 인간의 특성에서 우리가 기대할 수 있는 일반적인 규칙성을 강조하는 부분에서이다. 흄은 개인적인 특성과 민족성이 다양할 수 있음을 인정했지만, 동시에 "태양 및 기후의 변화가 그렇듯이 인간의 행동에도 일반적 특징이 있다"[5]고 생각했다. 우리는 북극에서 과일이 익지 않으리라는 것을 아는 것만큼이나, 인간이 어떤 방식으로는 결코 행위하지 못함을 장담할 수 있다는 것이다. 이 점을 부정하는 사람은 없으리라 여기며, 흄은 다음과 같이 부연한다. "내가 생각하기에, 여기저기를 여행해 본 사람이라면 플라톤의 『국가』에 등장하는 인간과 홉스의 『리바이어던』에 등장하는 인간과 엄밀하게 똑같은 사람들이 있다는 것을 어느 누가 말해줄 수 있느냐고 반문할 것이다." 오직 경험을 통해서, 우리는 인간 행위와 물리적 세계의 운행과정에서 규칙성을 찾아낼 수 있으며 그러한 규칙성을 기대할 수 있다는 것이다.

흄은 홉스와 같은 유물론자는 아니었으며, 인간 정신의 지각을 물질의 운동과 동일시하지 않았다. 그렇지만 그는 인간 행위에서 관찰되는 규칙성과 물리적 대상의 규칙성을 엄밀하게 구별하는 것에는 반대했다. 정신은 언제나 함께 발견되는 것을 연관시키는 기능을 하며, 우리가 '인간 본성'(human nature)이라 부르는 것은 우리의 동족에 대한 우리의 경험으로부터 기대하게 되는 그 무엇이다. 그렇지만 역설적이게도 언제나 함께 발생하는 것을 연결시키고자 하는 우리의 경향은 근본적으로 자아가 동일성을 유지할 때만 가능하다.

다른 모든 회의주의처럼 흄의 회의주의는 그 자체로 모순을 안고 있는 것으로 생각될 수 있다. 그는 '인간 본성에 관한 필연적인 불멸의 원리'[6]에 대해 언급하면서도, 곧바로 마음이 원인과 결과의 관념을 형성하는 방식과 필연성을 느끼는 방식에 대해 강조한다. 그것은 인간 정신의 작용에 관한 강조로서 본질에 대한 강조는 아니다. 사물에 대해 그렇게 반응하는 방식은 우리 본성의 한 부분인 것처럼 보일 뿐이다. 그럼에도 불구하고 인간 본성에 대해 어떤 확실한 이론을 세울 수 있다고 생각한다면, 분명한 모순이 생기게 된다. 문제는 마음의 연상작용이 어느 정도까지 경험의 결과이냐 하는 것이다. 어떤 타고난 경향이나 성향 없이 인간의 마음은 세계를 범주화하는 일을 시작할 수 있는가? 이러한 종류의 고려사항으로 말미암아, 플라톤 같은 철학자들이 생득적 지식의 개념에 호소하거나 본능이라는 생물학적 개념을 끌어들이게 된 것이다. 철저한 경험론이라면 우리가 어떤 생득적 경향을 갖고 태어날 수 있는가에 대한 어떤 이론을 갖고 있지 않으므로, 인간 본성에 대해 어떤 견해를 취하기가 매우 어려울 것이다. 우리가 누구인가에 관한 어떤 개념도 없이 우리의 경험만으로 모든 것을 설명하기란 좀처럼 쉬운 일이 아니기 때문이다.

인간의 마음은 지각의 다발이다

물리적 대상의 운동과 인간 행위를 같은 방식으로 취급하고자 하는 흄의 결의는, 당구공들이 서로 부딪힐 때의 인과적 필연성과 같은 종류의 인과적 필연성을 인간 본성에 부여하고 있음을 뜻한다. 흄은 감옥의 벽과 철창 그리고 간수의 감시 때문에 탈출을 할 수 없었다고 생각하면서 처형대로 끌려가는 죄수의 예를 들고 있다. 흄은 그 죄수가 확실한 죽음에 직면했을 때 그의 머릿속에 스쳐 가는 일련의 관념들을 언급한다. '자기 탈출을 도와주기를 거부한 간수의 행동, 사형 집행관의 행동, 정신과 육체의 분리, 피흘림, 발작적 동작 그리고 죽음'[7] 등이 그것들이다. 여기서 흄이 지적하려는 것은 이러한 것들 중의 어떤 것들은 자발적 행위이고 어떤 것들은 자연적 원인에 의한 것이지만, 마음은 이 모든 것들을 똑같은 방식으로 취급한다는 것이다. 각각은 쇠사슬처럼 서로 연결되어 있다는 것이다.

흄이 가장 관심을 갖는 것은 타인의 행동을 예측할 수 있느냐 하는 것이다. 그는 우리가 인간의 행위를 인과적으로 보지 않는다면, 그것을 전적으로 임의적인 것으로 생각할 수밖에 없음을 지적한다. 그의 결론은 "필연성을 제거할 때의 자유는 모든 원인을 제거하게 되며, 따라서 그러한 자유는 우연과 다를 바 없다"[8]는 것이다. 원인 없는 행위는 규칙성을 갖지 못하는 예측불가능한 것이 된다. 그렇게 되면 삶은 불가능해진다. 흄이 강조하는 것처럼, 우리는 우리의 기대에 어긋나지 않게 행동하는 사람들과 관계를 맺으면서 살아가기 때문이다. 우리의 삶이 얼마나 심대하게 이러한 전제에 따라 이루어지는가는 다음의 단적인 예에서 드러난다. "정오쯤 체어링 사거리에서 많은 돈이 든 지갑을 떨어뜨린 사람은 한 시간 후에도 그것이 그대로 있을 거라고 기대할 수 있듯이, 그것이 흔적도 없이 없어지리라는 것도 기대할 수 있다."[9]

흄은 홉스를 따라 자유를 강제와 대비시킨다. 아무렇게나 구르는 돌이 자유로운 것만큼이나 인간은 자유롭게 행위할 수 있다. 물론 돌이나 사람이 움직일 때에는 그에 따르는 원인이 있다. 이러한 논증을 통해 흄은 자유와 인과성의 양립가능성을 입증하고자 했다. 사실 비정상적이며 예측불가능한 행동이 도덕에 대한 위협으로 보이는 까닭은, 도덕적 행위가 임의적인 것도 자의적(恣意的)인 것도 아니기 때문이다. 그렇지만 흄에 따르면, 도덕적 행위가 이성에 의해 인도되는 것은 결코 아니다. 오로지 욕구와 감정만이 우리의 행위를 이끌 수 있다고 그는 믿었다. 어떤 욕구도 없는 단순한 지적 이해만으로 우리의 행위를 유발시킬 수는 없다. 따라서 우리가 무엇을 원할 때 생기는 동기가 원인이 되어야만, 인간의 행위는 설명될 수 있다. 동기 없는 인간 행위가 가능할지라도, 그것이 합리적일 수는 없다. 자유의지가 신성한 것으로 정의된다고 믿고 있는 사람은 이성적 행위를 모델로 삼아서 행위의 원인을 설명하려고 한다. 그러나 흄은 그러한 일체의 시도를 배격한다.

흄이 종종 비판받는 이유는 바로 그의 비역사적 접근방식 때문이다. 그는 어느 시대와 어떤 장소를 막론하고 인간은 중요한 면에서 유사하리라고 전제했다. 이러한 전제는 인간 본성에 관한 모든 연구의 핵심 문제이다. 인간을 형성하는 데 있어서 사회의 역할이 강조될수록, 인간 본성은 사회적 맥락과 긴밀한 관계를 맺게 될 것이다. 과연 원시적 '수렵 · 채집' 사회의 사람들은 진보된 산업국가의 구성원들과 공유하는 것이 있는가? 자본주의 경제체제의 시민들이 사회주의 국가의 시민들과 모든 면에서 유사하단 말인가? 인간 사회의 불가피성을 인정하긴 했지만, 이러한 유형의 문제에 대한 흄의 답변은 단호하게 그렇다는 것이다. 그는 민족성의 차이를 논의하면서도 다음과 같이 말한다.

> 어떠한 국가 그리고 어떠한 세대이든 인간들의 행위에는 어떤 커다란 통일성이 있다는 것, 또 인간 본성이 원리상 그리고 그것의 작용에 있어서 동일하다는 것은 보편적으로 받아들여지는 사실이다……그리스인과 로마인의 감성, 경향 그리고 삶의 방식이 어떠했던가? 또 프랑스인과 영국인의 기질과 행위를 비교해 보라.[10)]

이러한 〔흄의〕 주장은 논의의 과정중에 도출되는 일반적 합의에서 비롯된다. 그러나 이러한 일반적 합의야말로 인간 본성과 관련하여 가장 빈번하게 논란을 빚고 있다는 점에서, 그는 문제를 약간 안이하게 처리했다. 근본적으로 유사하다는 전제가 없다면, 인간에 대한 연구는 문제에 봉착한다. 그리고 인간에 대한 연구가 불가능하다면, 다른 사회 그리고 다른 시대에 대한 이해도 어려워진다. 체어링 사거리에 돈이 든 지갑을 떨어뜨린 사례는 18세기 런던 시민들의 감정이 우리와 근본적으로 다르지 않았다는 전제를 배제할 경우, 결코 이해될 수 없다. 그들이 우리와 유사하다고 할 때, 그러한 사례는 곧바로 수긍할 만하고 적절한 것이 된다. 그러나 그들의 감정이 우리와 달랐다면 우리는 어떤 종류의 동기를 그들에게 부여하고 우리에게 부여해서는 안 되는가를 문제시해야 한다. 그렇게 되면 그들을 이해할 수 있으리라는 확실한 보장이 없을 것이다. 따라서 우리는 언제나 인간이 탐욕스러운 존재임을 전제해야 한다. 물론 탐욕은 많은 사람들이 사회개혁을 통해서 제거하기를 희망해왔던 악덕이기도 하다. 그들은 사회 환경의 개량을 통해 사람들을 변화시킬 수 있다는 희망을 품고 있었다. 이것이 바로 혁명의 배후에 자리잡고 있는 이론의 하나이다. 우리가 인간의 본성을 변화시킬 수 있는가의 여부는 근본적으로 중요한 문제이다. 여기서 흄이 확신했던 것은 다름아닌 관습과 전통을 전복시킬 때 생기는 위험이었다.

흄은 인간 본성을 우리의 일상 경험의 문제로 간주한다. 우리 모두는 인간의 행태에서 어떤 보편적 경향을 인식한다. 흄은 사회가 개인의 욕구 및 필요에 의해 구성되는 것으로 생각하는 개인주의자였으므로, 인간 본성에 관한 문제는 나와 당신에 관한 문제로 환원된다. 나란 도대체 누구인가? 나를 나와 같은 인간으로 만든 것은 무엇이고, 나를 당신과 다른 인간으로 만드는 것은 또 무엇인가? 인간 본성에 관한 논쟁은 자아의 본성에 관한 문제를 피할 수 없다. 인간 본성 개념을 철저히 부정하는 사람이 있듯이, '자아'의 존재 개념을 대수롭지 않게 여기는 사람도 있다. 흄은 인간 본성의 개념에 대한 옹호자였으나, 그의 경험론은 그로 하여금 경험의 주체개념을 받아들이기 어렵게 만든다. 문제는 내가 나 자신에 대한 경험을 수용해야 하는 까닭에, 나는 나에 대해서 경험할 수 없다는 것이다. 내성과 자기 성찰은 나에게 무엇인가를 말해줄 수 있지만, 그러한 성찰을 하는 것은 언제나 바로 나이다. 나 자신을 관찰하는 나 자신을, 내가 관찰하는 데에는 한계가 있다. 나는 경험의 객체일 뿐만 아니라 경험의 주체이기도 하기 때문이다.

자아의 본성은 어떤 경험론으로도 결코 충분히 이해될 수 없다는 것과, 어떤 경험도 자아의 미묘함을 충분히 밝힐 수 없다는 것이 많은 철학자들의 생각이었다. 자아에 대한 연구는 원천적으로 경험론자에게는 금기일 수밖에 없으며, 흄은 자아의 개념이 이해가능하려면 자아가 경험을 통해 드러나야 한다고 주장했다. 경험의 주체를 이해하고자 하는 경험의 개념은 역설적인 것처럼 보일 가능성이 있으나, 그러한 가능성이 그 자신의 경험 속에서 자아를 찾고자 하는 흄을 곤란하게 했던 것은 아니다. "나에 관한 한, 내가 나 자신이라고 부르는 것과 직접적으로 관계맺는 순간, 나는 언제나 뜨거움이나 차가움, 사랑이나 증오, 고통이나 쾌락과 같은 이러저러한 지각을 발견한다. 어떤 지각도 없이 내가 나 자신을 이해하는 때란 결코 없다"[11]고 흄은 적고 있다.

따라서 나는 서로 다른 경험들의 연속으로 나타나며, 그 무엇도 그러한 경험들을 묶어주지 않는다. 경험은 어느 누구의 소유도 아니다. 이것이 흄의 결론이다. 그렇지만 어떤 지각 없이는 그 자신을 결코 파악하지 못하는 그런 존재가 엄밀히 말해 누구냐고 묻고 싶어진다. 흄은 인간에 관해 다음과 같이 말한다. "인간이란 서로 다른 지각들의 다발이거나 집합에 불과한 것으로, 그것은 생각할 수 없는 빠른 속도로 서로를 결합시키며, 상호운동을 하는 항구적인 유동상태에 있다." 인간 내면의 본성에 대한 탐구는 경험론자들을 끊임없이 좌절케 한다. 철학적으로 인간의 경험에 기울어지면 질수록 경험의 주체는 소홀해지게 마련이다. 순전히 형이상학적 문제이며, 경험을 초월하는 문제라는 이유로 자아 개념은 도외시된다. 그렇지만 이러한 자아 개념은 결과적으로, 어떻게 동일한 자아가 오랜 시간에 걸쳐 지속될 수 있느냐 하는 자아 동일성의 개념을 문제로 부각시킨다. 서로 중첩되는 경험의 연속적 흐름만을 인간 개념으로 간주해야 한다는 것이 흄의 근본적 해결책이다. 그가 사후의 삶에 대해 회의적이었던 것은 조금도 놀랍지 않다. 그는 이성만으로는 영혼의 불멸을 입증할 수 없다고 말하면서, 다음과 같이 부연한다. "그 무엇도 신의 계시에 대해 인류가 갖게 되는 무한한 책무를 분명하게 밝힐 수 없었다. 왜냐하면 그 어떤 매개자도 이렇듯 위대하고 막중한 진리를 확인시켜 줄 수 없었음을 우리는 알고 있기 때문이다"

[12] 흄의 다른 관점에서 보면, 이러한 주장은 액면 그대로 받아들여지기 어렵다. 이것은 그의 회의주의에서 비롯되는 신랄한 풍자임이 분명하다.

이성은 감정의 노예다

흄은 이성을 통해 우리가 사물들의 관계를 인식할 수 있는 반면, 행동의 원동력은 욕구라고 생각했다. 이성은 우리에게 목적을 정해줄 수 없고, 다만 우리가 이미 욕구하는 것을 달성하는 방법을 가르쳐 줄 수 있기 때문에, 그는 이성은 '감정의 노예' (the slave of the passion)라고 주장했다.[13] 그는 실천 이성의 개념을 완전히 부정했으며 일반적 의미에 비해 '이성'을 협소하게, 그리고 '감정'을 폭넓게 정의했다. 이성에 관한 이러한 견해는 아리스토텔레스의 견해와 크게 다르다. 우리의 선호는 고정되어 있어서, 이성이나 사회적 압력에 의해 영향받지 않는다고 흄은 믿었다. 이것은 정치학이 인간 본성에 때문에 빚어지는 문제들에 대한 하나의 답변으로서만 기능하게 된다는 것을 뜻한다. 정치가는 결코 새로운 세계를 창출하기를 희망할 수 없다. 이성이 상대적으로 무기력하기 때문에, 우리는 본능과 욕구를 이용해야 한다. 이러한 입장은 모종의 보수주의와 연관된다. '관습은 인생의 위대한 안내자'[14]라고 흄은 단정한다. 이러한 관습이 얼마나 뿌리깊은가는, 흄이 지적하듯이, 불이나 눈을 보이기만 해도 뜨거울 거라든가 차가울 거라고 기대하는 데서 잘 드러난다. 우리는 이러한 상황에 놓일 때 어떤 특정의 믿음을 가질 수밖에 없다. 왜 그러한가? 흄은 그것이 과거의 경험 이상의 것이라고 주장한다. 우리는 불과 뜨거움, 눈과 차가움이 언제나 '함께 결합된다'는 것을 분명히 알게 된다. 이러한 사태가 발생하리라는 기대는 이성의 산물이 아니다. 흄은 "이러한 작용은 일종의 자연적 본능으로써, 추리라든가 사유, 지적 이해의 과정이 산출하거나 저지할 수 있는 것이 결코 아니다"[15]라고 말한다.

이렇듯 이성의 역할을 격하시킴으로써 인간과 짐승 사이의 중요한 구별이 사라지게 되며, 짐승의 삶이나 인간의 삶에서 본능이 거의 같은 역할을 한다고 흄은 강조한다. 그도 말하고 있듯이, 금수는 사물들의 '참된 연관성'(real connexion)을 이해하지 못한다. 이성 그 자체가 하나의 본능이며, 그것을 통해서 우리는 어떤 한 현상으로부터 다른 현상으로 옮아갈 수 있다. 흄은 "이러한 본능은, 사실을 말하자면, 과거의 관찰과 경험으로부터 나오긴 하지만, 왜 자연이 이러한 본능을 만들어야 했는지를 비롯하여, 왜 과거의 경험과 관찰이 그러한 결과를 산출하는지에 대해 어느 누가 답할 수 있겠는가?"[16] 하고 부연한다.

흄은 습관이란 "자연의 여러 원리 중의 하나에 지나지 않는다"고 결론내린다. 이것은 주목할 만한 양보이다. 왜냐하면 경험의 우위를 너무 지나치게 강조하다 보면, 생래적인 경향이나 선천적 경향을 배제하는 위험을 안게 되기 때문이다. 습관이 자연의 여러 원리 중의 하나라는 주장은, 인간이 여러 방식으로 변형될 수 있으며 인간의 본성과 같은 것이 없다는 뜻이다. 그러나 동물적 본능의 작용이 '자연'을 따른다는 것을 깨닫는 순간 과학적 탐구의 새로운 가능성이 열리게 된다.

본능의 역할 그리고 인간과 동물의 삶 속에 내재하는 욕구를 강조하는 흄의 주장은 다윈의 저작에 대한 철학적 토대를 마련해 주었다.

인간의 이성 능력을 격하시킴으로써 도덕의 영역만큼 커다란 타격을 받는 것은 없다. 흄은 도덕을 불변의 인간 욕구에 기초시키면서, "나의 손가락의 상처보다 전 세계의 파멸을 더 선호하는 것은 이성에 위배되지 않는다"[17]는 악의에 찬 말을 하고 있다. 어떠한 욕구나 선호라도 비합리적인 것으로 판단될 수 없고 이성에 의해 변화될 수 없다. 이성은 주어진 목적에 대한 수단을 모색할 수 있을 뿐이다. 이성은 있는 사실로부터 해야 하는 당위를 끌어낼 수 없다고 흄은 생각했다. 존재와 당위라는 그의 이러한 구별은 지속적 영향력을 행사했다. 그런데 많은 사람들은 손가락에 관한 구절 다음에 오는 문장은 빠뜨리고 있다. 흄은 "인디언이나 내가 전혀 알지 못하는 사람의 곤경을 최소화하기 위해, 나의 완전한 희생을 선택하는 것은 이성에 어긋나지 않는다"고 말한다. 흄은 이기주의자가 아니다. 왜냐하면 그는 우리가 자신의 희생을 무릅쓰면서 다른 사람의 선을 바랄 수 있음을 인정했기 때문이다. 그의 논점은 우리가 무엇을 욕구하든 간에, 그것이 이성의 판단에 입각할 수는 없다는 것이다.

모든 사람이 평등한 대우를 받아야 한다는 것이 이성의 명령이라고 주장될 수도 있겠지만 일단 이성의 역할이 배제되면, 사람들은 자신과 무관한 사람의 행복보다는 자기 가족과 친구를 우선시하게 된다. 흄은 이러한 사실을 받아들이면서 인류애와 같은 감정의 존재를 부인한다.[18]

그는 인간의 자연스런 특성으로 여겨지는 것을 다음과 같이 요약한다. "모든 사람이 평등하다고 해도, 사람이라면 자기의 조카보다는 자기 자식을 더 사랑하며, 자기의 사촌보다는 조카를 더 사랑하며, 모르는 사람보다는 사촌을 더 사랑한다."[19] 다시 말하지만 흄은 다윈의 추종자들이 관심을 가졌던 현상에 대해 이미 통찰하고 있었다. 가족애는 유전적 토대가 되며, 자기애는 생존유지의 중요한 요소이다. 흄은 '자기 자신보다 다른 사람을 더 사랑하는 사람을 만나기란 어렵다는 것' 을 인정하지만, 여전히 "두루 살펴보아도 친절한 호의가 이기심을 억누르지 못하는 사람을 만나는 것도 마찬가지로 어려운 일이다"라고 주장한다.[20] 흄은 아내와 자식에게 대부분의 재산을 상속하는 아버지의 예를 든다. 이것은 이기성이 아니라 선의와 관련된 사례임이 분명하다. 그러나 나의 자식에 대한 애정은 도움을 필요로 하는 나와 무관한 어린아이에 대한 이타적 관심과는 차원이 다르다. 이타적 관심이 적어지면 적어질수록, 타인들이 우리에게서 더욱 더 멀어진다는 이유에서, 도덕은 이타적 관심을 요구하는 것처럼 보인다. 그러나 흄은 도덕이 그러한 관심을 지나치게 많이 요구할 가능성이 있음을 지적하는 것 같다.

이러한 문제는 인간의 감정에 기초한, 인간의 이성이 아니라 인간의 공감(共感)에 기초한 도덕이론에서 생기지 않을 수 없는 문제이다. 흄은 공감의 원리(the principle of sympathy)를 중시하면서, 그것을 '도덕적 특질의 주요 원천' (chief source of moral distinction)이라고 부른다.[21] 공감은 다른 사람의 관점에서 사태를 파악하려는 경향을 의미하며, 우리와 가까운 사람들과의 사이에서 더 쉽게 발휘될 수 있다고 흄은 생각하였다. 자기 자식을 다른 사람의 자식보다 더 사랑하는 것은 실제로 자연스럽지만, 그것은 모르는 사람을 도와주어야 하는가의 문제와는 차원이 다른 문제다. 내가 도와주고 싶은 사람과 내가 도와주어야 하는 사람이 언제나 동일 인물일 수는 없다. 도덕의 보편적 요청과 우리의 특수한 공감 사이에는 간격이 있는 것이다. 흄은 『도덕의 제원리에 관한 연구』(*Enquiry Concerning the Principles of Morals*)에서 『인간 본성론』의 견해를 한층 더 일반화된 형태로 제시한다. 그는 우리가 특별히 선호하는 사람에 대한 선의보다는 인류 전체로 확장되는 선의를 강조한다. '이성'과 '감성'을 구별하면서도, 그는 '인류의 행복에 대한 감정과 인류의 불행에 대한 분노'[22]를 적절한 감정으로 정의한다. 18세기의 많은 철학자들로부터 각광받던 '도덕감'(moral sense)의 형태에 흄이 호소하고 있는 것처럼 보일 때도 있으며, 이것은 제한된 공감과 자기 이익에 토대를 둔 도덕적 관점에서 크게 벗어난 것이다. 그의 저작 전체를 살펴볼 때, 인간에게 인류 전체를 목적으로 하는 타인에 대한 사랑을 얼마나 기대할 수 있는가 하는 점이 대단히 모호하다는 것만은 분명하다. 그렇지만 흄은 도덕이 이성에 의해 수립되지 않음을 주장한 점에서는 한결같고, 철저하며, 일관된다. 우리가 선의를 베푸는 범위가 넓든 아니면 좁든 간에, 이제 도덕은 인간에게 내려지는 명령이나 요구가 아니라, 인간의 근본적 특성의 결과일 뿐이다. 흄에 있어서 도덕은 인간 본성을 이해하는 것만으로는 성립될 수 없다. 도덕은 인간 본성의 표출이기 때문이다.

사회는 인간 본성이 빚는 나쁜 결과를 줄인다

흄은 사회란 인간 본성이라는 불변의 사실을 염두에 두어야 한다고 생각했다. 모든 사람은 사회를 매개로 서로 협동함으로써 이익을 얻지만, 본래부터 사람이 정의로운 존재는 아니다. 정의란 '인위적' 덕이며, 따라서 사회는 정의를 강화시키는 메커니즘을 마련해야 한다. 인간 본성의 허약함과 고약함에 관해 흄은 "인간은 그들이 치유할 수 없는 특성을 완화하는 데 진력해야 한다"고 말한다.[23] 사회는 인간 본성에서 나오는 일부 나쁜 결과를 최소화하는 체제를 마련할 뿐이다. 우리는 감정을 변화시킬 수 없으나, 적절한 방향으로 유도할 수는 있다. 그는 자연상태의 개념을 '철학적 허구'(philosophical fiction)[24]에 지나지 않는다고 여겼으며, 사회계약의 개념에는 전혀 관심이 없었다. 최근까지 정부가 모종의 계약에 의해 수립된다고 생각하는 사람은 없었노라고 그는 말한다. 그는 '여론'(general opinion)에 의해서만 문제가 해결될 수 있다고 믿으면서, 우리가 정부에 복종하지 않으면 사회가 존립할 수 없기 때문에 그렇게 해야 하는 것이 누가 봐도 분명하다고 생각했다. 우리가 전적으로 사회에 의존적인 까닭은 서로 협력함으로써 우리의 허약함을 보상받을 수 있으며, 강력함을 증대시킬 수 있기 때문이다. 노동의 분화가 이익이 되는 것은 특정한 일에 전문성을 가진 사람이 있기 때문이다. 자연은 어떤 동물보다도 인간에게 가장 많은 욕망과 욕구를 부여했으면서도 그것들을 충족시키기에는 가장 미약한 수단을 부여했다고 흄은 생각한다. 그는 인간을 항상 많은 양의 고기를 필요로 하지만 용맹과 힘을 갖기 때문에 보상을 받는 사자에 비유한다.[25] 우리는 서로 협동함으로써 우리의 결함을 보완해야 한다.

서로를 필요로 한다고 해도 우리 모두는 저마다의 관심을 갖고 있다. 따라서 사회는 행복한 협동의 원인이기도 하지만 충돌과 시기심의 원인일 수도 있다. 우리는 우리 자신과 친척 그리고 친구를 위해서 가능한 한 많은 것을 얻고자 한다. 우리는 제한된 자원을 놓고 경쟁하기 때문에, 상황은 더욱 악화될 수 있다. 이러한 사태 때문에 정의가 필요해진다. 흄은 다음과 같이 말한다. "인간의 선의나 자연의 재화를 충분히 증대시키면, 당신에게 정의란 무용해진다."[26] 사회의 관습이 생기는 까닭은 정의와 재산 때문이다. 사회의 보존이 우리의 공동 이익이긴 해도, 멀리 있는 것보다는 가까운 것을 더 선호하는 것이 자연스러운 행위임을 흄은 충분히 인식하고 있었다. 단기적 이익의 가능성은 누구에게나 정의의 요구를 무시하고 싶은 욕구를 불러일으킨다. 장기적 이익을 망각하게 하는, 이른바 흄이 말하는 '영혼의 편협함'(narrowness of soul)을 우리는 치유할 수 없다. 그는 인간에 대해 다음과 같이 말한다. "인간은 그들의 본성을 변화시킬 수 없다. 그들이 할 수 있는 것은 상황을 변화시켜서, 정의를 따르는 사람은 곧바로 직접적 이익을 얻게 하고, 정의를 어기는 사람은 이익을 얻기 어렵게 만드는 일 뿐이다."[27]

따라서 정부가 수립되고 법이 시행되면서 행정관들은 전체의 이익을 위한 일을 떠맡게 된다. 분쟁은 중재될 수 있으며 거대한 기업들이 사업을 일으킨다. 교량과 항만이 건설되고, 터널이 만들어지고, 군함이 진수되며, 훈련받은 군대가 생긴다.[28] 행정관들이 '사회에서의 그들의 처지와 역할에 만족함'으로써, 그들이 통치하는 사람들의 이익을 통해 간접적으로 이익을 얻게 되기를 흄은 희망한다. 그렇지만 그들은 함부로 다룰 수 없는 대중에게 자신들의 의지를 강요함으로써 곤란함을 겪기도 한다. 소수라면 법으로 규제할 수 있지만, 다수를 통제하려면 국가라는 강압적인 체제가 있어야 한다.

이러한 문제를 흄은 습관과 관습의 중요성을 강조함으로써 해결한다. 어린아이들은 특정한 방식의 행위에 익숙하도록 양육되어야 한다. 사회는 그 구성원들의 의식적인 합의에 의해 성립된 것이 아니라, 오히려 그것은 관습을 통해 인간 본성에서 비롯되는 문제들을 해결하도록 진화되어 온 것이다. 흄이 주의를 기울이는 인간 본성의 한 가지 원리는 "인간은 일반 규칙에 강하게 집착한다"[29]는 것이다. 우리는 심지어 독재정부에도 충성을 바쳐야 한다고 느낄지도 모른다. 그러나 흄은 단호하게 '인간 본성의 비정상성'으로 말미암아 통치자가 자신의 감정을 주체하지 못하기 시작할 때, 우리는 그러한 비정상성에 대해서 관용해서는 안 된다고 말한다. 흄에 의하면, 정부는 일반적 합의보다는 일반적 이익에 근거하여 세워지며, 결국에는 우리의 충성을 철회하는 것도 같은 이유에서 정당화될 수 있다.

사유 재산과 같은 관습은 공동 이익이라는 관점에서 발생한다. 그러나 관습은 명시적인 합의도 아니며, 어떤 약속의 결과도 아니다. 실제로 흄에 의하면, 약속 그 자체는 인간의 관습에서부터 발생한다. 인간의 관습은 그것을 어겼을 때의 불이익을 겪게 됨으로써 단계적으로 그리고 점진적으로 확립되어 왔다. 모든 사람들은 비슷하게 행동한다. 그리고 누구나 타인들도 유사하게 행동하리라는 합리적인 기대에 입각해서 자신의 행동을 결정한다. 이러한 과정을 통해 우리의 공동 생활은 습관과 관습의 지배를 받게 된다. 흄은 보트의 노를 젓는 두 사람의 예를 통해 유비추리를 한다.[30] 그들은 서로 똑같은 기여를 하겠다고 서로 명시적으로 약속하지 않아도, 각기 상대방이 두 사람 모두에게 이로운 행위를 하리라고 믿으면서 노를 젓는다. 그러한 방식으로 인간 사회의 거의 대부분의 제도는 진화되어 왔다. 이러한 방식으로 금과 은이 교환의 보편적 척도가 된다고 흄은 말한다. 더욱 중요한 것은 언어가 이러한 방법으로 성립되어 왔다는 것이다. 상호협동은 점진적 과정을 거쳐 이루어지게 되었다. 타인이 유사하게 행동한다면, 우리는 무엇이 우리에게 이익이 되는지를 알게 된다. 관습이 확립되고 세월이 흐름에 따라 인간 상호간의 신뢰는 쌓여간다.

이러한 견해는 경제학의 창시자이면서 같은 스코틀랜드 출신으로, 흄의 친구이기도 했던 아담 스미스(Adam Smith)의 견해와도 연관된다. 스미스의 주장은 우리가 의식적으로 공익을 신장시킬 것을 의도하지 않더라도, 우리의 독립된 결단이 공익을 신장시키는 의도치 않은 결과를 낳는 수가 자주 있다는 것이다. 우리 자신의 안녕에 관심을 두다 보면, 우리는 '보이지 않는 손'에 이끌려 우리가 전혀 의도하지 않았던 결과에 이르게 된다. 의도치 않은 결과가 한결같이 바람직한 것은 아니지만, 시간이 흐름에 따라 우리는 달갑지 않은 결과를 피하기 위해 점차 우리의 행동을 조정할 수 있다. 오랜 세월을 거쳐 세워진 전통은 사람들의 습관이 상호간에 영향을 준다는 관점에서, 그것을 점진적으로 수정하는 과정을 통해 수립되었을 것이다. 이러한 견해를 지지하는 사람은 어떤 제도의 급진적 변화를 우려하게 된다. 의도적인 계획 없이 여러 세대에 걸쳐 수립된 미묘한 제도들이 하루 아침에 밀려날 수는 없다. 만약 그렇게 된다면 걷잡을 수 없는 위험한 결과가 초래될 것이다. 본능, 습관, 관습에 대한 흄의 믿음은 그의 인식론에서부터 주요한 정치 개혁에 대한 불신에 이르기까지 그의 철학의 전 영역으로 확대된다. 그의 각 영역에서 이루어지는 그의 정당화 작업은 인간 본성의 근본적 사실을 고려해야 할 필요성에서 비롯된 것이라고 주장한다.

급진적 보수주의

경험에 대한 흄의 신뢰는 과학적 지식을 강조하는 현대 철학자들과 맥을 같이한다는 것이 증명되었다. 흄은 인간 경험을 벗어난 것에 대한 논증을 배제하였기 때문에 2차 세계대전 전후의 논리실증주의자들은 흄에게서 자신들과 유사한 정신을 확인할 수 있었다. 그들은 과학적으로 테스트될 수 없는 진술의 무의미성을 강조하였다. 그렇지만 흄의 철학은 극단으로 흐를 위험을 안고 있다. 세계의 내적 질서와 규칙적인 인과적 과정에 대한 극단의 회의는 과학적 활동을 무의미하게 만들 수 있다. 인간으로서 우리가 실재에 대해 갖게 되는 기대감을 다른 곳으로 돌리면, 그에 따라 우리 인간도 완전히 바뀌게 된다. 인간 본성이 인식론의 중심개념으로 강조되면 될수록, 실재세계를 진지하게 파악하는 우리의 능력은 점점 더 줄어든다. 과학적 방법을 통해 우리가 탐구하고자 하는 세계가 단순히 우리 자신의 기량, 능력 그리고 편견의 반영이어서는 안될 것이다.

인간 본성의 보편적 특질에 대한 흄의 강조는 우리가 사회를 필요로 할 뿐 아니라, 우리의 본성을 사회에 투여해야 한다는 것을 흄이 믿고 있었음을 뜻한다. 사회는 인간의 타고난 욕구와 필요를 충족시켜야 하지만, 그러한 것들을 새롭게 창출하지는 못한다. 사회는 우리를 변화시킬 수 없다. 이러한 문제를 에워싸고 지난 한 세기 동안 격렬한 논쟁이 이루어졌다. 많은 마르크스주의자들은 다른 유형의 사회가 새로운 형태의 인간을 형성할 수 있다고 주장한다. 개인과 사회의 관계가 매우 복합적이라는 것이다. 우리의 주요 특질이 사회에 의해 영향을 받기 전에 이미 결정된 것임을 믿는다는 점에서 흄의 입장은 여러 가능한 견해의 스펙트럼에서 한쪽 극단에 위치한다. 최근의 경제학은 인간 욕구의 불변적 특성을 수시로 전제하고 있으며, 그것은 인간 본성에 관한 생물학적 이해와 부합한다. 흄이 짐승과 인간 모두에 대해 본능을 언급하는 것은 과학적인 이해를 더욱 강력히 촉구하는 것이다. 그 자신도 이 점을 충분히 알고 있었으며, 우리에게는 특이하고 설명불가능하다고 여겨지는 것이면 무엇이나 본능이라고 부르는 경향이 있다고 지적한다.[31] 본능이 어떻게 생명체에 심어질 수 있었느냐에 관한 과학적 이론을 제시하는 일은 다윈과 그 후계자의 과업으로 남겨졌다.

흄은 현대철학에 심대한 영향을 미쳤다. 실체로서의 자아의 개념에 대한 그의 논박에서 그의 급진적 철학이 분명히 드러난다. 우리는 서로 개인적 인격체임을 느낀다. 나는 나이고 당신은 당신이다. 우리는 중첩되는 경험의 행렬에 불과한 것이 아니다. 자아를 경험의 소유자로 생각하는 것은 자연스러운 것처럼 보이며, 그렇게 생각하는 것은 도덕적 관점에서 매우 중요하다. 내가 5년 전 이러저러한 경험을 했던 바로 그 사람이 아니라면, 나는 그 때 일어난 일에 대해 도덕적 책임을 감수할 필요가 전혀 없다. 책임은 인간이라는 존재와 연관된다. 도덕은 내가 나의 행위를 나의 것으로 인식할 것을 요구한다. 그렇지만 흄이 옳다면, 무엇보다도 먼저 '나'는 도대체 누구인가 하는 문제가 생긴다. 경험들은 서로 중첩될 수 있지만, 주체로서의 실체개념이 없다면, 도대체 누가 경험을 소유하는지를 결정할 수 없게 된다.

최근 철학자들은 자아동일성의 물리적 기준에 매료되어, 동일성을 시간과 공간을 통한 신체의 연속성과 연관시키고 있다. 그러나 철학자들의 사유실험은 일반적인 신체에 위치하는 특수한 두뇌라는 개념이 인간의 정체성 논의를 결정짓는 타당한 개념인가를 회의할 수 있는 단서를 제공하고 있다. 나의 두뇌가 점차 다른 두뇌로 대체된다고 가정해보라. 결국에 가서는 완전히 새로운 두뇌가 될 것이다. 그것은 내가 어떤 특정한 시점에서 존재하기를 그친다는 것을 의미하지 않는가? 또 두뇌가 점차 다른 신체에로 이식된다고 가정해 보라. 내가 신체를 바꾸는 어떠한 시점이 존재하는가, 아니면 나는 동시에 두 개의 신체로 존재하는가? 많은 철학자들은 이러한 문제들에 대해 명확한 답변이 있어야 한다는 생각을 거부할지 모른다. 사실 이러한 문제들은 자아가 유물론적 방식으로 두뇌와 동일시되고 있긴 하지만, 자아에 해당하는 그 무엇이 있음을 여전히 전제하고 있다.

흄은 유물론자가 아니었으며, 마음의 작용을 다루는 데 있어서 데카르트식의 이원론보다 시사하는 바가 많다. 그렇지만 그는 두뇌를 교묘하게 이식하는 외과수술에서 생기는 곤란함을 우리가 실제로 늘 겪게 되는지의 여부에 대해서 문제를 제기하였다. 흄의 지지자라면 누구나 일상 생활에서의 우리의 처지가 공상 과학소설에 등장하는 경우 만큼이나 나쁘다는 것을 인정해야 한다. 경험을 연결해 주는 어떤 실마리도 없으며, 우리의 생존은 서로 교차하는 일시적 경험들의 연속이라는 단순한 사실 이외의 그 어떤 것도 포함하지 않는다. 이러한 경험들을 나의 것이나 당신의 것으로 만들어 주는 어떤 특별한 요인도 없다. 이러한 견해에 따르면, 우리가 죽음을 두려워하는 것은 원래부터 존재하지 않았던 그 무엇이 연장되기를 바라고 있다는 사실을 깨닫지 못하기 때문이다. 경험이 나의 것이 아니며 실제로 그 누구의 것도 아니라고 한다면, 계속되는 경험, 심지어 영원한 경험을 원한다는 것은 별 의미가 없다.

인간 본성에 관한 문제는 개인의 본성에 관한 문제와 분리될 수 없다. 자아의 개념은 도덕적 책임, 개인의 자유, 그리고 합리성의 개념과 밀접하게 관련되어 있다. 의지의 자유에 대한 흄의 개념이 결정론과 양립가능했던 것도 결코 우연의 일치가 아니다. 이성이 감정 다음에 위치하는 것도 결코 우연이 아니다. 지속적인 자아의 개념에 대한 무조건적인 거부는 광범위한 결과를 낳는다. 자유, 책임, 이성, 심지어 인간의 개념은 심각한 위기에 직면한다. 흄은 사회제도의 변혁에 대해 보수적이었는지 모른다. 그러나 그는 더 극단적인 것을 상상할 수 없을 정도로 서구문명의 가장 근본적인 전제들을 배격해 버렸다.

다윈(C. Darwin)

생존경쟁 속에서 우연히 살아남은 호모 사피엔스

셀 수도 없을 만큼 많은 열등한 종족들이 세계 도처에서
고도로 문명화된 종족들에 의해 멸망했을 것이다.

생존경쟁 속의 자연도태

흄은 철학자들의 철학자였으며, 그의 철학은 여전히 철학의 전문 영역에서 영향을 미치고 있다. 반면 찰스 다윈은 철학자의 반열에 오르지 못했다. 1809년 쉬르베리에서 출생한 그는 수도사가 될 생각으로 캠브리지대학교에 들어갔으나, 캠브리지를 떠나 왕립탐험협회(HMS Beagle)에 가입하면서 처음의 계획은 자연스럽게 소멸되었고 그는 자연주의자가 되었다. 남반구에서의 5년 간의 여행은 "그때까지의 내 인생에서 가장 중요한 시기였다"[1]고 다윈은 나중에 술회하였다. 1859년 출간된 『종의 기원』(*The Origin of Species*)에서 비로소 나타나는 자연도태를 통한 종의 진화에 대한 저 유명한 견해를 형성해

나가기 시작했던 것도 그 여행중에서였다. 그는 각 종은 독립적으로 창조되었다는 견해를 반박하면서, 오히려 한 종의 다른 종으로의 점진적 진화를 강조하였다. 각 개체는 생존을 위한 투쟁을 해야 하며, 제한된 자원을 놓고 서로 경쟁해야 한다는 것이 그의 사상이었다. 각 개체들이 처한 환경에 가장 잘 적응하는 종만이 살아남을 수 있으며 많은 후손을 남기게 된다. 같은 종의 개체들이라도 서로 조금씩 다르기 마련이며 이 때문에 자연도태가 생긴다. 다윈은 "이러한 생존경쟁으로 말미암아 아무리 미미한 변화라도 진화를 야기하는 변화라면 무엇이나, 그것이 어떤 종의 개체에 조금이나마 이익이 된다면…… 그 개체의 생존에 기여할 것이고, 대부분 그 후손에게도 유전될 것이다"[2]라고 말한다.

다윈이 지적하듯이, 이것은 후손이 한층 더 유리한 생존의 기회를 맞게 됨을 의미하며, 그에 따라 각 종의 주어진 환경에 대처하는 능력도 점진적으로 개선된다는 것을 의미한다. 장구한 세월을 거치면서 한 종은 그것의 본성을 완전히 바꿀 수 있으며, 새로운 종이 생겨날 수 있다. 그러나 번식을 하는 것은 종이 아니라 종의 개체이기 때문에, 다윈도 종의 개체를 강조하였다. 다윈은 그러한 과정을 '자연도태'(natural selection)라고 불렀다. 그것은 좀더 유리한 변화가 이루어지도록 인간이 관여하는 동식물의 인공도태와는 확연히 구별된다.

다윈은 "진화의 법칙에 대한 우리의 무지는 심각하다"[3]고 강조하였다. 1850년대의 과학 지식체계 속에서 그의 가설은 분명 어둠 속에서의 비약이었다. 그의 주장이 논쟁을 불러일으켰다는 것은 의심할 나위도 없다. 그 당시에는 각 종이 창조자가 부여한 불변의 성질을 가진다는 생각이 뿌리깊었다. 생존경쟁에 대한 다윈의 주장은 종 같은 것은 실재로 존재하지 않거나, 적어도 고정불변하는 종은 없음을 시사하는 것이었다. 다윈은 '종이라는 용어를 서로 유사한 일군의 개체를 지시하기 위해 편의상 만들어진 용어'[4]로 간주한다. 그는 변화의 점진성을 강조했으며, 낯설고 새로운 종으로 변화하는 돌연한 비약을 믿지 않았다. 자연도태설에 의하면 각 단계에서의 변화는 일련의 정교한 단계를 거쳐 발생할 수밖에 없다. 그런데 왜 우리는 주변에서 일어나는 이러한 연속의 과정을 볼 수 없는가, 나아가 '왜 모든 생물체는 불가해한 혼돈상태에서 서로 섞이지'[5] 않는가 하고 그는 묻는다. 다윈은 변화가 매우 느리다는 것과 어느 일정 기간 동안에 변화하는 종은 소수에 불과하다는 사실을 강조한다. 그렇다면 우리는 화석의 변천을 통해서 점진적 진화의 흔적을 확인해 볼 수 있어야 한다. 그러나 그는 화석들에서 발견되는 명백한 비약에 당황한 적도 있었다.

종에 관한 이러한 견해는 아리스토텔레스와 플라톤에서 시작된 존재의 본질에 관한 철학적 전제를 배격하게 되었다. 생명체는 이제 어떤 종의 보편적 특질을 공유하는 것으로 생각되지 않았다. '말 자체'나 '개의 본성'에 대응되는 어떤 것도 존재할 수 없다. '건전한 판단력과 폭넓은 경험을 소유한 자연주의자들의 의견'[6]에 따라 하나의 집합으로 묶여지는 많은 개별적 동물들이 존재할 뿐이다. 종이란 '관대하게 잘 정의된 대상들' (tolerably well defined objects)[7]임을 다윈은 받아들인다. 그러나 자연도태에 의해 발생하는 진화는 늘 각 개체에 이익이 되는 것이지 그 개체가 속한 종에 이익이 되는 것은 아니라고 생각하였다. '종의 생존'을 말하는 것은 실제로는 반(反)다윈적인 것이다. 고정적 특질보다는 점진적 변화를 강조하기 때문에 진화론적 변천이 중요한 것이다. 핵심요인은 현재의 종 구성원들의 조상이지, 그 구성원들이 다른 생명체와 공유하는 피상적인 유사성이 아니다. 서로 다른 종을 한 집합으로 묶을 수 있는 것은, 다윈이 언급한 '혈연 공동체의 보이지 않는 유대'[8] 때문이다.

이 말은 다윈이 살던 시대의 자연주의자들에게 논쟁의 초점이 되었다. 그렇지만 윌리스(A.R. Wallace)처럼 이와 유사한 결론에 이르렀던 사람들도 있었다. 논쟁의 기폭제가 되었던 것은 인간 존재에 대한 우리의 이해방식에 이러한 생물학적 견해가 미치는 파장이었다. 다른 어떤 과학이론도 인간 종족의 중요성과 독특성에 관한 가장 근본적인 철학적, 신학적 전제에 대해 이처럼 도전적이지 않았다. 다윈은 논쟁에 연루되는 것을 꺼렸지만 자신의 주장이 일으킬 파급에 대해서는 충분히 알고 있었다. 『종의 기원』에 나오는 단 하나의 문장이 문제가 되었지만, 다윈은 그 문장의 중요성에 대해 확신했다. 미래를 주시하면서 그리고 특히 정신능력의 점진적 획득에 관한 영역에서 이루어질 탐구의 새로운 가능성을 내다보면서, 그는 이렇게 말한다. "인간과 인간 역사의 기원에 관해 서광이 비치리라." 윌리스는 다윈에 비해 인간 본성과 진화론과의 관계에 대해 훨씬 신중한 입장을 견지했다. 그는 자연도태에 의한 인간 신체의 진화론적 발전을 지적이고 도덕적인 능력의 발전과 구별하려고 했으며, 그러한 능력은 진화론적으로 발전할 수 없다고 주장했다. 이러한 이원론으로 말미암아 그는 짐승의 조상과 구별될 수 있는 인간 본성의 어떤 특성이 있음을 주장할 수 있었다. 월리스가 다윈과는 구별되는 독자적인 자연도태설에 이르렀기 때문에 그리고 그의 이론이 『종의 기원』을 출간하도록 촉발했다는 사실 때문에, 이 두 견해의 차이는 상당히 흥미롭다. 월리스는 인간의 '정신적 특질'을 다음과 같이 주장한다.

> 따라서 순교자의 지조, 박애주의자의 비이기성, 애국자의 충성, 예술가의 열정, 자연의 비밀을 캐려는 과학자의 확고하고 지속적인 탐구 등은 오직 우리 인간만이 이해할 수 있다. 따라서 우리는 진리에 대한 사랑, 아름다움에 대한 환희, 정의를 향한 열정 그리고 용기있는 자기 희생적 행위에 대해 느끼는 환희의 전율이, 육체적 생존을 위한 투쟁의 수단에 의해서는 진화되지 않았던, 우리 내면의 어떤 고차원적 본성의 발로임을 알 수 있다.[9]

다윈과 그의 계승자들은 이러한 이원론을 거부하려고 했으며, 오히려 자연도태에 의한 진화와 관련하여 인간의 모든 특성을 설명하고자 했다.

과학과 종교 사이에 선 불가지론

다윈은 인간이 물질세계의 한 부분에 지나지 않는 존재로, 어떤 특별한 지위에 있지 않다는 주장을 한 최초의 사상가는 아니었다. 엄밀히 말하면 실제로 이러한 문제와 관련하여 플라톤과 아리스토텔레스가 소크라테스 이전의 철학을 반박했던 까닭은, 그들이 맹목적 우연의 작용과는 대비되어 이해될 수 있는 목적을 추구했기 때문이다. 초기 그리스철학 역시 변화와 유동의 문제에 매혹되어 있었고, 때로는 명백한 불변성을 외면하면서까지 그러한 문제를 강조하였다. 변화와 진화를 강조함으로써, 결과적으로 고정불변의 범주를 다윈이 배격한 것은 이상한 일이 아니었다. 그러나 이러한 논의는 "신이 야수, 암소, 파충류를 각각 그 종에 따라 창조했다"[10]는 창세기에 나오는 얘기와 모순된다. 각 종은 신의 의도로 창조되었던 것처럼 보인다. 무엇보다도 신은 "인간을 자신의 형상처럼 창조했다."[11] 이렇게 하여 인간의 특수한 지위가 확보되는 것처럼 보였다.

다윈의 관점은 기독교 신학, 특히 윌리암 페일리(William Paley)의 영향을 받았다. 페일리는 우리 주위에서 확인될 수 있는 명백한 질서와 목적은 시계의 정교한 작동이 시계 제조자를 암시하듯이 창조자를 말해 준다고 생각하였다. 다윈은 신의 목적이 아니라 자연도태와 관련하여 생물학적 세계의 질서를 설명했다. 맹목적이고, 무의식적이며, 기계적인 과정이 신의 의식적인 창조를 대신한다고 할 수 있다. 우연적 변화가 생물체에게 이익이 되면 선택되고 피해를 주면 배제되는 생존경쟁이 중요한 것이 되었다. 목적이 우연으로 바뀌었다고 할 수 있다. 그 결과 호모 사피엔스는 여러 동물의 종 가운데 하나로서, 끝없이 장구한 진화의 과정에서 생긴 우연의 결과가 된다. 신학자들이 다윈주의를 존재의 무의미성에 대한 믿음이라고 무시하는 것은 당연하다. 진화론은 인간의 가치나 존엄에 관한 어떠한 의미도 저버리면서, 통일된 과학적 세계관을 마련하려는 시도로서 묘사될 수 있다.

다윈이 훗날 저술한 『인간의 유래』(*The Descent of Man*)도 특별하지만, 『종의 기원』의 출간이야말로 막대한 반향을 불러일으켰다. 당연히 과학의 영향력이 종교의 그것과 배치되었으며, 진리의 탐구는 부당한 편견의 도전을 받게 되었다. 부당한 편견은 결코 진리가 아니다. 논쟁은 1860년 옥스포드에서 열린 영국의 과학발전협회 모임에서 시작되었다. 옥스포드의 주교인 사무엘 윌버포스(Samuel Wilberforce)와 다윈의 친구였던 헉슬리(T. H. Huxley) 교수와의 격렬한 토론은 전설처럼 전해진다. 다윈은 건강 때문에 그곳에 참석할 수 없었다. 윌버포스는 헉슬리에게 할아버지 쪽의 조상이 유인원인지 아니면 할머니 쪽의 조상이 유인원인지를 물었다고 전해진다. 헉슬리는 심각한 과학적 논의를 우스갯소리로 만들면서 직위와 수사적인 기교를 남용하는 주교를 조상으로 두기보다는 차라리 유인원을 조상으로 가지겠다고 응수했다고 전해진다. 누가 어떻게 말했느냐에 대해서 분분하지만, 많은 사람들은 그러한 전설을 훗날의 종교와 과학의 적대 관계에서 나온 것으로 보았다. 윌버포스와 헉슬리는 각각 서로 상반되는 입장을 집약적으로 보여주고 있다. 어떤 의미에서 보면 지난 한 세기 동안 지적 논쟁을 주도해 온 과학의 냉정하고 합리적인 공격을 종교는 막아내지 못했다.

그러나 윌버포스 주교는 그 회합에서 과학자로서 발언했다. 그는 과학발전협회의 부회장이었으며 조류학자였다. 그는 『종의 기원』을 엄격하게 논평했고, 다윈은 그것을 진지하게 받아들이면서 그를 '누구도 따를 수 없는 명석한' 인물로 평가했다. 물론 그는 아마추어였으며, 과학은 이미 전문화됨으로써 일반인의 지적 논쟁의 대상이 아니었다. 그럼에도 불구하고 그 시대의 보고서에 따르면, 그의 견해는 '옥스포드에 모인 가장 뛰어난 자연과학자들'의 지지를 받았다고 한다. 그들은 생존경쟁 없는 종의 불변성 개념을 포기하지 않으려 했다. 그 당시 헉슬리는 소수의 입장이었다. 종교와 과학 사이의 논쟁처럼 보였던 것이 사실은 과학자들 사이의 불일치였던 것이다.

다윈주의가 생각만큼 종교적 해석에 대해 적대적이 아니었기 때문에 이러한 상황을 흑백으로 양분하지 않는 것은 대단히 중요하다. 진화론이 창조설을 밀어낸 것은 분명한 사실이지만, 목적이 정말로 우연으로 대치되거나 유신론이 무신론으로 대치된다고 가정하는 것은 너무 성급한 처사다. 다윈은 종에 관한 자신의 주장이 호모 사피엔스에게 일반적으로 적용될 수 있음을 분명히 인정했다. 그는 다음과 같이 말했다. "1837년인가 1838년인가 종들이 우연적 변화의 결과였음에 주목하게 되는 순간, 나는 인간이 어떤 법칙 아래 놓여야 한다는 믿음을 피할 수 없었다."[12] 뿐만 아니라 그는 조개의 돌쩌귀가 그것의 처지에 적합한 것처럼 보인다는 이유만으로, 그것이 출입문의 돌쩌귀처럼 고안되었다는 결론이 나오지는 않는다고 분명히 믿었다. 이것은 신의 존재에 관한 목적론적 논증을 다윈이 더 이상 타당성이 없는 것으로 보았음을 뜻한다. 풍향에 목적이 없는 것처럼, 생물체의 변화와 자연도태의 과정에도 목적이란 존재하지 않는다.[13]

그렇다고 다윈이 무신론자였다는 얘기는 아니다. 그는 스스로 '불가지론적'(agnostic)이라는 표현이 정확하다고 생각했다.[14] 이 용어는 사실 헉슬리가 만든 것이었다. 다윈이 종교적 신앙에 대해 매력을 느낀 적이 있었다는 점에서 불가지론이 더 정확한 표현일지 모른다. 그는 1873년에 다음과 같이 말했다. "광대하고 신비스런 우주가 우리의 의식적 자아와 더불어 우연히 발생한다고 감히 생각할 수 없다는 것은 신의 존재에 관한 유력한 논증인 것처럼 나에게는 보이지만, 과연 이러한 논증이 진정으로 가치있는 논증인지에 관해서 나는 결정내릴 수 없었다."[15]

헉슬리까지도 우주에 관한 목적론적 견해와 기계론적 견해가 서로 배타적이어야 한다는 데 대해서는 부정적이었다.[16] 그는 우주의 모든 현상이 이른바 '최초의 분자 상태'로부터 진화되도록 내정될 수 있음을 인정했다. 목적과 우연의 정교한 상호 작용은 매우 복잡하여 입증하기 어렵지만, 다윈이나 헉슬리 어느 누구도 분명하게 우연의 편에 기울지 않았다는 것은 흥미로운 사실이다.

다윈은 불멸에 대한 믿음이 얼마나 '강렬하고 본능적인가'를 언급한다. 그는 마침내 지구 위에서 생활을 하지 못할 정도로 태양이 차갑게 식을 거라는 물리학자의 견해를 인용한다. 그는 계속해서 말한다. "내가 믿는 것처럼 장구한 미래에 인간이 현재에 비해 훨씬 더 완벽한 존재가 된다고 믿는다면, 인간을 비롯한 다른 모든 감정적 존재가 장구하게 계속되는 이러한 점진적 진보의 과정이 끝난 후에 완전한 파멸을 맞이하게 될 것이라는 생각은 견디기 힘든 것처럼 여겨진다."[17]

그는 세계의 파멸이 인간 영혼의 불멸을 믿는 사람에게는 그다지 가공스럽지 않으리라고 주장한다. 그럼에도 불구하고 계속되는 인간의 진화과정에 대한 그의 믿음은 대단히 의미심장하다. 다윈의 지지자들은 다윈의 학설이 진화와 진보를 전제한다는 것을 종종 부정한다. 우연한 변화에 가장 잘 적응하는 자는 살아남고 많은 후손을 남긴다는 생각은 생물학적 최적자가 다른 의미에서 최선의 존재임을 뜻하지는 않는다. 생명체가 그들이 처한 생태적 환경에 적응했기 때문에 살아남는다는 사실 이외에, 자연도태의 과정에 어떤 명확한 방향이 있어야 하는 것은 아니다. 생명체의 진화가 이미 정해진 어떤 목적에로의 진행이어야 하는 것은 아니다. 죽음이라는 종착점에 당도하는 수도 있다. 신다윈주의적 생물학자들은 '완전'은 말할 것도 없고, '진보' '개선'과 같은 단어들도 함부로 언급하지 않는다. 빅토리아 왕조의 다윈주의자들은 이러한 제한을 두지 않았다. 허버트 스펜서(Herbert Spencer)는 자신의 사상을 진화론에 기초했던 철학자로서, 다윈이 몹시 존경했던 철학자였다. 그는 인간 본성과 인간 사회를 포함하여 일체의 것이 언제나 좋은 방향으로 이루어진다고 믿었다. 예를 들어 그는 "감정적 존재는 저급한 형태로부터 고급한 형태로 진보해 왔으며, 여기에는 우월한 존재가 그들의 우월성 때문에 이익을 얻게 되고, 열등한 존재가 그들의 열등성 때문에 고통받게 된다는 법칙이 있다. 이러한 법칙이 생존의 유지를 위해서 뿐만 아니라 행복의 증대를 위해서 필요했으며, 아직까지도 필요하다"[18]고 말한다.

'우월한' 자는 그들의 환경에 더욱 잘 적응했기 때문에 진화했다는 것이 스펜서의 생각이다. 이러한 사상은 "각 종의 자연도태의 모든 단계는 그 종이 생활 조건과 관련하여 어떻게 진화해 왔는가를 함축한다"[19]는 다윈의 사상과 크게 다르지 않다. 다윈은 자연도태를 '자연 개선'의 개념과 연관시키고자 했다. 그는 진보의 가능성에 대해 스펜서보다 신중했으나, 인간 본성에 관해서는 지극히 낙관주의적 인상을 준다. 인간의 본성은 개선되어 왔으며 앞으로도 계속 그럴 것이다. 과학의 발생 그 자체가 인간 종의 개선을 한 마디로 요약한다고 할 수 있다.

적자생존은 도덕을 배제하는가

도덕의 영역만큼 인간의 점진적 진보가 분명히 드러나는 곳은 없다고 다윈은 보았다. 다윈은 흄을 따라 도덕을 인간 본성의 결과로 간주하면서, 즐겨 흄을 인용하였다. 도덕은 우리의 자연적 충동이나 본능과 분리되어 이성에 의해 결정될 수 없다. 도덕은 공감처럼 우리 본성의 일부인 욕구와 도덕적 감정에서 발생한다. 다윈은 우리의 '사회적 본능'이 '저급한' 충동과 충돌하는 수도 있음을 인정했다. 그는 말한다. "미래 세대를 바라보면, 사회적 본능이 점점 약화될 것이라는 공포감은 생기지 않는다. 우리는 덕있는 습관이 점점 더 강해져서 유전적으로 고정될 수 있기를 기대한다. 미래에 우리의 고급한 충동과 저급한 충동간의 갈등은 덜 격렬해질 것이며, 마침내 덕이 승리할 것이다."[20]

'인간은 사회적 존재'[21]이며 습관과 사회적 압력의 영향력이 막강하다는 것을 다윈은 인정하지만, 유전에 대한 언급은 그가 자연도태와 관련하여 도덕의 유전을 설명하려고 했음을 입증한다. 물론 획득 형질이 유전적으로 전이될 수 있다고 주장하는 것은 잘못이다. 먹이를 잡아당기면서 목을 길게 한 기린이 이러한 특성을 후손에게 넘겨줄 수 없는 것처럼, 덕을 획득한 사람이 그것을 자식들에게 유전적으로 물려줄 수는 없다. 어떤 특질의 전승은 처음부터 유전적일 수밖에 없다. 이러한 특질은 학습될 수 없다. 이것은 애당초 우연적 변화를 통해 발생하며, 자연도태의 과정을 거친다.

다윈은 인간에게는 근본적으로 유전된 본능이 있음을 인정했다. 그는 자기보존, 성애, 신생아에 대한 모성애, 젖을 빠는 유아의 욕구 등을 예로 든다.[22] 이러한 본능은 통상 동물들도 갖고 있다. 다윈은 도덕이 우리를 동물과 구별하게 해주며, 따라서 우리의 도덕감이 우리를 '저급한 짐승'과 구별해주는 가장 중요한 차이라고 생각한다. 문제는 어떻게 이러한 도덕감이 진화의 개념으로 설명될 수 있느냐이다. 다윈은 어떻게 우리가 우리 자신에 대한 타인의 의견에 주의를 기울이게 되는가를 강조한다는 점에서 흄을 따르고 있으며, 선사 시대부터 공동체는 각 구성원의 행동에 대해 영향력을 행사해왔다고 믿는다. 그는 '공동체의 이익을 위하여 저급한 동물과 마찬가지로 인간도'[23] 사회적 본능을 획득하게 되었다고 생각한다. 도덕감은 이러한 사회적 본능에 근거하고 있으며, 최초의 '원시인'도 오직 부족의 복리에만 관심을 가졌으리라고 그는 본다. 그리고 작은 부족들이 결합됨으로써 점차 국가가 형성되지만, 국가의 구성원들은 대체로 서로에 대해서 잘 알지 못했다고 그는 말한다.[24] 그럼에도 불구하고 '가장 단순한 이유'가 그들로 하여금 공감의 대상을 국가 구성원들, 다음으로 모든 국가, 모든 종족의 순으로 확대하도록 권장한다. 실제로 다윈은 모든 생명체에 대한 공평무사한 사랑을 '인간의 가장 고귀한 속성'[25]이라고 말한다. 그렇지만 예를 들어 악에 대한 대가로 선을 행해야 한다고 생각할 때처럼 그는 사회적 본능 그 자체가 도덕의 최고 단계로 우리를 이끌지 않을지도 모른다는 점을 인정했다. 그는 공감과 결합된 사회적 본능은 '이성과 교육의 도움을 받아서 그리고 신에 대한 사랑이나 두려움을 통해서'[26] 확장되어야 한다고 주장한다.

부족에서부터 국가, 인류, 심지어 동물에 이르기까지 우리의 공감과 관심의 점진적 확대에 대한 이러한 묘사는 대단히 매력적이어서, 그것이 실제의 역사와 부합한다고 논증하는 사람도 있다. 진보와 개선에 관한 이론들이 도덕적 전제와 긴밀한 관계에 놓여 있음을 강조하는 이러한 묘사는 인류의 점진적 진보 개념과도 부합한다. 다윈은 사회적 본능의 근저에는 '부모와 자식간의 애정'이 놓여 있으며, 이러한 애정은 자연도태의 과정에서 획득된 것이라고 생각했다.[27] 반면 이러한 애정은 그것에 기초하여 정확히 어떤 방식으로 도덕감을 산출할 수 있는가 하는 문제를 제기한다.

자연도태를 통해 진화는 개별적으로 진행된다. 다윈은 원시사회에서 가장 영리하고 방어를 가장 잘하는 사람들이 가장 많은 후손을 거느리게 된다고 지적한다.[28] 이것은 그들이 사는 부족에게도 영향을 미치게 된다. 왜냐하면 이러한 인물을 가장 많이 가진 부족은 다른 부족들을 밀어낼 것이기 때문이다. 재화의 결핍으로 말미암아 개인들은 경쟁을 하게 되고, 도덕은 방해요인이 될 수 있다. 다윈이 지적하듯이, 어떤 부족의 성원들은 기꺼이 이타주의자가 되어 자신의 생명을 희생함으로써, '그의 고귀한 본성'[29]을 이어받을 자식을 남기지 못하기도 한다. 그렇다면 도덕적 덕성은 어떻게 전해질 수 있는가? 오로지 적자만이 생존하고 도덕이 때때로 생존을 저해한다면, 적자생존은 도덕에 대해 적대적 경향을 가질 수도 있다. 다윈은 도덕이 개인에게 이득이 될 수 없을지라도, 부족에게는 도움이 될 수 있음을 믿고 싶어했다. 그는 말한다. "애국심, 성실, 복종, 용기, 공감을 상당한 수준까지 소유함으로써 언제나 타인을 도와주려 하고, 일반적 선을 위해 자신을 희생시키고자 하는 사람들을 많이 포함하는 부족은 다른 부족을 지배할 수 있으며, 이것이 바로 자연도태가 될 것이다."[30]

도덕은 분명히 사회의 응집력에 도움을 주지만, 다윈이 직면한 문제는 어떻게 덕이 교육이 아닌 유전을 통해 상속될 수 있느냐 하는 것이었다. 개인들이 자신보다 다른 사람을 배려하면서도 생존경쟁에서 어떻게 살아남을 수 있는가를 입증할 수 없다면, 도덕은 유전될 수 없다. 도덕감이 인간 본성의 일부가 될 수 없을 것이다. 다윈은 유전의 메커니즘에 대해 어떠한 개념도 없었으며, 현대의 유전학 일반에 대해서도 무지했다. 그는 유전자에 대한 지식, 가령 DNA의 극히 미세한 부분이 복제될 수 있고 유전될 수 있다는 등의 지식이 전혀 없었다. 이 때문에 도덕의 기원을 설명하려는 그의 시도는 더 이상 전개될 수 없었다.

행동에 영향을 미치는 유전적 변화는 적절한 상황 속에서 곧바로 확산될 수 있다. 후손에 대해 많은 관심을 기울이는 동물은 후손을 등한시하는 동물보다 많은 후손을 남길 것이다. 자식들은 보살핌 속에 관련된 유전인자를 물려받을 것이며, 거꾸로 그들은 자기들의 후손을 보살피게 될 것이다. 마찬가지로 양친의 보살핌을 받은 어린이는 무관심 속에서 자란 어린이보다 생존의 확률이 높아질 것이다. 부모의 애정과 자식의 효성은 자연도태 과정을 통해 인간 본성의 한 부분이 될 수 있다. 사회적 본능에 관한 다윈의 근거는 적절하다. 큰 문제가 되는 것은 어떻게 이타주의에 대한 경향이 유전적으로 계승될 수 있느냐는 것이다. 행위자에게 분명히 피해를 주는 행동이 유전될 수는 없다. 만약 내가 재생산의 이익을 얻지 못한다면 나는 나의 유전자를 확산시키지 않는 과정을 추구하게 된 셈이다. 나와 유전적으로 연결된 사람의 이익이 되지 않는 한, 비이기성은 유전형질이 될 수 없다.

부족의 이익에 관한 다윈의 언급은 유전인자의 확산과 관련되며, 이것은 다른 구성원들이 나의 이익과 매우 밀접하게 연관되는 친척일 때에만 이루어질 수 있다. 그때 다른 구성원들이 나와 같은 유전인자를 가질 수도 있으며, 따라서 그들을 돕는 것은 나의 유전인자의 확산을 가능하게 할 것이다. 그러나 일단 부족이 국가로 성장하여 그 구성원들이 서로 친척이 아니라고 한다면, 순수한 이타주의가 유전적으로 승계되기가 훨씬 어려워진다. 다윈의 이론은 집단보다는 개인들의 상이한 자연도태를 설명하는 데 훨씬 적합하다. 다시 말해 신다윈주의자의 관점에서는 개인의 자연도태가 집단의 자연도태보다 일반적으로 더 선호될 가능성이 있다. 문제는 진화된 도덕 감정이 어느 정도까지 유전될 수 있는가이다. 습관, 이성 그리고 심지어 종교적 믿음에 대한 다윈의 언급은 그 자신이 이러한 문제들을 생물학적으로 해결하는 데 한계를 느꼈음을 시사한다.

사회도 자연도태한다

진화의 개념은 인간 사회에 대한 여러 구상에 대해 강력한 영감을 제시해 주고 있다. 실제로 진화와 도태의 개념은 여러 가지 상반되는 뜻으로 사용되었다. 다윈의 이론이 통상 개별 생명체의 차원에서 적용될 수 있는 것임에도, 사회와 심지어 인종에도 별 무리없이 적용되었다. 적자생존이라는 조야한 개념은 〔노예인종과 대비되는〕 주인인종이라는 파시스트의 개념에도 적용되었다. 다윈 자신이 인종에 대해 언급한 경우도 물론 있었다. 그는 이른바 코카서스 인종이 생존경쟁 속에서 터키인들을 어떻게 무찔렀는가를 언급하며 이렇게 말한다. "그리 멀지 않은 과거만 보더라도, 셀 수도 없을 만큼 많은 열등한 종족들이 세계 도처에서 고도로 문명화된 종족들에 의해 멸망했을 것이다."[31]

그렇지만 인종은 다른 범주의 인간 집단과 마찬가지로 자연도태와 관련될 수 없다. 개인이 유전자의 전달체이며, 국가나 민족은 그 구성원들이 많은 후손을 번식시키는 배경을 제공할 때에만 번영할 수 있다. 기술적으로 진보된 문명도 그 구성원들로 하여금 충분히 많은 자식들을 낳도록 권장하지 않는 한 살아남지 못할 것이다. 출생률이 떨어지고 있는 문명화된 부유한 국가는 곤란한 문제에 직면하고 있다. 생산의 주체는 개인이지 민족이나 국가가 아니다. 계급, 인종 혹은 국가이든 관계없이 특정 집단의 구성원들이 다른 집단의 구성원보다 생물학적으로 잘 적응한다면 그 집단의 구성원이 된다는 것 그 자체가 중요한 요인인 것처럼 보일 것이다. 그렇지만 그것은 한낱 허상에 불과하다. 분명한 것은 타당한 생물학적 설명을 하는 데 있어서, 반드시 집단을 언급해야 할 필요는 없다는 점이다.

그러나 여전히 신다윈주의 이론들은 인종주의의 혐의를 받기도 한다. 그렇지만 그 이론들은 인간 유전자의 공동관리를 그들의 주요 문제로 다루기 때문에, 우리로 하여금 인류 전체를 생각하도록 권장하기도 한다. 아무튼 많은 사람들이 개인의 경쟁을 강조하는 것에는 강한 혐오감을 느낀다. 진화론은 특정 경제체제의 현상, 즉 자본주의 현상을 읽어내려고 했으며 그것을 생물학적 세계에 무리하게 반영시켰다고 비판받기도 한다. 따라서 적자생존은 자본주의가 조장하는 탐욕적인 경쟁을 반영하는 것으로 생각되기도 한다. 특정한 경제체제가 인간 본성에 근거하여 이데올로기적으로 정당화되었다는 것이다.

자원의 결핍으로 말미암은 개인들간의 경쟁이라는 조야한 개념은 자본주의에 대한 어설픈 해석을 뒷받침할 때 쓰이는 수가 적지 않다. 그러나 이러한 개념은 다윈보다는 홉스에 기인하는 것으로, 다윈은 이기주의와는 거리가 멀었다. 오히려 이타주의의 발생이 진화론의 문제였으며, 이것은 다른 무엇보다 훨씬 더 어려운 문제였다. 이타주의는 주로 개인들에게 강조되는 것이기 때문에, 사회적 차원에서 그것의 발생을 설명하기란 난감하다. 그들 자신과 그들의 가족에게 직접적으로 이익이 되지 않을 경우, 낯선 사람들과 기꺼이 협동해야 하는 이유를 사회적 본능에 관한 논의는 설명할 수 없다. 이러한 논의는 사회적 본능이 자연도태의 과정을 통해 어떻게 획득되는가 하는 문제를 제기하기 때문에, 문제를 원점으로 돌릴 뿐이다. 어떤 사회적 이익이든 간에 자신들이 얻은 것보다 많은 이익을 베푸는 사람들은 생물학적 적자생존의 관점에서 불이익을 감수해야 할 것이다. 그렇지만 반대로 사회 구성원들 모두가 손해를 감수하기보다는 이익을 더 많이 취하려고 한다면, 사회 역시 번영할 수 없을 것이다. 결국 모든 사회적 현상을 개인들에게 유전적으로 이익이 되는 것과 관련시켜 평가하는 것이 잘못인지도 모른다. 그렇게 하는 것이 극단의 개인주의를 표방하는 것이 된다. 그것은 진리에 대한 탐구와 같이 손해와 이익에 따라 평가되지 않는 요인을 무시하는 것이 된다. 아마도 다윈과 그의 지지자들은 단순히 재생산의 이익보다는 그들이 내세우는 진리에 대한 관심에 의해 더 고무되었을 것이다. 어느 하나가 다른 하나를 반드시 능가해야 한다고 생각할 근거는 별로 없다.

진화와 도태의 개념은 과학적 이론이나 사회체제의 차원에서 수시로 차용된다. 주어진 상황에 가장 잘 적응하는 이론과 체제만이 살아남을 수 있으므로, 이론과 체제의 진화와 변화를 언급하는 것이 용이해진다. 따라서 우리는 다윈의 개념을 새로운 맥락에서 사용할 수 있다. 예를 들어, 마르크스주의자들은 경제적 요인에 의한 사회체제의 역사적 도태에 관해 언급한다. 그러나 이러한 예들은 다윈의 학설을 비유적으로 사용하고 있는 것이며, 진화를 메타포로써 사용하고 있는 것이다. 개인들이 재생산을 통해 얻게 되는 이익에 대해 영향력을 직접 행사하지 않는 한, 자연도태의 과정에 의한 생물학적 진화는 언급되지 않는다. 사회체제는 분명히 이러한 영향력을 행사할 수 있다. 구성원들에게 미치는 이러한 종류의 영향력 때문에 실패할 수 있는 문화들이 있다. 예를 들어 독신에 관한 법률을 시행하면서도 외부로부터 양자의 입양을 금지시키는 문화는 곧바로 고사하고 말 것이 분명하다.

한 문화의 사회규범이 생물학적 적자생존에 미치는 영향은 결코 중립적이지 못하다. 대부분의 사회는 성문제에 대해 규칙을 가지고 있으며, 이것은 성행위와 생물학적 적자생존 사이의 긴밀한 연관성을 감안할 때 결코 놀라운 사실이 아니다. 그러나 적어도 어느 일정 시기 동안은 문화적 변용을 통해 극복할 수 없는 생물학적 한계가 존재한다. 인간 본성과 상이한 문화양식 사이의 구체적인 관계를 밝히기란 어려운 일이지만, 다윈은 사회의 근거로서 생물학적 특성의 중요성을 강조했다. 확실한 것은 다윈의 이론을 강력히 지지함으로써, 각각의 사회는 그 자체로서 이해되어야 한다거나 시공상 독립된 사회 사이에는 공통점이 없다고 주장하는 상대주의를 효과적으로 공략할 수 있다는 사실이다.

이성능력을 외면하는 패러독스

공정하게 평가하려면 다윈의 통찰들은 19세기를 배경으로 등장했다는 사실이 고려되어야 한다. 그의 진화론은 애당초 약속어음에 불과했다. 오늘날 우리가 유전적 진화에 대한 지식을 얻게 되면서, 신다윈주의는 다윈의 진화론을 보다 구체적으로 설명하려는 야망을 품게 되었다. 그렇지만 진화과정은 여전히 많은 논란을 불러 일으킨다. 인간 행태를 오로지 유전자의 영향과 연관시켜 설명하려는 생물학자들도 등장하였다. 그들은 이성이 우리의 가장 근본적인 생물적 충동을 억제하고 조정하는 방식은 물론, 사회가 우리에게 가하는 무수히 많은 충격을 망각하고 있다. 또 사회생물학은 다윈의 통찰을 사회과정에 적용하려고 시도하고 있다. 그러나 기껏해야 그것은 인간 사회에 미치는 생물학적 제약을 입증할 수 있을 뿐이며, 최악의 경우 정신적이고 사회적인 일체의 것을 유전자들의 자극 차원으로 환원시키게 된다. 실제로 사회생물학의 주제는 우리 인간의 사유내용과 사회체제의 특성에서부터 이른바 그러한 것들의 발생원인으로 바뀌어 가고 있다.

다윈의 이론을 인간에 적용시킬 때, 그 핵심에 놓인 한 가지 모순은 진화론이 인간이라는 범주를 배격하는 것 같다는 점이다. 진화론은 근본적으로 생명체가 어떤 명확한 단절 없이 다른 생명체로 흡수된다는 것을 주장하는 이론이기 때문에, 어떤 한 종에 대해 강조하는 바가 거의 없다. 인간 본성은 여타 생물학적 본성과 명확히 구별되지 않는 듯하다. 인간 본성에 대한 진화론적 설명은 다윈주의가 등장하기 이전의 범주를 이미 전제하기 때문에 자가당착에 빠진다고 주장되기도 한다. 그렇지만 진화가 전제되더라도 현재와 같은 일반적인 인간 본성을 분명히 확인할 수 있다. 왜냐하면 기록된 역사의 관점에서 볼 때 진화론적 변화는 의미있는 요인이 못되기 때문이다.

다윈주의가 급진적 유물론으로 묘사될 때, 그것은 인간 본성에 관한 종교적 관점에 대해 중대한 위협이 될 수 있다. 인간의 개체성과 인간의 사회성이라는 복잡한 문제를 DNA의 문제로 환원시키는 어떠한 견해도 인간 고유의 특질을 무시하는 처사로 비난을 면치 못할 것이다. 그렇지만 헉슬리는 "진화론은 유신론적이지도 무신론적이지도 않다"[32]는 독창적인 주장을 했다. 분명한 것은 현대의 생화학적 진보에도 불구하고, 인간 마음의 미묘함과 인간 사회의 복잡성은 과거보다 더 큰 관심을 받고 있다는 점이다. 모든 것이 간단히 물리적 용어로 번역될 수는 없으며, 자연도태설로 우리의 모든 사유와 행동을 설명할 수도 없다.

한편 자연도태설은 우리의 끈질긴 편견 몇 가지를 보여준다. 현대의 '친족선택'(kin selection)론은 우리의 친척들이 우리의 유전자를 공유하기 때문에, 우리가 친척을 선호하는 경향이 있음을 보여준다. 따라서 이러한 편애를 촉발하는 유전자는 유전되기 쉽다. 뿐만 아니라 사회생물학은 소위 '상호 이타성'(reciprocal altruism)의 현상이 생물학적 방법으로 강화될 수 있음을 강조한다. 상호 이타성은 서로 협동하고자 하는 사람과 협동하려는 일반적 의욕으로서, 서로 협동하지 않는 자들을 돕기를 꺼리는 혐오감과도 결합한다. 친족선택과 달리 상호 이타성은 순수한 자기 이익에 호소하며, 홉스의 생각과 매우 유사하다. 이익보다 손해가 큰 행동을 하도록 하는 유전자는 살아남을 수 없다는 것이다. 내가 나를 희생시키면서 남을 도울 때 나의 근본적인 생물적 이익이란 무의미해지기 때문이다.

비이기성을 권장하는 도덕과 진화론 사이에는 근본적인 모순이 있는 듯하다. 분명히 사회생물학은 왜 인간에게 도덕적이기 어려운 때가 있는가를 논증할 수 있다. 생물학적 유전 때문에 우리는 우리 자신의 이익이나 우리 가족의 이익을 추구하지만, 우리의 도덕은 타인의 이익을 고려하도록 명령한다. 우리의 자연적 욕구는 우리를 한 방향으로 가도록 조장하지만, 이성은 그렇게 하지 말라고 말한다. 다윈 자신은 이러한 설명을 받아들일 수 있지만, 최근의 신다윈주의자들 중에는 도덕을 완전히 진화론적 용어로 설명하려는 사람이 있다. 이러한 기획은 명백히 잘못이다. 인간의 이성능력은 진화의 산물일 가능성이 있지만, 우리의 자연적 경향과 분리될 수 있을 만큼 유연하며 자유롭다. 이성은 자연적 경향에 대해 판단을 내리는 위치에 있다. 분명히 진화론은 인간의 이성 기능을 설명할 때보다는 우리의 자연스런 동정심과 혐오감, 다시 말해 호오(好惡) 감정의 기원을 다루는 데 있어 훨씬 더 효과적이다. 진화론 그 자체가 인간 이성의 산물인 까닭에, 이성에 대해서만은 진화론을 적용하지 않는 편이 현명하다.

보편적이지는 않지만 널리 퍼져 있는 혐오감의 한 사례는 대부분의 사람들이 근친상간에 대해 갖는 혐오감이다. 그럼에도 불구하고 근친상간이 발생하기 때문에 대부분의 사회는 그것을 금기시하며, 그것에 도덕적 제재를 가한다. 우리는 이미 본성상 뿌리깊게 스며든 감정을 사회적 차원에서 강화하려고 시도한다. 이러한 시도가 의미있는 것은 근친상간이 우리의 생물학적 생존을 가장 크게 위협하는 것으로 받아들여지기 때문이다. 근친상간적 관계는 무엇보다 기형아를 낳기 쉽다. 근친상간을 조장하는 유전자는 곧바로 소멸되는 반면, 그것을 저해하는 유전자는 확실한 이익을 취할 것이다. 여타의 자연적 욕구와 혐오도 유사한 방식으로 설명된다. 뱀에 대한 공포는 생물학적으로 이득이 되며 유전된다. 그렇지만 어떤 욕구가 '자연적'이라는 사실이 그것을 언제나 충족시켜야 함을 의미하지는 않는다. 우리는 우리 본성을 형성해 나가는 과정에서 직접적인 감정적 반응뿐만 아니라 이성의 도움을 받아야 한다. 우리 자신의 이익을 추구하고 증대시키는 것은 자연스럽지만, 그렇게 하지 않는 것이 더 나을 때도 있다.

신다윈주의는 인간의 참된 본질에 대한 우리의 이해를 확장시킨다. 그것은 인간 특질의 일부가 생물학적 이득을 준다는 것을 입증한다. 그러나 그것이 사물의 체계 속에서 인간 종이 차지하는 지위를 총괄하는 이론으로 등장할 때 논쟁을 불러일으킨다. 다윈의 사상이 제기한 본래 문제는 고스란히 남아 있다. 우발적인 유전적 변화에 의한 자연도태는 목적의 개념을 거의 완전히 배제하는 것처럼 보인다. 진화론은 호모 사피엔스에게 독특한 지위를 부여하기 어렵다. 진화론은 인간 도덕의 의미, 인간 이성의 의미를 비롯하여 결국에는 동물들이 물려받지 못했다고 할 수 있는 여타의 특징들의 의미를 너무 쉽게 배제해 버린다. 그러나 가장 강력한 생물학적 이론이라도 심오한 철학적 문제에 맞서고자 하는 욕구를 제거할 수는 없다.

니체(F. Nietzsche)

인간은 동물과 초인 사이에 놓인 밧줄이다

삶 자체는 본질적으로 강자의 횡포, 공격,
지배이며 약자에게는 억압, 고통이며……
가장 힘 없는 온순한 자에게는 착취일 뿐이다.

진리란 없다

그리스철학과 기독교는 서구세계의 발전에 지대한 영향을 주었다. 19세기와 20세기의 사상은 그들이 인정하는 것 이상으로 그리스철학과 기독교에 많은 빚을 지고 있다. 그렇지만 더 분명한 것은 이 시기에 걸쳐 이 두 가지가 신랄한 공격을 받았다는 사실이다. 형이상학의 가능성 그리고 인간 이성의 몰가치적인 사용 가능성이 논박의 대상이었다. 마르크스, 니체 그리고 프로이트는 모두 회의의 무기를 휘둘렀던 자들로 묘사되어 왔다. 그들 각각은 저마다의 방식으로 사람들의 이성과 목적이 현실적 가치를 지닐 수 없다고 설파했다. 사람들 언행의 배후에 놓인 진짜 동기와 관심은 그들의 이성과 목적을 통해 파악될 수 없다는 것이다. 마르크스는 이데올로기가 진리를 담고 있기 때문이 아니라, 특정 계급의 경제적 이익을 유지시켜 주는 데 봉사하기 때문에 성립할 수 있음을 보여주고자 하였다. 프로이트는 우리의 의식을 통제할 때 무의식이 무척 중요하다는 것을 보여주려고 했다. 하지만 니체만큼 그토록 진지하게 인간이 합리적일 수 있다는 가능성을 반박하고, 그토록 철저하게 분노에 가득 차서 그의 선조가 믿었던 기독교를 비난했던 사람은 아무도 없었다. 그는 우리가 도덕적 체계와 형이상학적 체계를 세우려 할 때 나타나는 현실적인 관심들을 보여주려 했다. 도덕 및 형이상학의 '계보'(系譜)나 기원을 밝힘으로써, 그는 그것들에 대한 우리의 믿음을 해체하는 작업에 착수했다.

프리드리히 니체는 1844년 라이프치히 근처에서 태어났는데, 그의 아버지와 할아버지는 모두 루터교 목사였다. 다섯 살 나던 해 아버지를 여윈 니체는 어머니와 할머니에 의해 양육되었으며, 이러한 점이 기독교에 대한 그의 견해에 영향을 미쳤을지도 모른다. 그는 고전철학을 전공한 후 바젤대학교에서 그 과목의 교수가 되었다. 그는 신약의 교리보다는 그것의 기원에 관해 더 많은 관심을 갖고 있었으며, 예수의 행적에서 신화적 요소를 삭제하고 모든 초자연적 요소를 제거하려 했던 독일인의 성서 비판에 깊은 영향을 받았다. 특히 역사적 인물로서의 예수를 문제삼은 슈트라우스(D. F. Strauss)의 악명 높은 저작들은, 이 젊은이를 유년시절의 신앙에서 벗어나 맹렬한 무신론자로 바꾸어놓았다. 그렇지만 아무리 철저한 무신론이라도 그것은 의미상 기독교의 존재를 전제한다. 무신론은 본질적으로 어떤 특정 종교의 교의에 대한 반동이기 때문이다.

기독교에 대한 니체의 공격은 강렬함에 있어서 그 무엇과도 비길 수 없다. 그는 기독교를 "지금까지 존재했던 거짓말 중에서 가장 치명적이고 유혹적인 거짓말이며, 가장 비속한 거짓말"[1]로 묘사한다. 플라톤도 그의 실재에 대한 이분법적 사고와 그로 말미암은 일상의 물질세계에 대한 평가절하 때문에 비난받는다. 플라톤은 '가장 위대한 타락의 가교'[2]로 치부되었다. 니체에게 실재에 대한 플라톤의 견해는 지나치게 정적(靜的)인 것처럼 보였다. 니체는 만물이 항상 변화한다는 헤라클레이토스(Herakleitos)의 개념에 더 매혹되었다. 현상세계에서 변화하지 않는 것이란 없으며, 불변하는 기준의 원천이 되는 제2의 세계란 존재하지 않았다. 문헌학자라는 그의 지위에 걸맞게, 니체는 자주 이 세계를 다양한 해석이 가능한 텍스트로 보려고 했다. 그는 말한다. "엄밀히 말해 사실이란 존재하지 않으며, 오로지 해석만이 있을 뿐이다."[3] 철학의 가장 근본적인 전제들을 공격하는 데 그가 얼마나 철저한가는 해석이라는 개념 자체가 해석자의 존재를 함축한다는 주장을 그가 부정했다는 사실에서 가늠해 볼 수 있다. 그는 심지어 해석을 발명이라고까지 주장했다. 그의 주요 목적 가운데 하나는 현재 인정되고 있는 세계가 가능한 여러 해석들 중의 한 결과에 지나지 않음을 보여주려는 것이다. 기독교적 인식에 의거해 어떤 부류의 사람이 갖게 되는 특별한 이익에 부합하여 하나의 해석이 만들어지지만, 그것은 다른 사람에게는 불이익이 된다고 니체는 주장한다. 오로지 하나의 해석만이 옳다는 기독교적 인식은 그 나름의 권위를 유지하려는 시도일 뿐이다. 진리에 대한 주장은 진리가 한낱 환상임을 인정할 때 그 힘을 상실하고 만다.

기독교에 대한 니체의 혐오는 바그너와의 우정도 파국으로 몰고 갔다. 이 위대한 작곡가가 기독교신앙에 지나치게 물들어 있음을 느꼈기 때문이다. 특히 그는 신비적인 오페라 〈파시팔〉(Parsifal)에 스며들어 있는 기독교적 상징에 역겨워했다. 그러나 그가 행했던 것처럼, 인간 이성의 가능성에 반대하여 살고자 했던 사람들을 더 이상 고무시킬 수 없었던 것이 그의 운명이었다. 그의 건강은 점차 악화되어 35살에는 은퇴하지 않을 수 없었고, 11년 간을 정신병자로 지내다 1900년 사망하고 만다. 그의 사상은 사후에 많은 영향력을 발휘했지만 그의 사상이 악용된 데 대해서까지 그가 책임을 져야 하는 것은 아닐 것이다. 그 자신 독일 민족주의자는 아니었으나, 그의 철학이 히틀러의 제3제국(1933-45)하에서 열렬히 받아들여졌음을 이해하지 않고서는, 그의 대부분의 저작을 판독하기 어려울 것이다. 히틀러는 바이마르의 니체 박물관을 방문하여 니체의 흉상 옆에서 사진을 찍기 위한 포즈를 취함으로써, 니체에 대한 자신의 존경심을 알리려 애썼다. 히틀러의 『나의 투쟁』(*Mein Kampf*)은 니체 사상의 일부를 그대로 반영하고 있는데, 그가 스스로를 니체가 말한 '초인'(超人)으로 여겼다는 것은 의심의 여지가 없다. 스탈린의 가혹한 통치가 마르크스의 연구와 무관한 것처럼, 이러한 히틀러의 행동은 니체의 연구와는 무관할지도 모른다. 그렇지만 나치의 잔악함을 억제할 수 있었던 요소가 니체의 사상에 있었느냐 하는 문제는 여전히 논란거리로 남을 수밖에 없다. 이미 모든 도덕적 규제가 제거된 상황이었으므로 나치는 니체의 말에서 고무되었을 뿐이라고 보는 것이 옳을 것이다.

모든 가치를 전복시켜라

신앙을 거부했을 때의 결과를 니체만큼 철저하게 밝힌 사람은 이제껏 없었다. 기독교인으로 성장한 사람이라면 신앙의 형이상학적 근거를 거부하고 싶은 유혹을 느낄지라도, 삶은 그 이전과 여전히 같을 것이라 여긴다. 신이 배제되더라도 삶은 의미있는 것 같고, 도덕적 요구도 여전히 존재하는 것 같다. 그러나 니체는 결코 이러한 견해를 갖고 있지 않았다. 그는 형이상학을 가차없이 몰아붙였으며, 오직 정직함의 미덕에 입각하여 자기 견해의 핵심을 숨김없이 과감하게 드러냈다.

형이상학은 난해한데다 불요불급한 학문인 것 같지만, 실제로 그것은 우리가 세계에 대해 부여하는 전제의 기초가 되는 모든 것을 포괄한다. '신'도 일종의 형이상학적 개념이며, 우리의 개념과는 독립해서 존재하는 지속적인 물질세계의 개념도 형이상학적 개념이다. 다양한 변화를 거치면서 동일한 실체를 유지하는 물질 대상의 개념까지도 형이상학적 개념이며, 특히 신체의 변화에도 불구하고 동일하게 지속하는 자아로서의 인간 개념도 마찬가지로 형이상학적 개념이다. 우리는 현재까지 어쩌면 사후에도 본질적으로 동일성을 유지하면서 다른 개인과 구별되는 개체로서 우리 자신에 대해 분명한 개념을 가질 수 있으며, 그것은 흄이 주장한 것처럼 단순히 경험적 탐구의 결과에 불과한 것이 아니다.

니체는 정태적 실재에 대해 고정된 범주를 적용할 수 있다는 가능성을 배제하였다. 어떤 판단이든지 끊임없이 변화하는 세계에 대한 서로 다른 퍼스펙티브(perspective)에서 이루어져야 하는 것이다. 질서나 목적에 대한 믿음을 전파하려는 모든 시도는 오류에 빠지고 만다. 우리가 이 '세계 내에서' 발견하는 것은 우리가 그것에 부여한 범주일 뿐이다. 모든 것은 다른 모든 것과 결부되어 있으며, 결정되어 있는 것이란 아무것도 없다. 그는 말한다. "진리는 일종의 오류로서, 그것 없이는 어떤 종족의 삶은 영위될 수 없다."[4] 그는 사상가에 대해서도 말한다. "'정신' 이나 이성, 사유나 의식, 정신, 의지, 진리란 존재하지 않는다. 모든 것은 쓸데없는 허구이다. '주체와 객체' 의 문제도 없다."[5]

우리 언어 체계는 주체와 객체의 구별, 세계와 세계를 사유하고 그에 대응하는 방식의 구별에 물들어 있다. 이러한 구별을 제거하면, 그 나름의 특성을 갖는 '외적 실재' 라는 세계 개념뿐 아니라 세계를 지각하고 인식하고 사유하며, 그에 따라 행위하는 특정한 주체 혹은 자아라는 개념도 흔들리게 된다. 우리의 언어체계가 받아들이는 형이상학을 니체처럼 논박하고자 하는 사람이라면 명백히 모순적인 방식으로 언어를 사용하지 않으면 안 될 것이다. 문제는 언어체계를 교란시키지 않고서도 언어의 범주를 넘어설 수 있느냐가 아니라, 이러한 시도가 합리적으로 지지될 수 있느냐이다. 실재의 본질에 관해 말하는 방식을 제외하고는 니체의 주장의 상당부분은 의미를 갖기 어렵다. 모든 것을 부정한다는 것은 불가능하다. 니체의 형이상학에 대한 공격은 그 자체가 어떤 사실에 대한 특정한 가정에 의거한 것이었다. 모든 것이 허구이고 고안된 것이라면 그리고 어떠한 것도 참이 아니라면, 우리는 사실과 허구, 진실과 거짓, 실재와 현상의 개념을 파악할 수 없게 된다. 우리가 사용하는 언어의 전제를 공격하다 보면 모든 언어의 전제를 공격하게 되는 지점이 있다. 어떤 해석이 다른 해석만큼 유용할 수 있다면, 어떠한 것도 배제해서는 안 될 것이다.

특히 철학적 관점에서의 이성에 대한 공격은 스스로를 반박하는 위험에 항상 처할 수밖에 없다. 어떻게 논쟁이 불가능함을 주장하는 논쟁을 할 수 있겠는가? 어떻게 인간 이성의 능력에 대한 불신의 근거를 제시할 수 있겠는가? 니체는 자신의 견해를 받아들일 수 있는 적절한 근거를 제시할 수 있음을 부정하면서, 자신의 견해를 받아들이기를 기대하는 모순적 상황에 직면하지 않을 수 없었다. 형이상학의 가능성에 대한 모든 공격들과 마찬가지로, 니체의 비판도 자기가 앉아 있는 의자를 톱질해 버리는 전형적 사례에 불과하다. 이제 니체는 기독교를 비판할 어떠한 근거도 갖지 못한다. 진리가 없다면 어떠한 오류도 없게 되므로, 기독교도 더 이상 잘못된 것이 아니게 된다. 니체는 기독교신앙이 이 세계의 본성에 부합하지 않는다고 생각하는 듯하다. 이것은 그다지 놀라운 사실이 아니다. '이 세계'와 '이 세계에 관한 주장과 믿음'의 이원론은 결코 극복될 수 없기 때문이다. 이원론을 극복할 수 있다면 무엇인가를 주장할 수 있고 믿을 수 있지만, 그렇지 않다면 어떤 주장이나 믿음도 의미를 가질 수 없게 된다. 이것이 바로 니힐리즘(nihilism)의 결론이다. 이제 일관된 니힐리스트는 오직 침묵할 뿐이다. 무엇인가를 주장하려면 사실과 사실 아닌 것 사이의 구별을 전제해야 한다. 무엇인가를 주장한다는 것은 아무리 사소하더라도 진리에 대한 주장을 포함하고 있는데 반해, 니힐리즘은 그 어떤 것에의 집착도 허용하지 않는다.

니체만큼 정직하게 니힐리즘의 가능성을 다룬 철학자도 드물다. 기독교의 신과 피안의 세계에 대한 반박이 그의 출발점이었다. 영혼과 사후의 삶에 대한 일체의 거부는 삶의 의미와 목적이 현재의 삶에 국한해서 부여되어야 함을 의미한다. 자비로운 창조주는 의미의 원천으로 결코 생각될 수 없으며, 우주의 목적이 존재하는 것도 아니다. 오직 우리의 관심영역은 우리가 딛고 선 이 대지이다. 니체는 고대 페르시아 종교의 창시자의 이름을 딴 짜라투스트라(혹은 조로아스터)의 입을 빌어 다음과 같이 말한다. "형제들이여, 내 너희에게 이르노니, 대지에 충실하라. 그리고 너희에게 천상의 희망을 말하는 자들을 믿지 말라. 그들은 고의든 아니든 우리를 독살하려는 자들이다. 그들은 삶을 경멸하는 자들이다."[6]

한때 신에 대한 모독이 가장 큰 불경이었다. "그러나 신은 죽었다." 이제 가장 큰 불경은 대지에 대한 모독이라고 짜라투스트라는 말한다. 신의 죽음이라는 개념은 오랜 세월 동안 영향을 미쳤다. 니체는 이러한 견해를 '환한 아침 나절'에 등불을 들고, '나는 신을 찾고 있소이다'라고 소리치며 시장을 돌아다녔던 광인에 관한 널리 알려진 얘기를 통해 피력하고 있다. 신을 믿지 않는 사람들은 그를 비웃고 경멸했다. "그러자 그 광인은 그들 속으로 뛰어들어, 그들 모두를 뚫어지게 쳐다보고는, 다음과 같이 외쳤다. '도대체 신은 어디로 갔는가? 내가 너희에게 이르노니, 우리가 신을 죽였다. 너와 내가 우리 모두가 신의 살해자이다'." 며칠 후 그 광인은 여러 교회를 돌아다니며 이렇게 말했다. "교회가 신의 묘와 무덤이 아니라면 무엇이란 말인가?"[7)]

이렇듯 놀라운 생각이 제대로 이해되기란 쉽지 않다. 어떻게 영원한 신이 죽을 수 있는가? 신은 아예 존재한 적이 없거나, 존재한다면 죽을 수 없거나 둘 중 하나이어야 한다. 그렇지만 이러한 이미지는 자주 등장하며 최근에는 신학자들도 사용한다. 그것은 기독교의 장구한 지배 이후 무신론의 등장을 묘사하는 매우 인상적인 방법이다. 진리와 객관적 실재의 개념에 대한 확고한 인식이 없다면, 신앙의 상실은 곧바로 신의 죽음과 연결되는 것처럼 보인다. 니체가 이러한 이미지를 사용하는 것은, 실재를 받아들이면서 그가 얼마나 신앙에 의존했는가 그리고 신앙이 세계를 만든다고 하는 생각에 그가 얼마나 쉽게 빠져들었는가에 대한 증거가 될 수 있다. 그러나 기독교인들은 신이 그들 신앙의 결과에 불과하다고 믿지 않으며, 또 그들이 신앙을 포기한다고 해서 신이 존재할 수 없게 된다고도 믿지 않는다. 물론 이러한 신은 우리 자신의 열망을 투사한 것에 지나지 않을지도 모른다. 그러나 중요한 것은 내가 진리라고 생각하는 것이 아니라, 진리 그 자체이다.

니체는 신이 존재하지 않는 세상은 어떤 의미도 없이 공허해지며, 인간이 갖고 있다고 여겨지는 어떤 중요한 가치도 상실될 것으로 보았다. 다윈은 니체에게 영향을 미쳤으며, 니체 역시 인간 기원에 관한 진화론이 자신의 사상에 커다란 영향을 미쳤음을 알고 있었다. "지금까지 우리는 인간의 신성한 기원을 강조함으로써 인간의 고귀함을 추구했다. 그러나 인간의 조상이 원숭이였음이 밝혀진 이상, 이제 이러한 방법은 금기시되었다."[8] 그는 우리가 그 반대 방향을 추구하면서 '앞으로의 인류의 진화과정이 인간의 고귀함과 신과의 유사함을 입증하기를' 기대해야 하는가 말아야 하는가를 묻는다. 니체의 대답은 이렇다. 이러한 과정의 끝에는 "최후의 인간이 들어갈 관을 받치는 받침대가 세워져 있다"는 것이다. 우리는 어떤 더 높은 영역으로 진입할 수 없다. 흔히 듣는 얘기처럼, 벌과 집게벌레가 신과 닮을 수 없고 영원한 삶을 누리지 못하는 것처럼, 우리가 추구할 수 있는 고차원적인 것은 존재치 않는다.

니체철학이 한층 더 어둡게 보이는 것은 신의 관점에서 보는 인간의 가치에 대한 기독교인의 주장과 명백히 대비되기 때문인지 모른다. 신이 이 세상을 몹시 사랑한 나머지, 자신의 아들을 보내 이 세상을 구하려 했다는 믿음은 결코 인간의 가치를 높일 수 없다고 니체는 생각했다. 그러나 이처럼 신앙을 거부하는 것은 인간을 무가치한 것으로 만들 수도 있다. 니체는 니힐리즘과 좌절의 주위를 맴돌면서 이러한 문제와 씨름했다.

이 문제에 대해 니체 자신이 무척 만족해 했던 해결책은 바로 '영원회귀(永遠回歸)' 개념의 도입이다. 그는 궁극적 종착점이란 없다고 생각했기 때문에 삶의 최종적 의미 없음과 목적 없음에 정면으로 맞섰으나, 삶을 부정하기보다는 삶을 긍정하려고 했다. 더 나은 영원한 삶을 인간의 평범한 삶과 대비시켜 인간 삶을 타락시킨 주범으로 니체는 플라톤주의자들과 기독교인들을 탄핵한다. 영원회귀의 사상은 삶을 긍정하는 태도이다. 어떤 형이상학적 기준에 의거해 삶을 불완전하다고 보지 않고, 같은 사건이 반복해서 일어난다고 생각함으로써, 마침내 우리는 우리 자신이 삶의 가치를 부정하는 존재가 아니라 긍정하는 존재임을 보여주게 된다고 그는 생각했다. "삶이라고는 하지만 어떤 의미나 목적도 없으며, 더욱이 종착점도 없이 불가피하게 반복되는, 지극히 가공스러운 상태, 즉 '영원회귀' 라는 것을 생각해 보자. 이것이 가장 극단적 형태의 니힐리즘, 즉 영원한 무(무의미성)이다."[9]

우리는 모든 것을 있는 그대로 받아들여야 하는 것처럼 보인다. 개선이나 진보의 문제란 있을 수 없다. 해방이나 구원의 개념도 있을 수 없다. 죄의식을 갖거나 후회를 할 이유도 없다. 짜라투스트라는 다음과 같이 말한다. "나는 현재의 태양, 현재의 대지, 현재의 독수리, 현재의 뱀과 함께 돌아가련다. 새로운 삶이라든가, 더 유복한 생활이라든가, 그와 유사한 삶은 필요없다. 나는 만물의 영원회귀를 다시 한번 가르치기 위해서, 가장 큰 일이든 가장 작은 일이든 지금과 똑같은 동일한 자아를 유지하는 삶으로 영원히 돌아가련다."[10]

이것이 니힐리즘에 대한 니체의 답변이다. 그는 기독교가 현실의 삶을 긍정적으로 받아들이지 않는다는 점에서 니힐리즘적이라고 주장한다. 인간의 불완전성과 원죄를 강조함으로써, 또 아무 것도 현재와 같아서는 안 된다는 입장을 취함으로써, 기독교는 인간 삶의 여러 주요한 특질들에 대해 적대적인 것이 되었다. 마르크스주의도 더 나은 현실의 삶을 추구하기 때문에 니체의 비난을 면치 못한다. "사회개혁론자들이 악, 질병, 매춘, 고통이 더 이상 생기지 않는 환경—사회체제—이 있을 수 있다고 주장하는 것은 그들 스스로에게 대단히 부끄러운 일이다. 현재 그들의 삶이 폐기처분되어야 할 것임을 고백하는 것이기 때문이다."[11]

니체의 삶에 대한 긍정은 그 자신으로부터 나온다. 그것은 합리적으로 정당화되지 않지만, 예술품을 창작하려는 예술가의 충동에 견줄 수 있는 태도이다. 우주 순환의 사상, 만물이 언제나 같은 상태로 되돌아온다는 사상은 그만의 독창적인 것은 아니었고, 사상사에서 항상 반복적으로 등장했던 사상이었다. 그렇지만 결국 그것은 인간 존재의 무의미성을 강조하는 데 지나지 않는다. 요컨대 아무런 방향도 없다. 모든 것이 항상 같은 방식으로 거듭해서 일어난다는 생각을 우리가 견딜 수 있다 할지라도, 결국 우리는 니체의 사상이 어떤 것도 개선될 수 없다는 비관적 전망을 함축하고 있음을 깨닫게 된다.

인간의 본성은 힘에의 의지에 있다

니체는 변화의 기초가 되는 어떤 실체도 거부하였기에, 늘 지속하는 자아의 존재도 받아들이지 않는다. 프로이트에게도 영향을 주었다는 것은 분명하지만, 두 사람은 이 점과 관련하여 서로 갈라진다. 니체는 현상의 바탕을 이루는 실재를 전혀 믿지 않았다. '참된' 자아는 그것의 표현과 분리될 수 없기에 나는 원리적으로 나를 기만할 수 없다. 허위의식이나 자기 기만과 같은 개념들은 현상과 실재의 이분법에 편승하는 것이다. 그렇지만 니체는 인간의 행위를 지배하고 있는 잠재적 요인이나 본능의 중요성을 강조한다는 점에서 프로이트와 일치한다. 그는 "우리의 제도적 생활전체를 하나의 근본적인 의지의 형식—힘에의 의지"[12]로 설명할 수 있다고 믿었다.

이러한 '힘에의 의지'는 니체의 근본 개념이지만, 여기서는 간략히 서술하겠다. 그것은 생물학적 충동들이 합성된 약간 모호한 개념이며, 형이상학적 원리로 취급될 수도 있는 개념이다. 무엇보다도 개인은 타인의 이익에 종속되어서는 안 된다는 것이다. 니체의 이상형은 사회의 규범이나 전통적 도덕에 의해 제한받기를 거부하는 영웅적 개인이다. 우리의 목적은 외부세계에서 주어지지 않고 우리 자신의 의지가 명령하는 것이다. 우리 스스로 우리의 기준을 창조해야 하는 것은 도덕 기준의 객관적 원천이 없기 때문이다. 니체에게는 의지가 자유로운가의 여부가 아니라, 의지가 강한가 아니면 약한가의 여부가 문제이다. "삶 자체는 본질적으로 강자의 횡포, 공격, 지배이며 약자에게 있어 그것은 억압, 고통이다……가장 힘없는 온순한 자에게 있어 그것은 착취일 뿐이다."[13] 그는 착취가 타락한 사회, 불완전하거나 원시적인 사회의 표시라는 것을 부정하면서, "그것은 생명체의 근본 기능으로서 삶의 본질에 속하며, 엄밀히 말해 삶의 의지라고 할 수 있는, 힘에의 본능적 의지의 결과이다"라고 말한다.

니체는 삶에 있어 그것의 방향을 지시하는 힘에의 의지가 필요하다고 믿었다. 우리는 삶의 의미를 결코 발견할 수 없으므로 그것을 창조해야 한다. 따라서 힘에의 의지는 다른 사람을 지배하겠다는 단순한 욕구 이상의 폭넓은 개념이다. 뿐만 아니라 그것은 우리가 우리의 충동을 억제할 수 있다는 생각을 포함한다. 강자는 자기 통제에 매우 충실하다. 그렇지만 약자에 대해 힘을 사용하는 문제는 아직까지 논란거리이다. 전통적인 도덕의 규제에 구애받지 않고서 약자를 희생시켜 자신을 발휘하려는 힘있는 개인의 사고방식은 아무리 영웅적일지라도 공포감을 불러일으킬 뿐이다.

'너 자신을 알라'는 고대의 격언이다. 그러나 니체에 따르면, 우리에게는 알아야 할 고정된 자아가 없기 때문에, 그 말을 "어떤 자아를 의지하라, 그러면 너는 어떤 자아가 될 것이다"[14]라는 명령으로 바꾸어놓는다고 해도 그리 놀랄 만한 일은 아니다. 따라서 모든 것이 우리에게 가능하다. 우리는 우리 자신의 법을 창조하며, 진정한 의미에서 우리 자신을 만든다. 그런데 어떤 목적에서 이렇게 하는가? 니체는 이러한 질문을 금기시하지만, 결국에는 삶의 목적을 완전히 제거하지는 못했다. 그는 짜라투스트라를 통해 '초인'(Übermensch)을 가르친다. 하나의 종(種)으로서, 인간은 자신이 처한 현실의 조건을 초월하기 위해 노력해야 한다. 니체는 선택된 소수의 개인들만이 그렇게 할 수 있다고 생각했지만, 반대로 그들을 통해 대중의 존재를 정당화하는 것이기도 하다. "인간에게 있어 원숭이란 무엇인가? 웃음거리이거나 고통스러울 만큼 수치스러운 존재이다. 마찬가지로 초인에게 인간이란 무엇이겠는가? 웃음거리 아니면 고통스러울 만큼 수치스러운 존재이다."[15]

짜라투스트라는 계속해서 초인은 이 세상의 의미라고 말한다. "너의 의지로 하여금 초인이 이 세상의 의미가 될 것이다라고 말하도록 하라." 인간은 "동물과 초인 사이에 놓인 밧줄, 끝없는 심연에 걸쳐져 있는 밧줄이다." 이 모든 것을 감안해 볼 때 진화론의 영향은 분명해진다. 니체가 수시로 다윈을 비판했다고는 하지만, 그의 사상 전 과정이 다윈의 체계를 벗어나기란 불가능할 것이다. 무엇보다도 그는 인간이라는 종을 동물적 본능을 가진 동물의 종으로 파악한다. 그렇지만 그는 "하나의 종으로서의 인간은 진화하고 있지 않다"[16]고 믿었다. 그에게 있어 초인은 하나의 무리가 아니라 영광스러운 예외적 존재이다. 평범한 인간들과 동물들 사이의 차이보다 자신의 운명을 통제할 수 있는 힘을 가진 개인과 나머지 인간들 사이에 더 커다란 차이가 있다고 니체는 믿었다.

니체가 생각한 최선의 인간형은 아무 것에도 얽매이지 않은 예외적 인간이었다. "관습적 도덕으로부터 거듭 자유로우며, 자율적이고 도덕을 초월하는, 그 누구와도 닮지 않은 독립적 개인"[17]을 니체는 높이 평가한다. 그는 도덕과 자율의 개념이 상호배타적임을 강조하며, '해방된 개인'(emancipated individual)을 찬양한다. 이러한 비전은 훗날 '실존주의자들'을 포함하여 많은 철학자들에게 영향을 주었다. 규범적 관습을 배제하는 예술가처럼, 니체의 초인은 다른 사람들의 규제를 초월할 수 있다. 종교적, 도덕적 규제는 거부된다. 수세기에 걸친 전통과 관습을 배격한다는 것은 분명히 유쾌한 일이지만, 무제한의 창조는 쉽사리 매력을 상실할 수 있다. 모든 것이 허용된다면 무엇을 하든지 문제되지 않을 것이며, 그것은 무엇을 하든 의미가 없음을 의미한다. 초인의 기쁨은 모든 것이 의미없다고 생각하는 사람의 좌절과 무기력에로 전락하기 쉽다.

천재를 질식시키는 대중사회

대체로 니체는 개인을 우선시했으며 사회의 필요성을 부정했으나, 여전히 사회의 영향력에 대해서는 분명한 견해를 갖고 있었다. 그는 의식 자체는 오로지 의사소통의 필요 때문에 생긴다고 논증한다. 우리의 조상들은 원조와 안전을 필요로 했기 때문에 자신들을 이해시키는 방법을 익히지 않을 수 없었다. 이것은 그들의 생각과 느낌을 자신들이 먼저 알아야 한다는 것을 의미했다. 따라서 니체는 "언어의 발달과 의식의 발달은 서로 협조관계에 있다"[18]고 주장한다. 그의 결론은 다음과 같다. "인간이 자의식을 가지는 것은 사회적 동물이라는 사실에서 비롯될 뿐이다." 그 결과 그는 우리가 우리 자신을 인식하는 방식에 대해 전혀 관심이 없었다. 이러한 지식이란 우리 개인 본성의 산물이 아니라, '사회적'인, 즉 '집단적' 본성의 산물이라고 그는 주장한다. 따라서 우리는 참된 개인의 본성이 아니라 평균적 특성만을 알 수 있을 뿐이다. 우리는 집단의 퍼스펙티브에 의해 지배되고 있다.

사실 이러한 견해는 언어가 우리의 사유를 형성하며, 개인의 사적 세계는 사회라는 공적 세계에 크게 의존한다는 현대적 해석과 놀라울 만큼 일치한다. 이것은 60년이 지난 후에야 비트겐슈타인에 의해 제기된 주제였다. 차이가 있다면 니체가 언어를 인간 존재의 사실이 아니라 '타락, 허위, 피상성'[19]으로 간주했다는 점이다. 사회의 전통적 가치와 그에 대한 관심은 수용되어야 하는 것이 아니라 배제되어야 하는 것이었다.

언제나 니체의 관심은 대중의 요구에 개인이 함몰되어서는 안 된다는 데 있었으며, 다수의 이익이라는 명분하에 행해지는 예외적 개인에 대한 어떠한 규제에도 그는 강력히 반대했다. 그는 "군집동물에서 찾을 수 있는 큰 규모의 연합에 대한 만족"을 경멸했다. 그는 결코 '공동체 정신'이나 '조국'을 거론하지 않았다.[20] 왜냐하면 그러한 이념들이 개인의 중요성을 망각한다고 생각했기 때문이다. 강한 자에게 약한 자를 위해 스스로 희생하라고 촉구하는 것은 무엇이든 금기가 된다. 사회주의는 인간적인 삶을 부정하지만, "종교는 인간의 품위를 떨어뜨렸다."[21] 모든 것이 평균인의 수준으로 저하되었다는 것이 그의 주제이다. 그는 '신 앞에 모든 인간이 평등하다'는 생각을 미친 소리로 치부했으며, 모든 사람이 다른 사람의 수단이 되지 않을 만큼 가치있는 존재라는 생각에도 철저히 반대했다.[22] 그는 말하기를 "인간에 대한 보편적 사랑은 사실상 고통받는 자, 가난한 자, 범죄자에 대한 호의이다. 그러나 그것은 힘, 책임감, 희생에 대한 숭고한 의무감을 저하시키고 약화시킨다……기독교적 이타심이 약한 자의 집단적 이기주의가 아니라면 도대체 무엇이란 말인가?"[23]

니체의 목표는 모든 도덕을 철폐하는 것이 아니라 그것을 재해석하는 것이었다. 그는 '어떻게 살아야 하는가'의 문제에 정열적 관심을 보였지만, 기독교적 해답에는 부정적이었다. 무엇보다도 바로 이 부분에서, 그는 어떻게 기독교적 도덕이 강한 자에 대항하는 약자의 방어책으로 생겨나는지를 보여 주기 위해, 관념의 '계보학'을 탐구하는 기술을 적절히 사용하고 있다. 그는 자기의 목적을 위해 전심전력하지 않는 자들을 칭찬하는 것은 결코 공정하지 못하다고 주장한다. 니체는 "우리의 이웃이 비이기성을 칭찬하는 까닭은, 그가 그것으로부터 이득을 얻기 때문이다"[24]라고 말한다. 즉 당신이 당신 자신의 이익을 추구하지 않는 것이 나의 이익이 되는 수가 자주 있다. 내가 도덕을 치켜세우면 세울수록, 교묘한 방식으로 나의 이익은 점점 더 증대한다. 따라서 전통적으로 전수되어 왔던 도덕은 어떤 한 집단을 공격하기 위한 또 다른 집단의 강력한 무기이다. 도덕은 약자의 이익을 위해서 강자를 규제한다. 모든 사람이 근본적으로 평등하다고 믿는 사람이라면 도덕에 대해 환호할 것이다. 사회구성원의 일부를 다른 사람의 약탈로부터 보호하고, 그들의 허약함에 대해 보상을 하거나, 극빈자에게 자비를 베푸는 것이 과연 잘못인가? 대부분의 현대 사회는 엄밀히 말해 이러한 원리를 따르고 있다. 그러나 니체는 오늘날 받아들여지고 있는 많은 것에 대해 이의를 제기한다.

개인의 이익과 집단의 이익을 조정하기란 항상 어렵지만, 문제는 니체가 일부 개인에 대해서 배타적 관심을 보이면서 평등한 권리와 고통받는 사람들에 대한 동정심을 전혀 논의하지 않는다는 것이다. 그는 독선과 자만에 대한 기독교인의 두려움을 경멸한다. 병든 자와 고통받는 자를 보호하는 일이 니체에게는 '유럽인의 타락' (the deterioration of the European race)[25]을 의미했다. 그는 '그러한 유형의 '인간'을 향상시키는 일'은 언제나 '인간들 사이의 계급과 서열'을 내세우는 사회가 떠맡게 되는 과제라고 믿었다.[26]

니체는 그러한 사회가 존재하는 것은 '허약한' 자들이 자신들의 약점을 보강하기 위해 '집단체제'를 추구한 결과라고 생각했다. 그는 "약한 자에게 결합하려는 경향이 있는 것처럼, 강한 자는 분리되려는 자연스러운 경향이 있다"[27]고 주장한다. 강한 자들은 자기들의 힘에의 의지를 집단적으로 충족시키려는 목적을 갖고 결합할 필요성을 가질 수는 있으나, 그러한 경향에는 반대할 것이다. 반면 약한 자들은 집단생활을 통해 보호받으면서 그러한 생활을 즐길 것이다. 니체가 의회제도에 반대한 것이 놀랄 만한 일이 아닌 까닭은, 의회제도는 '군집 동물이 지배자가 되는 수단'[28]의 하나이기 때문이다.

니체 사상의 결과와 관련하여 항상 격렬한 논쟁이 벌어지는 것은 그것이 평등에 대한 어떠한 논의도 하지 않으려고 했다는 것과 사람을 '우월한 자와 열등한 자'로 나누려는 그의 열망 때문이었다. 현대판 대중사회는 천재들을 질식시킬 수도 있으며 모든 사람을 평범한 수준으로 떨어뜨리지만, 니체는 그 이상을 말하고 있다. 그는 어떤 사람이 다른 사람보다 더 중요하다는 것을 믿는 것 같다. 아무 것도 중요하지 않으므로, 또 신이 존재하지 않으므로, 자기와 자기가 처한 환경을 통제할 수 있는 것은 예외적 소수인들의 능력에 달렸다고 말하는 편이 더 정확할 것이다. 누가 봐도 원죄와 죄책감의 굴레에서 해방된 자기 충족적인 영웅은 자신의 운명을 통제할 수 있다. 사회적 굴레와 관습은 억압기제, 즉 구태의연한 종교의 산물로 간주된다. 관습은 억압적인 것으로 파악된다. 동정은 경멸된다.

극복되지 못한 니힐리즘

니체는 철학자들의 엄격한 논증 방법보다는 대체로 문학적 스타일을 구사하는 수수께끼 같은 철학자이다. 그의 사상은 시간을 두고 전개되었는데, 예를 들어 영원회귀의 사상은 니힐리즘의 관점을 극복하려는 시도로서, 비교적 늦게 등장했다. 그가 해석의 중요성을 특히 강조했던 것처럼, 그의 저작들도 여러 갈래로 해석될 수 있다. 그 결과 많은 사상가들이 니체를 서로 다르게 해석하고 있다.

그의 사상에는 여러 중요한 흐름이 있다. 우리의 이성보다는 본능의 역할을 강조했다든지, 영혼은 신체에 관한 사항을 말하는 언어에 지나지 않는다는 주장이라든지, 인간을 그 자신의 가치의 창조자로 파악했다든지 하는 것은 중요한 부분이다. 그러나 무엇보다도 가장 중요한 것은 기독교와 기독교적 신에 대한 공격이다. 그렇다고 그가 현대의 영향력있는 유일한 무신론자는 아니다. 마르크스와 프로이트도 종교를 공격함에 있어 나름의 역할을 했다. 그렇지만 니체는 이른바 '신의 죽음'이 낳는 결과를 신랄하게 묘사했다. 그는 신의 부재 속에서 인간의 삶이 얼마나 무의미한가를 보았다. 비록 영원회귀에 도달하는 삶일지라도 삶을 부정하지 않고 긍정하는 그의 해결은, 자기의 의지대로 창작할 수 있는 자유를 찬양하면서 빈 화폭으로 달려가는 예술가적 삶을 살려는 사람들에게 호소력을 갖는다. 환경에 대한 인간의 지배가 증대하고 과학과 기술이 우리의 능력을 신장시키면서, 우리는 점차 '이 세계의 지배자'(이것은 니체가 자주 인용한 구절이다)가 되었다고 여긴다. 바야흐로 인간의 전성 시대가 도래한 것처럼 보인다.

우리는 대단히 자기 충족적인 존재여서, 어떤 초월적 존재에 비굴하게 의존할 필요가 없을지 모른다. 분명한 것은 이러한 느낌이 다윈주의에서 끌어내기 쉬운 진보에 대한 믿음과 결부될 때, 결과적으로 무제한적인 낙관주의가 등장할 수 있다는 사실이다. 우리가 의지를 갖고 있는 한 무엇이든지 가능한 것처럼 보인다. 그렇지만 니체가 죽은 후, 20세기의 역사는 결코 낙관적이 아니다. 과학이 우리에게 부여한 엄청난 힘은 고귀한 목적뿐만 아니라 극악한 목적에도 사용될 수 있다. 선악의 전통적 범주를 배격하고, 원죄와 죄의식이라는 개념을 유기(遺棄)함으로써 인간의 행복이 증대된 것은 아니다. 오히려 그렇게 함으로써 우리는 인간 본성이라는 근본 사실로 말미암아 언제 겪을지도 모르는 위험을 간과하게 되는 것이라고 할 수 있다.

무엇보다도 인생의 의미와 목적에 관한 단순한 문제가 끊임없이 반복되고 있다. 삶이 오로지 우리 각자가 선택한 의미만을 갖는다면, 니힐리즘이 부추기는 좌절을 별로 겪지 않게 될 것이다. 만일 사물의 본성에 기초한 목적이 없다면, 어떠한 선택이든지 유효하게 됨으로써 모든 것은 인위적이 되고 만다. 전체적인 마비상태만이 이러한 믿음의 결과가 될 것이다. 니체는 기독교적 신의 존재가 없다면 그리고 육체가 소멸된 후 남는 실체적 자아가 없다면, 니힐리즘의 유령은 더욱 실감나게 되리라 믿었다. 실제로 그의 니힐리즘은 극단적이어서, 생의 무목적성을 부각시켰으며 도덕의 주요 개념을 파괴하였다. 뿐만 아니라 세계의 객관성을 문제시하였다. 그는 실재에 대한 믿음이 우리의 사유와 믿음에 가하는 제약을 제거하였으며, 그와 함께 진리와 허위의 가능성을 제거하였다. 대신 그는 우리 판단의 퍼스펙티브를 강조했으며, 정태적으로 '있는' 것이 아니라 '되어 가는' 변화로서의 실재를 강조하였다. 그렇지만 역설적이게도 그는 여전히 진리에 가치를 부여했고, 진리란 결국에는 기독교를 파멸시키는 기독교적 미덕임을 강조했다. 뿐만 아니라 그는 과학에 대해 모종의 확신을 갖고 있었다. 그렇지만 그가 일관성을 유지한다면, 그래서 그가 우리의 해석이 언제나 무엇에 대한 것이라고 주장하지 않는다면, 아무 것도 거짓으로 거부되거나 참으로 받아들여질 수 없다.

진정한 니힐리즘은 일관되게 언급될 수 없을 만큼 자가당착적이다. 제한된 형태의 니힐리즘만이 종교적 진리와 도덕적 진리를 공격할 수 있다. 그렇지만 니체는 질서와 안정에 대한 전제가 유신론에 뿌리를 두고 있음을 간파했다는 점에서 옳았다. 그에게는 인간 본성의 개념이나 적어도 우리 모두에게 영향을 미치는 잠재의식의 개념이 없었다. 그는 적어도 어떤 점에서는 이 세계가 명확한 특질을 갖고 있다는 것과 인간이 어떤 종류의 생물체라는 것을 믿지 않을 수 없었다. 그러나 니힐리즘을 일관되게 주장하기 불가능하다는 것이 그의 사상의 핵심은 아니다. 우리 인생의 근거를 찾는 것은 우리 각자에게 주어진 과제이다. 니체가 제기한 문제는 그러한 근거를 종교로부터 도출할 수 없을 때, 그러한 근거를 가질 수 있느냐 하는 것이었다.

사실 삶을 파괴하는 원흉이라고 플라톤주의와 기독교를 비난하는 것은 인간 존재의 핵심문제를 제기한다. 우리는 현재 우리의 삶을 받아들일 수 있는가, 아니면 근본적으로 그러한 삶에 불만족스러워해야 하는가? 우리는 우리 자신이 최선의 능력을 발휘하지 못하고 있음을 느끼지 않는가? 우리는 어떤 면에서 부족하지 않는가? 우리가 쉽사리 도달하지 못하는 어떤 목표가 있다는 생각은 현재 상태에 대한 도덕적 반감과 더불어 현재 상태를 개선하려는 의욕으로 이어질 수 있다. 이러한 생각은 삶의 부정과 관련되기보다 삶의 향상과 관련된다.

삶이 현재와 같은 것이어서는 안 된다고 느끼는 것은, 우리가 삶을 가치있다고 느끼고 있기 때문이다. 바로 이러한 느낌 때문에 기독교와 같이 개인적인 차원에서든 마르크스주의와 같이 정치적 차원에서든, 구원의 문제가 등장한다. 분명히 부활에 관한 기독교의 교리는 우리가 현재 신이 의도한 대로 살고 있지 못함을 암시함으로써 삶의 가치를 부정하기보다는 긍정하고 있음을 보여 준다. 삶이 어떤 방향을 갖는다는 확신은 현재의 삶이 무언가 잘못되었다는 주장만큼이나 극히 자연스러운 것이다. 영원회귀에 관한 니체의 사상은 결과적으로 이 두 가지 견해를 모두 거부한다. 우리는 방향도 없고 목적도 없는 끝없이 반복되는 지루함 속에 놓여 있을 뿐이다. 이러한 사상은 인간이 처한 곤경에 대한 암울한 묘사로서 어떠한 처방도 될 수 없다. 오히려 니체는 힘에의 의지에 의한 지배욕구를 옹호함으로써, 우리가 해결해야 하는 문제를 하나 더 추가하였다.

마르크스(K. Marx)

사회에 의해 만들어지는 인간

(미래 공산사회에서 인간은 누구나) 사냥꾼이나 어부, 양치기,
학자가 되지 않고서도 마음먹은 대로 오늘 이 일을 하고
내일 저 일을 하면서, 아침에는 사냥을, 오후에는 낚시를,
저녁에는 소먹이는 일을, 저녁 식사 후에는 토론을 할 수 있다.

철저한 경제결정론

다윈과 마찬가지로 칼 마르크스는 현대사상의 기틀을 잡은 위대한 사상가 중의 한 명이었다. 다윈이 과학자였음에 비해, 마르크스는 그 시대의 정치적 사건에 깊이 연루된 인물이었다. 그는 이론과 실천의 괴리를 언제나 경멸했다. "철학자들은 세계를 여러 가지로 해석했을 뿐이다. 그러나 중요한 것은 세계를 변혁시키는 일이다."[1] 이것은 그의 가장 유명한 말 중의 하나이다. 독일(그는 1818년 독일 트리어에서 태어났다)에서 자라나, 베를린 대학을 다니면서 그는 당대의 혁명적 정치상황에 말려들었다. 유럽대륙에서의 1년 동안의 정치활동 끝에 1849년 런던으로 평생 동안 망명을 해야 했고, 거기서 그는 친

구이자 동지인 프리드리히 엥겔스의 재정적 후원을 받았다.

인간 삶의 생물학적 배경보다는 사회적 배경에 관심을 기울인다는 점에서 마르크스는 다윈과 다르다. 생물학이 형성요인으로 강조되면 될수록, 그것을 제어하기 점점 어려워질 것이다. 인간 본성의 '천부적' 측면을 보수주의자들이 자주 강조하는 한 가지 이유 그리고 사회가 우리의 본성을 형성해 나가는 방식을 급진주의자들이 강조하는 한 가지 이유는, 다름아니라 오랜 세월에 걸친 무모한 유전공학적 시도를 감행하지 않고서는 우리의 생물학적 배경의 변화가 어려운 것처럼 보이기 때문이다. 반면 사회는 혁명에서 보듯이 변화될 수 있으며, 변화해 왔다. 잘못이 사회의 결함으로 돌려지면 질수록, 미래에 대한 희망은 점점 더 커진다. 원죄설이나 천부적 이기성이라는 우리의 생물적 특성은 정치적으로는 수동적 태도를 조장하며, 있는 그대로의 현상을 수긍하도록 만든다.

다윈이 인간은 사회를 필요로 한다는 것을 알고 있었듯이, 마르크스 역시 인간생명의 기본적 사실을 등한시하지 않았다. 그렇지만 사회가 우리에게 많은 영향을 미치는 것만큼이나 사회와 역사는 인간의 작품이다. 여기에 바로 인간이 사회를 창조하고 사회는 인간을 변형시킨다는 변증법적 과정이 존재하는 것이다. 그리고 이를 통해 인간은 그들의 사회적 환경을 변형시키고, 거꾸로 사회적 환경은 인간에게 영향력을 행사하게 된다. 마르크스주의자들은 역사의 전체 과정을 강조하면서, 인간 행위의 사회적 결정요인에 대해 지나치게 편향됨으로써, 어떤 면에서 보면 생물학적이라고 할 수 있는 인간을 망각한다. 마르크스가 고의적으로 아리스토텔레스의 '정치적 동물'을 인용하는 대목이 있다. 그는 말한다. "인간은 사회적 동물일 뿐만 아니라 사회를 벗어나서는 개인이 되지 못하는 문자 그대로 정치적 동물(zoon politikon)이다."[2] 함께 살면서 대화를 하는 개인이 없었다면 언어가 생길 수 없었던 것처럼, 우리는 사회의 영향을 벗어난 생산을 상상할 수 없다고 마르크스는 지적한다. 이러한 사실은 사회의 불가피성이 우리를 인간답게 만드는 데 있어 중요하다는 점을 입증하는 것이지만, 여전히 우리가 동물이라는 단순한 사실도 잊지 말아야 할 것이다. 많은 마르크스주의자들은 이러한 단순한 사실을 지극히 당연하게 여기면서도, 망각하고 있는 것처럼 보이기 때문이다.

마르크스는 다윈과 동시대인이었으며 다윈의 저작에도 관심을 가졌던 것이 분명하다. 그렇지만 마르크스에게 훨씬 중요한 영향을 미친 것은 독일철학이었다. 헤겔과 그의 저작, 특히 의식의 역할을 강조한 헤겔 추종자들의 영향이 컸다. 그렇지만 마르크스는 엥겔스에게 보낸 편지에서 『종의 기원』에 관하여 "이 책은 우리가 생각해 온 자연사의 근거를 다루고 있다"[3]고 말한다. 마르크스는 죽음이 과거에는 목적론과 결부되어 자연과학에서 논의되었음을 인정했다. 그는 "다윈의 저서는 매우 중요하며, 나에게 역사의 진행과정에서 계급투쟁의 자연과학적 근거를 제공한다"[4]고 적고 있다. 마르크스는 자연도태라는 다윈주의자의 개념을 역사적 변화에 대한 비유로 사용했다. 그는 다윈이 인간 사회의 변화에 대해 어떤 직접적 설명을 제시했다고는 생각하지 않았다. 경제체제는 새로운 사회환경에 적절히 대처하지 못할 때만 전복될 수 있다. 변화는 인간의 생물적 욕구와 직접 관련시켜서는 적절히 설명될 수 없다고 마르크스는 생각했다. 실제로 다윈은 "노동의 분화, 경쟁, 새로운 시장의 도래, '발명' 그리고 맬서스식의 '생존경쟁'"[5] 등으로 들끓던 당시 영국 사회의 모습을 야수와 식물 사이에서 찾으려 했다는 점에서 마르크스의 경멸을 받았다.

마르크스는 1883년 사망하여 런던 하이게이트 묘지에 묻혔다. 엥겔스는 추모사에서 마르크스의 업적을 요약하면서 의미심장하게 마르크스를 다윈과 비교하였다. 다윈은 생물체의 본성의 발전법칙을 발견했지만, 마르크스는 인간 역사의 발전법칙을 발견했다고 엥겔스는 말했다.[6] 엥겔스는 과학이나 예술, 종교를 추구하기에 앞서 인간은 먹고, 마시며, 잠자리와 의복을 구해야 한다고 주장했다. 따라서 생존의 수단 그리고 결과적으로 경제 발전이 모든 사회 정치적 체제의 근거를 형성할 수밖에 없다. 마르크스에 따르면 이러한 체제는 그 어떤 것보다 경제적 이익과 관련하여 설명되어야 한다는 결론이 나온다.

마르크스가 모든 것을 경제와 관련하여 설명하는 방식의 한 가지 예는 그의 대표 저작 『자본론』(*Capital*) 초판의 서문에 나온다. 방법론의 문제로서 그는 개인을 '의인화된 경제학적 범주, 즉 특정 계급관계와 이익의 담지자'로서 다룰 뿐임을 분명히 한다. 또 그는 사회의 경제적 구성체를 '자연사의 한 과정'으로 보려고 했다. 그는 경제적 이익이 우선임을 강조하는 한 예를 들면서, "영국 국교는 수입의 39분의 1을 훔치는 행위보다는 39개의 신앙 규칙 중 38개 조항을 어기는 것에 더 관대할 것이다"[7]고 말한다. 영국 교회에 대한 이러한 말은 다분히 경멸적이지만, 정치든 종교든 어떤 영역에서이건 간에 경제적 이익과 계급이익이 관념을 능가한다는 마르크스의 입장을 단적으로 보여 준다. 관념은 그 자체만으로 역사의 진행을 변화시킬 수 없으며, 따라서 객관적 경제 여건은 혁명에 의해 변혁되어야 한다고 마르크스는 믿었다. 우리는 그러한 여건의 변화 없이 인간을 변화시킬 수 없다.

철저한 경제적 결정론은 극단으로 흐를 수 있다. 만일 관념이 경제적 이익에 관한 요구에 의해 생긴 것이면서도 그러한 요구에 직면해서 무력하다면 어떻게 혁명에 대한 외침이 현실적으로 생길 수 있는가? 마르크스주의 역사는 인간 행위에 영향을 미치는 믿음의 위대한 힘을 논증하려는 역사이기도 하다. 우리가 할 수 있는 것이 고작 경제적 여건의 압박에 대한 반응일 뿐이라면, 착취를 당하며 그러한 여건의 변혁을 열망하는 혁명적 분노는 무의미한 것이 되고 만다. 경제적 요인들만이 사회를 붕괴시키든지 말든지 할 것이다. 우리의 욕구는 그러한 과정에 별다른 역할을 하지 않으며, 그 과정중에 따로 생기는 거품에 불과할 것이다. 우리는 경제적 여건에 좌우되는 무기력한 존재로서, 그러한 여건의 산물인가, 아니면 그러한 여건을 통제할 수 있는 존재인가? 마르크스는 사람들이 처한 여건을 인식하는 방법으로서 의식이 중요하다고 본다. 그러나 이러한 의식은 사회적 요인에 의해 왜곡되며, 따라서 '허위의식'을 밝히는 것이 언제나 마르크스주의자의 소임이었다. 우리는 우리가 처한 경제적 상황에 의해 영향받지 않고 그것을 사실 그대로 인식할 때에만 비로소 그것을 변화시키기를 바랄 수 있다. 혁명을 일으키는 주체는 사람들이기 때문에, 그들에게 그들이 처한 여건을 사실 그대로 보여주는 것은 중요한 절차가 된다. 경제적 여건은 혁명을 불가피하게 만들지만, 그것의 불가피성은 무엇이 그들에게 진정한 환경인가에 대한 깨달음의 결과이기도 하다. 분명히 환경이 인간을 만들지만, 마르크스는 '인간이 환경을 만든다'는 것도 믿었다.[8)]

역사는 우리를 만들고, 우리는 역사를 만들어간다

마르크스는 변화를 갈망했으며 더 좋은 사회를 창출하려고 했다. 그는 자본주의를 화폐를 생명으로 삼는 체제라고 생각했으며, 따라서 인간은 체계적으로 착취되고 평가절하된다고 여겼다. 그렇지만 자본주의는 역사의 진행과정의 한 단계에 불과하다. 그것은 봉건주의를 밀어낸 것처럼 밀려날 것이기 때문이다. 우리의 역사가 우리를 만들었지만, 우리는 역사를 만들어 간다. 그는 우리가 구제할 수 없을 정도의 이기적 존재라고는 생각하지 않았다. 마르크스는 적절한 조건하에서 우리는 서로 협동한다고 믿었다. 그는 과거보다 미래를 내다보았다. 우리가 살고 있는 사회에 의해 우리가 형성된 것이라면, 우리 자신을 부정하지 않는 한 우리는 그러한 유산을 인정해야 한다고 주장하는 사람들도 있을 것이다. 이러한 견해는 일부 보수주의적 이론의 결과이다. 그렇지만 마르크스는 우리가 변화하는 존재라고 믿었다. 그는 사회가 우리를 변형시키는 방식을 강조하고, 그러한 사회의 전복을 옹호하는 어려운 임무를 떠맡았다. 인간이란 적절한 사회적 환경이 주어질 때 본래의 그 자신이 된다고 믿었으며, 이러한 환경은 공산주의에 의해 마련된다고 생각했다. 물론 현재 우리는 그러한 환경에 놓여 있지 않다.

마르크스의 이론에는 '휴머니즘적' 요소가 있으며, 분명히 그것은 그가 엥겔스와 공동저술을 하기 이전 초기 저작에 나온다. 마르크스의 견해가 변경되었는가 아니면 발전했는가를 놓고 논쟁은 가열된다. 초기 그의 핵심개념은 소외였다. 그의 불만은 노동자들이 그들의 삶을 지탱해 주는 노동의 산물로부터 소외된다는 것이었다. 노동자는 많은 물건을 생산할수록, 점점 더 '소외된, 객관적 세계'에 놓이게 된다. 상품의 세계는 그 자체가 적대적인 힘을 갖고 있어 노동자들을 파멸시킨다. 실제로 상품이 많이 생산될수록, 노동력은 점점 더 상품화된다. 노동은 개인의 자유롭고 창조적 개성의 표현이 아니라 타락과 비인간화의 수단이다. "인간세계의 평가절하는 상대적으로 물질세계의 가치증대로 진척된다"[9]고 마르크스는 말한다. 그는 인간이라는 '종의 특성'은 '자유로운 의식적 활동'이라고 주장한다. 노동이 소외됨으로써, 노동은 "인간의 자유로운 활동을 수단으로 전락시킨다."[10] 인간을 동물과 구별짓는 의식적이고, 의도적인 노동은 왜곡된다. 노동은 더 이상 자유의 표현이 아니며 노동자를 압제하는 세계를 만드는 수단이 된다. 소외된 노동, 말하자면 소외된 생활에서 인간은 서로 분리되면서 사적 소유권이 등장한다는 사실이 문제의 핵심이다. 마르크스와 엥겔스의 공저인 『공산당 선언』(*The Communist Manifesto*)은 공산주의 이론을 한 마디로 사적 소유권의 철폐로 요약한다. 마르크스는 후기 저작에서 '소외'라는 용어를 별로 사용하지 않는다. 그러나 『자본론』에는 이와 유사한 '물신숭배'(commodity-fetishism)라는 개념이 자주 나온다. 마르크스는 '모호한 종교의 영역'(misty realms of religion)이라는 용어를 빌어 유비추리를 하고 있다.

> 인간 두뇌의 산물들은 생명을 부여받은 자발적 형태들로 나타나서 인류와 관계를 맺기도 하고 혹은 그들끼리 관계를 맺기도 한다. 상품의 세계에서 이러한 사실은 인간의 손으로 만든 생산물에도 적용된다. 노동의 산물이 상품으로 바뀌는 현상을 나는 물신숭배라고 부른다.[11)]

다시 말해 인간은 그들의 생산물을 그들 자신으로 파악하지 못한다. 마르크스는 종교의 근거를 인정하지 않는 유물론자였다(그렇지만 그는 홉스의 유물론을 '인간에 대해 적대적이었다'고 평가했다).[12)] 그의 철학사상은 극히 인간중심적일 때가 많았다. 그는 인간이 스스로를 통제하는 능력을 다시 회복하기를 원했다. 산업혁명의 초기 단계는 인간 타락의 사례가 많이 발생했으며, 마르크스는 『자본론』에서 가공할 만한 고통의 사례를 쉽게 인용할 수 있었다. 열악한 노동조건, 장시간의 노동, 어린이의 노동, 기계의 횡포는 모두 인간의 삶이 더 큰 이익의 수단으로 사용되는 방식을 예증한다. 개인들이 환경을 개선할 수는 있지만, 결국에는 모두가 어느 한 집단이 다른 집단을 착취함으로써 유지되는 자본주의 체제의 죄수라고 보았다. 철저하게 새로운 세계는 계급적 적대를 철폐할 때 가능하다. 말하자면 자본주의 체제 자체가 공장노동이 열악한 조건에서 이루어질 수밖에 없도록 만든다고 그는 주장했다. 그의 구체적인 공격목표는 '공장체제의 국가' 영국이었다. 그는 영국의 공장법(British Factory Acts)이 일부 유익한 결과를 낳았음을 인정하지만, 자본주의자의 손아귀에 놓인 그러한 공장체제는 "노동자가 일하고 있는 동안에도 그의 생존에 필요한 것들을 조직적으로 착취"[13]하고 있다고 불평했다. 공장은 최소한의 작업공간, 밝은 조명, 쾌적한 공기를 결여했던 것이다.

마르크스는 사회계급의 분화를 노동의 분화에서 찾았다. 실제로 그는 '노동의 분화와 사적 소유권은 동일한 표현'[14]이라고 주장했다. 이로부터 개인들 사이에서 발생하는 이익갈등이 표출된다. 뿐만 아니라 이로부터 "인간의 행위는 그 자신과 맞서는 소외된 힘이 된다"는 사실도 나온다. 저마다 사람은 사회적 역할, 즉 피할 수 없는 행동영역을 갖는다. 사람은 사냥꾼이 될 수도 있고 어쩌면 어부도 될 수 있고 양치기도 될 수 있으며, 자신의 삶을 영위하려면 그러한 직업에 종사해야 한다. 그렇지만 고정불변의 것처럼 보이는 사회구조가 변할 수 있음을 마르크스는 항상 염두에 둔다. 사회구조에 대한 우리의 이해는 사회의 산물이다. 우리는 윗세대들로부터 우리의 삶을 지배하는 생산력의 총합을 물려받았다. 마르크스는 계속해서 주장한다. "이러한 생산력의 총합, 자본 그리고 상호관계의 사회적 형식은 어떠한 개인과 세대에게라도 천부적이라고 여겨지는 것으로서, 철학자들이 '실체'로서 그리고 '인간의 본질'로서 간주해 왔던 것의 진정한 토대이다."[15]

달리 말하면 우리의 본성은 특정한 생산양식의 산물에 불과하다. 생산양식이 변하면, 이른바 '인간 본성'도 변한다. 마르크스는 이념만으로 사회를 변혁시킬 수는 없기 때문에 혁명의 이념 이외에 다른 것이 필요하다고 경고한다. 그는 혁명의 물질적 조건도 마련되어야 한다고 지적한다. 사회조건에 의한 혁명의 물질적 토대가 미처 마련되지 않은 상태에서 국가를 전복시킬 수 있는 혁명이란 없다. 여기서 그는 자신이 철저한 유물론자임을 보여주고 있다. 인간은 물리적 세계의 한 부분으로 확고히 자리잡고 있다. 마르크스는 환경과 유리된 '순수한' 의식에는 전혀 관심을 두지 않는다. 그는 '정말로 살아있는 개인들의' 의식, 다시 말해 특정 사회, 특정 역사 속에 처해 있는 사람들의 사유 방식에 대해서만 관심을 기울인다.[16] '물질적 토대'가 그렇듯이, 사유도 추상적인 것이 아니라고 그는 생각한다. 우리는 물질세계에서 발생한 그 무엇으로 말미암아 생각하고 행위할 뿐이다.

인간 본성은 사회조건의 산물이다

마르크스는 '역사를 만들기' 위해서 우리는 먼저 생존할 수 있어야 한다고 생각했다. 의식주와 같은 인간의 기본 욕구가 먼저 충족되어야 한다. 그렇지만 이러한 욕구는 새로운 욕구를 낳게 된다고 그는 생각했다. 그런데 우리의 욕구와 선호의 대부분은 실제로 사회에 의해 형성되는 것으로, 고정불변하는 인간 본성의 결과가 결코 아니다. 광고가 새로운 수요를 창출하는 것이 이에 대한 현대적 사례가 될 것이다. 사회를 설명할 때, 이와 같이 우리의 욕구와 필요가 사회의 산물임을 지나치게 강조하는 것이 전형적인 마르크스주의자의 설명방식이다. 문제는 그러한 설명에서 인간 본성의 생물학적 근거를 완전히 배제할 위험이 따른다는 것이다.

그렇지만 고정불변하는 것처럼 보이는 인간 본성의 상당 부분이 가변적인 사회조건으로 소급되더라도, 이러한 소급과정이 무제한적이어서는 안 될 것이다. 이러한 소급과정이 제한적이어야만 '비인간화'의 개념도 설득력을 지니게 될 것이다. 마르크스는 현존하는 자본주의 사회가 분명히 어떤 기준에 위배된다고 판단한다. 그는 인간이 자신의 진정한 자아를 찾을 수 있는 이상사회에 대해 비전을 제시한다. 그렇지만 명백히도 인간적인 일체의 것이 사회의 산물일 수밖에 없다면, 현존하는 모든 사회에 결함이 있다는 것을 확인할 길이 없다. 인간 본성에 관한 설득력있는 외적 기준도 존재하지 않는다. 마르크스는 인간의 본성은 마땅히 어떠해야 한다는 기준을 마련해야 한다. 그는 현존 사회의 비판의 근거가 될 수 있는 추상적인 철학적 개념을 마련해야 한다. 도덕에 대한 마르크스주의자의 비판이 전개되는 방식에서도 유사한 문제가 발견된다. 도덕은 '부르주아적'인 것이고 특정 시대, 특정 사회, 특정 집단의 믿음으로서, 어떤 한 계급의 이익을 증대시키는 데 기여할 뿐이라고 자주 경멸받기 때문이다. 이러한 비판의 근거를 제시해야 함에도 불구하고 마르크스 자신은 열렬한 확신을 갖고 자본주의의 사악함을 비판한다. 그는 진리를 말하는 것처럼 보이지, 어떤 계급 편견에 호소하거나 공허한 수사법을 사용하는 것처럼 보이지는 않는다. 공장 환경의 잔혹함은 엄밀히 말하면 인간이 인간으로서 마땅히 받아야 할 대우를 전혀 받지 못했기 때문에 생겼다는 것이다. 자본주의는 인간이 마땅히 따라야 하는 삶의 방식을 전혀 고려하지 않았다는 것이다.

마르크스는 인간의 적합한 조건에 대해 어떤 관점을 가지고 있었으며, 그것은 미래의 공산사회에 대한 비전과 결부되었다. 그의 비전을 보여주는 유명한 문구가 하나 있다. 그는 어떠한 노동분화도 없으며, 따라서 계급 없는 사회에서 모든 사람이 개인적 이해에 매달리지 않고 서로 협동하는 시대를 예견한다. 흄이 자원의 결핍과 선의의 결여 때문에 생기는 문제를 해결하기 위해 정의가 필요하다고 생각했던 것과는 다르게, 마르크스는 완전한 사회에서는 풍요와 이타성이 생길 거라고 믿었다. 그러한 사회는 완전한 사회이기 때문에, 흄이 생각했던 정의란 어떤 의미에서 더 이상 필요하지 않다. 그러한 사회는 천국의 세속적 형태라 할 수 있다. 이러한 사회에서는 어느 누구도 경제적 이유로 제약받거나 독점적인 활동영역을 갖지 않는다. 따라서 마르크스는 '사회가 일반적 생산을 규제' 하는 한, "사냥꾼이나 어부, 양치기, 학자가 되지 않고서도 마음먹은 대로 오늘 이 일을 하고 내일 저 일을 하면서, 아침에는 사냥을, 오후에는 낚시를, 저녁에는 소먹이는 일을, 저녁을 먹은 후에는 토론을"[17] 할 수 있다고 생각했다.

마르크스는 우리의 잠재능력이 함부로 훼손되지 않음으로써 정말로 인간적일 수 있는 어떤 사회를 기대했다. 그는 개인의 '자아실현' 의 중요성을 강조했다.[18] 이것은 사회주의가 개인의 이익보다는 대중이나 집단에 더 큰 관심을 갖는 것으로 묘사되는 것에 비추어 볼 때 자못 놀랄 만하다. 대중이나 집단에 대한 관심을 갖게 하는 것이 완전한 공산사회를 달성하는데 필요한 정책이라고 주장하는 사회주의자들이 있다는 것은 분명한 사실이다. 그러나 마르크스는 진정으로 참된 공산사회에서 각 개인은 창조적 활동을 통해 그들의 본질을 실현할 자유를 가져야 한다고 생각했다. 그는 '자유'와 '노동'을 '개인의 자아실현'과 일치시키려고 한다. '노동'은 인간이 그 자신을 진정으로 드러낼 수 있는 창조적이고 의도적인 작업을 의미하며, 그것은 결코 산업혁명이 만들어내는 고달픈 작업이 아니다. 그렇다고 마르크스가 단순히 나태한 쾌락행위를 노동이라고 생각한 것은 아니다. 그는 작곡처럼 엄청난 노력이 요구되는 것을 '진정으로 자유로운 노동'의 예로 들었다.

마르크스가 신봉하고 있는 것처럼 보이는 경제결정론은 사회 양식의 한 특질에 불과하지만, 고정불변의 특질은 아니었다. 그는 자본주의로부터 야기된다고 생각하는 억압을 제거하려고 했다. 우리를 제약하는 억압과 족쇄가 제거되었을 때의 진정한 자유가 그의 목표였다. 1848년 마르크스는 엥겔스와 공동저술한 『공산당 선언』을 다음과 같이 끝맺고 있다. "지배계급으로 하여금 공산혁명에 대한 불안에 떨게 하자. 노동자계급은 족쇄 말고는 잃을 게 없다."[19)]

만인의 창조성을 발현시키는 사회에 대한 마르크스의 묘사는 인간적 사회에 대한 묘사이기도 하다. 엄격하게 일관성을 유지하려면 그는 프롤레타리아뿐만 아니라 다른 계급들도 그러한 종류의 자유가 필요한 이유를 입증해야 한다. 모든 계급은 똑같이 경제체제의 죄수들인 것이다. 지배계급은 다른 사람을 이용하여 이익을 얻을 수 있으나, 그들도 사실은 진정한 자유를 향유하고 있지 못하다. 마르크스는 '자유로운 경쟁이 인간 자유의 최종적 발전 단계'[20)]라는 생각을 모순이라고 논박한다. 그러한 모순은 전적으로 자본주의의 지배체제에서 발생하는데, 그것은 자유로운 개성발휘의 예가 결코 아니다. "자유로운 경쟁이 생산력 발전단계의 최종형식이며 따라서 인간 자유의 최종형식이라는 주장은, 중간계급의 지배가 세계역사의 마지막 단계임을 의미할 뿐이다."

그의 말처럼, 이것은 중간계급의 구성원들에게는 유쾌한 생각일지 모른다. 그렇지만 중간계급이 그들의 위치에서 아무리 많은 이익을 얻고 있더라도, 그들 자신의 인간적 잠재력은 실현되지 못한다는 것이 마르크스의 견해이다. 그러나 마르크스는 이른바 몰인정함보다는 노동계급에 대한 착취에 초점을 맞추려고 했다. 바로 이것이 한 계급에서 다른 계급으로 증오의 화살을 돌리게 만드는 것이기도 하다.

탐욕과 이기성이 제거됨으로써 획득되는 풍요로운 세계에 대한 유토피아적 비전은 바람직한 것처럼 보이지만, 진짜 문제는 그것이 실현될 수 있느냐는 것이다. 노동분화 없는 인간 재능의 자유로운 실현은 이 세상에 풍요로움을 가져다 줄 수도 있지만, 그렇지 못할 수도 있다. 먼저 물질적 보상이 있어야만, 이렇듯 목가적인 세상이 이루어질지도 모른다. 어느 정도까지 노동을 통해 인간적인 목표가 달성될 수 있는지, 혹은 기본 생필품이 얼마나 마련되어야 자유의 영역이 실현될 수 있는지에 관해 마르크스가 언제나 분명한 입장을 취한 것은 아니었다. 공산주의는 노동과 여가 중 무엇에 더 중점을 두는 것일까? 『자본론』에서 마르크스는 자유의 전제 조건인 '필요의 영역'을 언급하고 있다. "노동 일수의 단축은 근본적인 전제 조건이다"[21]라고 그는 말한다. 물론 어떤 사회든지 생활 필수품을 생산해야 한다.

뿐만 아니라 마르크스는 사회주의가 이타주의를 낳게 되어 각 개인은 자신의 이익보다도 공동이익을 추구할 거라고 전제한다. 아마도 그는 풍요한 세계에서는 그 누구도 탐욕적이어야 할 필요가 없어진다고 생각했는지 모르지만, 이러한 생각은 인간의 이기성이 얼마나 깊숙이 각인되어 있는가에 관한 문제를 제기한다. 충분히 많은 재화를 갖고 있는 사람이라도 더 많은 것을 원하는 수가 있고, 그러한 부자라도 탐욕스럽지 않은 것은 아니다. 마르크스는 이러한 탐욕이 경제체제에서 비롯한다고 비난할지 모르나, 인간의 이기성은 뿌리깊게 각인되어 있어서 어쩌면 우리의 생물학적 유전의 결과일 수도 있다는 것을 고려하지 않을 수 없다. 사실이 그러하다면 사회변혁을 통해 인간의 이기성은 근절되지 않을 것이다.

자아실현에 대한 마르크스의 언급은 모호하며, 자아에 대한 명확한 견해는 그 어느 곳에도 나타나 있지 않다. 마찬가지로 공동이익의 개념도 명확하지 않다. 단순히 공동선을 내세우는 것만으로는 우리 모두가 우리의 선에 합의해야 한다고 말하는 것이 그렇듯이 불충분하다. 마르크스는 공산주의 이론에 입각하여 어떤 사회가 좋은 사회인가에 관해 이견이 생기지 않을 거라고 전제한다. 뿐만 아니라 그는 우리가 좋은 사회를 이룩하는 방법을 알 수 있음을 전제해야 한다. 어떤 사회가 좋은 사회인가에 관해 이견이 생기지 않을 거라는 생각은 낙관적인 전제일 수 있지만, 그러한 사회를 이룩하는 방법을 알 수 있다는 것은 특히 우려할 만한 전제이다. 마르크스의 주장은 공동체 속에서 살아가는 소규모의 기능집단에 적용될 수 있지만, 지극히 복잡다단한 현대 사회에 적용되기란 쉽지 않다. 정부에 의한 중앙통제는 사회주의의 이상에 접근하는 것처럼 보이지만, 성공을 거두려면 국가는 어느 한 집단의 사람들에 국한되지 않고 인간 행태의 복잡함을 이해할 수 있어야 한다.

마르크스는 완전한 사회라든가는 인간 잠재능력의 실현에 대한 몽상적 사변보다는 계급갈등에 더 많은 관심을 기울였다. 그는 우리에게 열려진 온갖 가능성에 대해서보다는 자본주의의 잔혹함에 더 강한 확신을 갖고 있었다. 사실 인간이 정말로 자유로울 때 어떻게 변화할지를 예측할 수 없었을 것이다. 인간의 미래는 자기 창조의 능동적 과정이 될 것이다. 그렇지만 인간의 미래에 대한 유토피아적 비전은 도전적인 것만큼이나 불안을 자아내는 것이기도 하다. 우리의 미래에 대해 명확한 관념을 갖지 못한다면, 우리가 소유한 모든 것의 파멸을 초래하게 될지도 모른다.

혁명을 통해서 인간은 변화한다

마르크스는 현존하는 모든 사회체제를 심각한 회의의 눈초리로 바라보았다. 예를 들면 '가족제도 속에 잠재해 있는 노예제'[22]를 언급하기도 한다. 그는 평등한 권리에 대한 요구까지도 유보되는 공산사회의 한 형태에 대한 비전을 갖고 있었다. 사회는 "능력에 따라 일하고, 필요에 따라 갖는다"[23]는 이념에 입각해야 한다고 말한 것은 유명하다. 같은 양의 노동에 대해 같은 양의 몫을 분배하는 것으로는 불충분하다는 것이 그의 주장이다. 결혼한 사람도 있고, 그렇지 않은 사람도 있으며, 자식의 수효도 사람마다 다르기 때문이다. 같은 몫을 갖는 것은 불평등을 더욱 증대시킬 뿐이다. 그렇지만 마르크스는 이러한 불평등을 자본주의 이후에 대두하는 공산주의의 첫단계에서 불가피한 현상으로 보았다.

공산사회에서 가족제도의 미래는 매우 불확실하다. 『공산당 선언』에서 가족제도는 자본에 기초한 부르주아 제도로 간주될 뿐이다. 실제로 "완결된 형태의 가족제도는 부르주아 사이에서만 존재한다"[24]고 주장한다. 『선언』은 산업화가 어떻게 프롤레타리아의 가족제도를 해체시키는지, 어린아이들이 어떻게 '일개 상품과 노동 수단으로 전락하게' 되었는지를 보여준다. 따라서 부르주아의 '가족에 관한 논의'는 본질적으로 위선적이며 논술가들의 자기 만족에 지나지 않는다는 것이다. 매춘이 존재한다는 사실도 재치있게 언급되고 있다. 또 『선언』은 "노동자들에게는 국적이 없다"는 것을 강조하면서, "우리는 그들이 갖고 있지도 않은 것을 착취할 수 없다"[25]고 덧붙이고 있다. 『선언』의 이러한 관점은 확실히 국제적이며, 그것은 공산주의가 늘 보아왔던 인생의 여러 이정표들을 어떻게 옮겨놓으려고 하는지를 강조한다.

마르크스는 사회적 전통이나 개인적 습관을 전혀 존중하지 않는다. 그는 흄처럼 관습을 강조하지도 않으며, 아리스토텔레스처럼 습관적 행동에 의한 덕 있는 성품의 계발도 강조하지 않는다. 그는 사회적 차원과 개인적 차원에 놓인 우리의 기본 신념과 성향이 특정한 경제체제의 작용에서 유래한다고 믿기 때문에, 대규모의 혁명을 통해서만 사람들은 변화될 수 있을 뿐이라고 주장한다. 마르크스의 관점에서 사회적 영향이 무엇보다 우선하기 때문에, 동일한 경제적 요인이 동일한 사회적 결과를 낳는 한 사람들은 크게 달라질 수 없다. 모든 것이 자본의 이익에 맞도록 재단될 것이기 때문이다. 그는 자신이 옹호하는 혁명에 대해 다음과 같이 언급한다. "따라서 이러한 혁명이 필수적인 까닭은 다른 방법으로는 지배계급이 타도될 수 없기 때문이며, 지배계급을 타도하는 계급은 혁명을 통해서만 시대의 모든 폐악을 제거하는 데 성공할 수 있고 사회를 새롭게 건설할 수 있기 때문이다."[26]

'시대의 폐악'이라는 말은 혁명을 정화(淨化)의 한 형태로 만들어 주며, 혁명의 원인에 그럴듯한 도덕적 근거를 제공한다. 피흘림을 정화와 연관시키는 수사법은 이미 오래 전부터 사용되어 왔던 방식이다. 그러나 언제나 위험은 폭력과 죽음이 사회에 난무할 때 그것을 다시 규제하기는 어렵다는 데서 생긴다. 마르크스가 특별히 혁명을 생각하게 된 것은 사회계급의 중요성을 강조했기 때문이다. 완전한 공산사회는 계급 없는 사회이지만, 현존하는 자본주의 사회의 시민들은 그들의 계급과 관련하여 파악될 수 있을 뿐이다. 그들은 경제구조가 결정하는 대로 자신들에게 이익이 되는 행위를 해야 한다. 프롤레타리아는 자신의 적대계급을 올바로 인식하고 그에 따라 행위해야 한다. 마르크스는 사회의 서로 다른 부분이 전체의 선을 위해 서로 분리되어 기능해야 한다는 사회 '유기체'론을 주장하지는 않았다. 적어도 혁명이 일어날 때까지 그의 이론은 화합보다는 갈등을, 협동보다는 증오를 불러일으키는 일종의 강령이라고 할 수 있다.

혁명을 옹호하려면 사회의 근본적 변화가 현존하는 사회에서 표출되는 인간 본성을 변화시킬 것이라는 전제가 필요하다. 그렇지만 자연도태가 우리를 자기중심적으로 만든다고 하면, 우리는 자본주의 사회에서와 마찬가지로 공산주의 사회에서도 같은 경향을 갖는 생물체가 될 것이다. 반면에 만약 우리가 잠재적으로 합리적인 자유선택의 능력과 아울러 악에 대한 어떤 편견을 갖는 불멸적 영혼의 존재라면, 지구상의 완전한 사회는 이미 예정된 것이 된다. 뿐만 아니라 도대체 왜 현재상태의 친숙함을 받아들이지 않고 혁명의 불확실함을 적극적으로 추구해야 하느냐라는 매우 실질적인 문제가 생긴다. 사람들은 본성적으로 보수적이라는 증거도 있다. 적어도 흄의 견해는 그렇다. 실제로 마르크스는 프롤레타리아가 자신들의 진정한 이익이 어디에 있는지를 제대로 알지 못할 수도 있음을 인정했으며, 혁명적 지도자들도 종종 일반인들이 자신들이 처한 상황의 진상을 모르고 무리한 요구를 해올 때, 그것을 묵살할 수 있다고 생각한다. 설령 일반인들이 자신들이 처한 상황의 진상을 모르고 있다 하더라도 문제의 복잡성은 그들이 여전히 변화를 원하지 않을 수 있다는 데 있다. 많은 사람들은 경제적 관점에서 볼 때 자신들이 최하층에 가깝다 하더라도 그들의 가족과 국가에 매우 집착한다. 다윈은 이러한 집착이 엄밀한 의미에서 자연적인 것이라고 명확히 논증했다. 거듭 말하지만 문제는 우리 품성에 대해 사회적 결정요인이 지배적 요인이냐 하는 것이다.

혁명의 필요성에 관한 또 다른 문제는 동기 유발에 초점이 맞추어진다. 나는 가난하고 착취당할 수 있으며 그것을 알고 나서 내가 처한 상황을 바꾸길 원할지 모른다. 그렇지만 그렇다고 해서 내가 열렬한 혁명주의자가 되는 것은 아니다. 공산사회를 이룩하기 위해서는 많은 피를 흘리게 될 것이고 그중 일부는 나의 피가 될지도 모른다. 나는 나의 희생의 열매를 맛보지 못하고 죽을지도 모른다. 대다수의 프롤레타리아는 온갖 고통을 감수하면서 소수의 프롤레타리아가 잘살 수 있도록 모든 것을 희생하도록 요구받고 있다. 선견지명을 갖춘 혁명주의자는 지독한 이타주의자이어야 한다. 그럼에도 불구하고 계급의 역할을 마르크스는 강조함으로써, 자기 충족적이며 타인에 대해서는 관심을 쏟지 않은 채 자신의 이익의 관점에서만 결단하는 원자론적 개인사회로부터 벗어나고자 한다. 개인들이 어느 정도까지 필요한 희생을 기꺼이 감수할 것인가에 관해 문제를 제기하는 것은 마르크스가 미처 생각하지 못했던 사회 모델을 악의적으로 이용했기 때문에 가능한 것인지도 모른다. 그는 전면적 혁명의 과정이 불가피하다는 입장이었다. 자본주의는 이러한 압박과 억압의 기제를 수립함으로써, 프롤레타리아로 하여금 혁명이외에 선택의 여지가 없게 만드는 내적 모순을 만들었다. 자본주의의 역사적 운명은 내적 모순을 예정하고 있다.

인간 사회보다 뿌리깊은 인간 본성

어떤 사상가도 마르크스만큼 현대 세계의 정치구조에 대해 심각한 영향을 미치지는 못했다. 마르크스가 예언한 것처럼 가장 진보된 산업국가에서 혁명은 일어나지 않았지만, 마르크스의 사상은 20세기의 여러 혁명을 낳았다. 그렇지만 어떤 사회도 진보된 공산사회로의 접근에 성공하지 못했다. 분명히 마르크스의 목표처럼 보였던 국가 소멸 이후의 낭만적 개인주의는 어느 곳에서도 찾아 볼 수 없었다. 심지어 명백한 공산주의 사회마저도 마르크스의 추종자들에 의해 '국가 자본주의' (State capitalism)의 사례라고 비난받았다.

국가경제의 모든 중요한 부문에 대해 공공소유권을 갖는 중앙통제체제는 많은 영역에서 정부의 권력을 증대시켰다. 그렇지만 이러한 체제의 엄격성과 견고성은 헌신적인 마르크스주의자까지도 우려하게 만들었다. 현대사회의 복잡함은 전면적인 관료적 통제를 어렵게 한다. 그렇다면 국가체제의 운용에 대해 전문적인 관심을 갖는 새로운 관리와 관료의 등장을 반드시 냉소적으로 바라볼 필요는 없다. 마르크스의 관점에서 이러한 계급은 생산력의 발전단계의 결과로 출현하는 것으로 논의될 수 있다. 문제는 그러한 계급이 자리잡으면서, 그것의 일차적 목적이 영구히 지속되리라는 데 있다. 그래서 중앙통제의 지배를 덜 받는 보다 유연한 사회주의를 건설하고자 하는 시도가 있어 왔다. '시장사회주의' (market socialism)는 생산수단의 집단소유를 옹호하는 한편, 재화의 분배를 유도하는 모종의 시장 메커니즘을 고수한다. 그러한 시도가 자기 모순적인가의 여부는 확인해 볼 문제이지만, 그것은 경제학의 주요 문제이기도 하다. 그러나 마르크스는 한층 더 심오한 철학적 차원에서 잘못된 인간조건이 무엇인가 그리고 그것을 어떻게 바로 잡을 수 있는가의 문제를 제기하고 있다. 모든 경제이론은 인간 본성에 관한 가정에 의존하지 않을 수 없기 때문이다.

무엇보다도 마르크스는 인간의 완전함을 신뢰했다. 그는 자본주의 사회의 구조에 의해 우리가 살아가야 하는 삶은 방해받고 좌절하게 된다고 믿었다. 이러한 구조가 척결될 때, 진정으로 인간적인 모든 것을 제대로 꽃피울 기회가 생긴다. 그렇지만 혁명 후의 사태를 검토하면서 이른바 마르크스주의 국가에서 인간 본성을 제대로 꽃피운 사례가 있는지를 묻는 것은 부적절한 처사가 아닐 것이다. 혁명적 작업이 부적절한 것처럼 보일 수도 있는 것은, 특히 어떠한 사회도 마르크스가 공산주의의 마지막 단계로 예견한 것을 성취한 적이 없었기 때문이다. 사람들의 행동과 말이 일치하지 않을 수도 있다는 것은 상식이기에, 그런 사실만으로 마르크스주의자들이 주장했던 바의 타당성이 훼손되는 것은 아니다. 기독교 자체의 기준에 따라 판단하더라도 기독교 교회의 역사는 한탄스러울 때가 적지 않았다. 그렇다면 도대체 왜 마르크스주의에 대해서만은 다르게 생각해야 하는가? 그렇지만 원죄를 기독교에서 강조했다는 것은 어떤 제도라도 인간의 이기성을 완전히 정화시키기 어렵다는 사실을 시사해 준다. 문제는 마르크스주의자들이 왜 자신들의 목적을 성취하기 어려운지를 설명할 수 있느냐 하는 것이다. 사회의 경제적 토대가 마르크스주의자의 원리에 따라 구성될 때, 왜 마르크스의 예견대로 공산주의가 도래할 수 없는가에 대한 이유는 없는 것처럼 보인다.

근본적인 물음은 순수한 공산주의를 창출하는 데 도저히 극복할 수 없는 인간 본성상의 장애가 있느냐 하는 것이다. 과연 새로운 인간상의 가능성에 대한 마르크스의 유토피아적 몽상이 우리의 근본적이고 고정불변하는 본성에 위배되는가? 사회의 외적 조건이 바뀌면 탐욕과 이기심이 사라지리라고 장담할 수 있는가? 한 사회에 있어 경제적 사실들이 변화했다는 이유만으로 사람들의 협동적 성향이 더 강화될 수 있는가? 공산사회에서는 모든 갈등이 정말로 제거될 수 있는가? 이러한 물음들은 쉽게 대답할 수 있는 것이 아니다.

인간 본성에 관한 어떤 이론에서든지 갈등은 중요한 사실이다. 갈등은 개인의 내면이나 사람들 사이에서 발생한다. 홉스류의 이론은 어떻게 우리가 갈등과 더불어 살아가고, 그것을 통제할 수 있는가를 보여주는 반면, 적극적으로 갈등을 치유하려는 이론도 있다. 마르크스는 모든 갈등이 계급투쟁에서 비롯하므로 계급 없는 사회에서는 갈등이 존재하지 않을 것이라고 믿는다. 인간의 모든 문제는 사회에 기원을 두기 때문에 사회가 올바르게 정립되면 문제는 사라지게 된다. 그러나 자본주의 사회의 갈등을 진단하는 데 있어서 마르크스가 옳다 하더라도, 그는 인간경험이라는 폭넓은 영역을 다루지 않고 있다. 특히 그는 우리의 개인 심리학과 생물학에서 유래하는 문제점들, 따라서 기원상 사회 구성 이전에 생긴 문제점을 간과하고 있다. 예를 들면 일찍이 플라톤이 설명하였고, 프로이트에 의해 훗날 연구된 인간 내면의 갈등은 고려되지 않고 있다. 정념에서 벗어난 인간 이성의 능력은 계급 이익을 고려하지 않을 수 없는 경우에라도 쉽게 간과되어서는 안 될 것이다. 사실 마르크스주의자들은 다른 사람들의 판단은 철두철미하게 편향되어 있는데 반해, 왜 자신들만은 사물을 명철하게 파악할 수 있는지를 입증하기 어렵다고 느낄 때가 적지 않다.

마르크스의 업적은 우리의 사유에 있어서 그리고 우리가 어떤 종류의 인간이 되는가에 있어서 사회가 미치는 영향력에 초점을 맞추었다는 데 있다. 여기에 덧붙여 그는 사회가 경제적 요인에 의해 형성되는 방식을 강조했다. 그렇지만 결국 사람들이 속하는 사회의 경제구조를 변화시켜 어느 정도까지 사람을 변화시킬 수 있는가 하는 반복되는 문제에 우리는 직면한다. 인간 본성은 인간 사회보다 더 뿌리깊다. 사실이 이러하다면 사회는 인간 본성의 원인인 것만큼이나 인간 본성의 표출이라고 할 수 있다.

프로이트(S. Freud)

아버지를 죽이고 어머니와 결혼한 오이디푸스의 후예

에고와 이드의 관계에서 에고는 말을 탄 사람과 같다.
그는 말의 넘치는 힘을 제어할 수 있어야 한다.

의식을 지배하는 무의식

과학의 진보는 우리의 환경을 통제하는 능력을 신장시켰으나, 우리의 진정한 문제 가운데 상당수가 우리 자신에게 있다는 것도 점차 더욱 분명해졌다. 우리는 자주 어렴풋이 알고 있는 우리 내면의 힘에 휩쓸린다. 다른 사람을 사귀는 것이 어렵다고 느낄 때도 있다. 인간 행복의 주요한 장애는 인간 본성 자체에 있는지도 모른다. 따라서 인간성의 결함에 대해 과학적 진단을 시도한 인물이 20세기에 가장 큰 영향을 미친 사상가로 등장하게 되는 것은 그다지 놀랄 만한 일이 아니다. 과학적 진단 그 자체는 인간 구원에 대한 현대적 해석을 제공했다. 우리 자신과 우리 내면의 충동에 대한 보다 면밀한 이해를 통하여, 우리는 더욱 많은 자율성을 확보할 수 있게 되었다.

지그문트 프로이트는 1856년 모라비아의 유대인 가정에서 태어났다. 그는 오스트리아가 나치에 점령되어 런던으로 망명하기 전까지 빈에서 거의 모든 생애를 보냈으며, 1939년 망명지인 런던에서 사망하였다. 그가 지적했듯이, 그의 주저 『꿈의 해석』이 1900년에 출간되었으므로 정신분석학의 탄생은 20세기의 시작과 일치한다. 이 책에서 그는 모든 꿈은 본질적으로 욕구의 충족을 반영하는 비밀스런 의미를 갖는다고 주장하였다. 프로이트가 설명하듯이, "꿈의 해석은 마음의 무의식적 활동에 대한 앎에 이르는 왕도이다."[1] 마음에서 일어나는 많은 사건, 어쩌면 대부분의 사건은 무의식적이라는 생각이 무엇보다도 중요했다. 프로이트는 그러한 생각을 정신분석학의 근본전제로 간주했다. 이러한 생각은 인간이 스스로에 대해 갖고 있는 이미지가 부분적으로만 타당하다는 것을 의미하는 것이기도 하다. 프로이트가 옳다면, 인간은 의식이 헤아릴 수 없는 심층적인 측면을 갖게 된다.

우리의 본능은 우리가 잘 알지도 못하고, 굳이 알려고 하지도 않는 그런 것처럼 보인다. 본능 때문에 인간의 합리성은 덜 중요한 것처럼 보이기도 한다. 우리의 행위가 숙고된 합리적 결단의 결과가 아니라 무의식적인 강력한 본능적 충동의 결과라면, 인간성에 관한 많은 전통적 견해들은 위기에 처할 것이다. 특히 우리 자신을 통제함에 있어 우리가 도덕적으로 책임을 져야 하느냐가 문제가 될 것이다. 이 모든 것은 니체의 관점과 분명히 연관된다. 인간 이성에 대한 이러한 공격은 공인된 동기 속에서 파악되던 행위의 '진짜 동기'를 폭로하게 된다는 점에서도 대단히 매력적으로 들린다. 프로이트는 마음의 '안정'을 유지하려고 오랫동안 니체의 저작을 기피했다고 말하기도 했다. 그는 자신이 니체의 저작에 얼마나 호감을 갖고 있었는가 그리고 얼마나 영향을 받았는가를 잘 알고 있었다. 그는 니체에 대해 매우 놀랍게도 "그의 추론과 직관은 정신분석에서 어렵게 얻은 결과와 일치하는 수가 적지 않았다"[2]고 말한다. 그렇지만 니체의 영향은 프로이트가 인정하기 주저했던 것보다 훨씬 직접적이었던 것처럼 보인다.

더욱 확실한 것은 다윈의 영향으로, 다윈의 이론은 프로이트를 강렬하게 매료시켰다. 프로이트는 학창시절에 "세계에 대한 우리의 인식에 있어서 비약적 발전이 있기를 희망을 품고 있었다"[3]고 술회했다. 그는 우리 자신에 대한 우리의 인식의 진보과정에서 다윈의 중요성을 의심하지 않았다. 그는 과학이 '사람들의 소박한 자기애'에 대해 세 가지 주요한 충격을 가했다고 생각한다. 첫째는 지구가 우주의 중심이 아니라는 사실이 발견된 것이다. 둘째는 다윈과 월리스의 업적으로서〔다윈편 참조〕, 생물학이 창조의 과정에서 우리가 누리고 있다고 생각했던 특권적 지위를 박탈하고 우리의 동물적 본성을 밝혀낸 것이다. 프로이트는 흥분하여 계속해서 다음과 같이 말한다. "인간의 과대망상은 현재의 심리학적 탐구로부터 가장 치명적인 세번째의 타격을 받는다. 심리학적 탐구는 에고(ego)가 결코 자기 자신의 주인일 수 없으며, 마음 속에서 무의식적으로 전개되는 사건에 대한 극히 미미한 정보에 만족할 수밖에 없음을 입증하려고 한다."[4]

프로이트는 인간의 가치와 존엄성에 대한 이러한 공격이 인간의 감성에 강도 높은 타격이 되리라는 것을 잘 알고 있었기에 맹렬한 반론에 부딪쳐서도 별로 놀라지 않았다. 그는 다윈도 같은 문제에 직면했음을 강조했으며, 그러한 격렬한 반발을 그들 자신에 대해서 진리를 깨우치지 않으려는 사람들의 '저항'으로 치부했다. 프로이트에게 반론이란 자기 이론의 타당성을 더욱 확실하게 해주는 논증에 지나지 않았다.

정신분석학의 가장 두드러진 특질은 우리의 정신 생활을 우리의 의식과 일치시키기를 거부하는 데 있다. 마음과 신체의 이분법에서 마음과 의식이 동일시되어야 한다는 전제가 수시로 통용되고 있지만, 반드시 그래야 하는 것은 아니다. 프로이트의 무의식에 대한 관점을 우리 마음의 인식에 대한 주목할 만한 기여로 간주하는 이원론자도 있다. 정신분석이론의 취지는 노이로제에 대한 의학적 진단에 필수적인 도움을 주려는 것이다. 신경장애 환자는 정신분석을 통해 치료받으려 할 것이다. 하나의 이론으로서의 정신분석학은 의학과 철학 사이에 위치한다는 사실로 말미암아 유감스럽게도 양측 모두로부터 공격받기 쉽다. 무의식은 행동을 유발하는 본능적 동기와 감정에 위치한다고 여겨지지만, 동시에 그것은 우리의 정신과정에 부여되는 '의미'와 가치를 포함한다. 우리에게 선천적으로 부여된 동물적 본능과 비교될 수 있는 것은 무엇이든지 무의식의 중심을 이루지만,[5] 꿈으로 표출되는 억압된 욕구 역시 그것과 관련된다고 할 수 있다. 다시 말해 그것은 우리 행위거의 대부분의 원인(cause)이며, 우리가 겪는 많은 경험의 이유(reason)이기도 한다.

이유와 원인의 구별은 중요하지만 논란을 불러일으키는 구별이기도 하다. 우리는 우리에게 작용하고 있는 원인들에 대해 무지할 수 있고, 그래서 그러한 원인들이 강조될 때 놀랄 수도 있다. 그렇지만 우리의 이유는 우리가 우리의 행위를 어떻게 파악하는가의 문제와 직접 관련된다. 이유는 우리가 우리의 행위를 어떻게 이해하는가의 문제와 분리될 수 없다. 무의식과 관련하여 프로이트는 우리가 우리의 이유에 대해 언제나 의식하고 있는 것은 아닐 수도 있음을 보여주면서, 심지어 우리의 이유를 이유로서 받아들이길 거부한다. 자기 기만이란 언제나 수수께끼 같은 현상이지만 인간경험의 본질을 반영한다. 그러나 진정한 이유가 우리에게 제시될 때 우리는 그것을 기꺼이 받아들여야 한다. 우리의 감정적 저항에도 불구하고 그렇게 하지 않는다면, 소위 이유란 무엇이냐에 관한 문제가 생긴다.

정신분석의 목적에 대한 우리의 이해는 이유와 원인을 대비시킬 수 있느냐와 관련될 수밖에 없다. 어린 시절 심한 정신적 충격을 겪어서 그 결과 노이로제에 시달리는 사람이 있다면, 그러한 경우는 원인에 의한 결과의 명백한 사례로 간주된다. 그렇지만 무의식적인 기억과 그것이 환자의 생활에서 차지하는 부분이 강조되면 될수록, 무의식적인 기억의 최초의 원인은 점점 더 무관한 사항이 된다. 정신분석은 환자의 사고작용(reasoning)만을 다루어야 하며, 따라서 최초의 사건이 기억하고 있는 대로 발생되었는가의 여부는 무관한 사항이라고 할 수 있다. 환자가 '기억'을 어떻게 이용하고 있는가만이 문제가 된다. 다시 말해 정신분석은 환자의 정신상태의 해석에 관한 문제를 다룬다. 정신분석은 최초의 원인에 대한 과학적 설명을 제시하는 것이 아니라, 최초의 원인의 의미와 이유를 탐구한다. 그렇지만 최초의 원인에 대한 과학적 설명을 제시하려는 포부도 아울러 갖고 있다. 정신분석은 원전에 대한 해석처럼 최초의 원인에 의미를 부여하는 일과 참된 과학이론으로서 원인과 결과의 상호작용을 보여주는 일 사이에서 항상 고뇌에 찬 방황을 하고 있다.

극복되지 못한 오이디푸스 콤플렉스

프로이트는 과학이 참된 지식에 이르는 유일한 길이며, 따라서 인간 본성에 관한 어떠한 설명도 과학적 배경 속에서 이루어져야 한다고 믿었다. 그는 무의식이 존재한다는 것도 과학적으로 입증될 수 있다고 생각했다. 최면 후의 암시 효과의 의 예를 들면서, 그는 의사가 환자에게 최면을 걸고서 환자에게 자기가 방을 나갔다가 돌아올 때 방 한 편에 놓여 있는 우산을 집어서 펴고 있으라고 말하는 상황을 제시한다.[6] 그리고 의사는 환자의 최면을 풀어주고 나갔다. 의사가 돌아왔을 때 환자는 의사가 말했던 대로 했다. 왜 그렇게 했느냐는 질문을 받았을 때 환자는 당황하면서, 자기 생각에는 의사가 돌아올 때까지 마치 비가 오는 것처럼 우산을 펼쳐들고 있는 것을 의사가 원했기 때문이라는 어설픈 이유를 댄다. 이것은 분명히 합리화이며, 이러한 예는 행동을 유발하는 것이 정말로 무엇인지를 의식하지 못할 수 있음을 암시한다. 프로이트가 명백하게 언급하지는 않았지만, 이러한 추리는 우리가 자유롭지 않은 상태에서 자유롭게 행동하고 있는 것으로 상상할 수 있음을 보여 준다. 우리가 자유롭다고 느낀다는 사실만으로는 우리가 자유롭다는 것을 말할 수 없다. 이것은 자유의지의 문제에 관한 중요한 함축이다.

프로이트가 제시한 무의식의 역할에 대한 또 다른 예는 말실수이다. 물론 하나의 가능성에 불과하지만, 프로이트는 말실수를 무의식적 의도와 의미로 해석하려는 경향이 있었다. 이러한 예는 프로이트가 강조하는 자유연상의 방법과 일치하며, 자유연상으로 말미암아 환자는 특정 상황에서 그 자신이 우선적으로 생각하고 있는 것을 말하게 된다. 무의식적인 사유가 실수로 의식화되는 경우가 있다는 견해다. "정족수가 되었으므로 폐회를 선언한다"[7]라고 말한 오스트리아 하원의장의 개회사가 프로이트가 제시하는 말실수의 예이다. 회의장의 격론을 견디다 못한 의장은 모든 것이 끝났으면 하는 자신의 소망을 표출한 것이라고 프로이트는 보았다.

믿음과 욕구가 무의식적이라는 입장이 받아들여진다면, 왜 그러한가에 관한 이론이 필요하다. 프로이트는 어린 시절의 경험이 결정적임을 의심하지 않았다. 그는 '어린이는 심리적으로 어른의 아버지'라고 주장했으며, 성인이 된 후의 노이로제 증상을 설명하는 데 있어 특히 어린이의 성적 경험이 중요하다고 보았다.[8] 일반적으로 건강한 사람에게도 무의식이 존재한다는 증거가 있지만, 무의식은 특히 정신적 고통을 겪고 있는 사람에게 중요한 요인이다. 프로이트는 의도적으로 기피되어 왔거나 무의식적인 심리상태에서 '억압되던' 사유와 욕구로까지 거슬러 올라가서 그러한 고통의 원인을 찾을 수 있다고 믿는다. 물론 의식적으로 받아들여지지 않더라도, 바로 그러한 이유 때문에 사유와 욕구는 예기치 않은 방식으로 표출하는 강력한 힘을 갖게 되며, '감정전이'(displacement)를 통해 상이한 대상과 결부되기도 한다. 내가 의식적으로 원하는 것은 정말로 내가 원하는 것이 아닐 수도 있다.

프로이트에 따르면 우리의 정서생활이 형성되는 곳은 가정이다. 부모와 우리와의 관계가 가장 중요하다고 프로이트는 믿었다. 그는 넓은 의미에서 성욕이라고 이해되는 유아적 성욕의 사실을 강조하기 때문에, 그가 이러한 관계의 발단을 성적이라고 믿는 것은 놀라울 게 못된다. 그가 생각하기에, 어린아이의 욕구는 강력한 성적 내용을 포함한다. 남자아이의 첫번째 사랑의 대상은 어머니이고 여자아이의 경우는 아버지이지만, 부모 중의 하나는 경쟁자로 인식되어 때로 강력한 적대감을 불러일으킨다. 프로이트는 이러한 상태를 자기 아버지를 살해하고 어머니와 결혼한 그리스의 신화에 나오는 오이디푸스의 이름을 따서 '오이디푸스 콤플렉스'(Oedipus Complex)라고 부른다. 그는 "근친상간적 욕구가 원시시대부터 계승되어 완전히 극복되지 못했다"[9]고 주장한다. 정상적인 발전단계라면 유아기의 마지막 성적 단계가 끝나는 대략 다섯 살 경에 이러한 욕구는 포기된다. 그러한 욕구는 변형되지만, 경우에 따라서는 그러한 욕구의 재발이 심각한 결과를 초래하기도 한다.

프로이트 저작의 일관된 주제는 개인의 심리적 발전단계가 인류의 역사와 대응된다는 것이었다. 그는 "인간의 가장 심오하고도 영원한 본성은……어린 시절에 해당하는 선사시대에 있다"[10]라고 썼다. 부모와의 관계는 사회체제의 형성 이전에 발생한 사건들을 반영한다. 그의 저서 『토템과 타부』(*Totem and taboo*)에서 프로이트는 '원시적 집단'의 아버지는 모든 여성을 독차지하면서 아들들을 내쫓았다고 주장한다. 결국 아들들은 서로 협력하여 아버지를 살해하여 제거하지만, 심한 죄의식에 사로잡혀 아버지의 여인들을 소유하는 것을 포기하기로 합의하고, 낯선 여인을 찾아 나서게 된다. 근친상간의 금기가 생기고, 사회체제가 도입되며, 여기서 사회적 종교적 체제의 기원이 마련된다고 프로이트는 생각했다. 원죄의 결과는 여러 세대를 거쳐 전수되어 각 개인의 삶에 자리잡게 된다. 그것은 마치 우리의 어릴 적 소망이 더욱 성숙한 형태로 바뀌는 것과도 같다.

프로이트는 이러한 공상적 이야기를 사실로 다루는 경향을 보이지만, 더 중요한 것은 선사시대와 개인의 심리와의 관계에 관한 문제다. 수천 년 전의 사건이 우리에게 영향을 미치는 것으로 생각할 수 있는 유일한 방법은, 라마르크가 주장했던 것처럼, 획득형질이 유전될 수 있다는 이론을 통해서이다. 다윈도 그런 이론에 유혹되기도 했다. 기린은 먹이를 얻기 위해 목을 길게 늘임으로써 긴 목이 되었고, 이러한 변화를 후손에게 유전시킨 것처럼 보인다. 마찬가지로 선사시대의 공포스런 상황에서 획득된 노이로제 증상이 인류에게 영향을 미쳤을지도 모른다. 그렇지만 이러한 이론은 유전적 변화와 자연도태에 의해서만 형질이 유전될 수 있다는 신다윈주의의 믿음에 위배된다. 따라서 현대 유전학에 따르면 개인 경험의 결과는 후대에서 반복될 수 없다.

다른 면에서도 프로이트는 진화론과 일치하지 않는다. 왜냐하면 그는 근친상간의 타부가 있다는 사실이 인간의 강력한 본능을 규제해야 할 필요가 있었음을 입증한다고 믿었기 때문이다. 우리가 근친상간의 욕구를 은밀하게 염려하지 않았다면 그런 타부는 필요없었을 것이다. "근친상간에 대한 두려움을 생득적 본능으로 설명하려는 견해는 포기되어야 한다"[11]고 그는 적극적으로 주장한다. 신다윈주의에 따르면, 근친상간의 욕구에 대한 어떤 유전적 근거도 있을 수 없다. 과학적이라고 자부했던 프로이트의 이론은 생물학적 이론의 중요한 측면과 일치하지 않는다. 그럼에도 불구하고 유아기에서의 양육의 중요성과 성격형성에서 가족관계의 중요성에 관한 그의 주장의 상당 부분은 계몽적이다. 우리가 성장해 가는 데 있어서, 우리의 삶을 영위하는 방식은 의심할 바 없이 우리의 유아기의 경험에 의해서 그리고 우리가 어떤 가족의 일원으로 태어나느냐에 의해서 영향받는다. 어린아이의 정신적 발달에 미치는 가족생활의 중요성은 의심할 나위도 없다.

본능 앞에 무력한 인간

인간 본성에 관한 프로이트 견해의 가장 두드러지고 논쟁적인 측면은 인간행위의 동기로서의 (그것이 억제된 것이든 아니든 간에) 성에 대한 강조이다. 이것은 정신분석학의 두드러진 특질이 되었기에, 프로이트는 자기에게 붙여진 (스스로도 어느 정도 인정했던) '범성욕주의'(pan-sexualism)의 혐의를 벗어나고자 안간힘을 써야 했다.[12] 아무리 철저히 위장하고 은폐하더라도 성적 동기가 유일한 동기가 될 수밖에 없다고 프로이트가 믿은 것은 아니었다. 그는 성적 동기가 인간 생명 속의 매우 역동적인 힘이며, 성적 요인이 노이로제 질환의 주요인이라고 믿었다. 그는 자기 제자들에게 환자가 먼저 성적 요인을 끌어들이기 전에 미리 문제를 성급하게 판단하지 말라고 경고하곤 했다. 그는 성적 요인이 무의미해지는 사례를 발견할 기회를 놓치지 않고자 했다. 그러나 그는 매우 불만스럽다는 듯이 "지금까지 우리 어느 누구도 그러한 행운을 차지하지 못했다"[13]고 말한다.

성인의 감정이 유아기의 감정의 변형임을 입증하려는 프로이트의 전형적인 방법은 죽음의 공포를 다루는 방식이다.[14] 그는 그러한 상태를 유아가 자신을 보호해 주는 힘에 의해 유기될 것을 두려워하는 유아기 상태와 비교한다. 프로이트는 '출생의 불안상태'에 대해 언급하고, 다음으로 보호해 주는 어머니로부터 분리될 때 생기는 불안을 언급한다. 그리고 나서 그는 "거세에 대한 공포심의 진전된 형태로서, 마치 양심에 대한 공포와 같은, 죽음의 공포"에 대해 언급한다. 이러한 언급은 프로이트가 어떻게 거세에 대한 위협처럼 성과 관련된 유아시절의 경험을 성인들의 감정의 원천으로 간주하고 있는지를 잘 보여주고 있다. 더욱이 죽음에 대한 공포는 더 이상의 설명이 필요치 않을 만큼 매우 자연적인 것처럼 보인다. 실제로 진화론적 관점에서 보면, 죽음을 두려워하지 않는 사람의 생존확률과 자손번식률은 떨어진다.

정신분석학이 직면하는 또 다른 문제는 가능하면 유아기의 경험을 출생 때까지 추적하여, 유아가 도저히 기억해낼 수 없는 시기의 사건마저 고려해야 한다는 취지가 얼마나 타당성이 있느냐 하는 것이다. 유아기의 경험이 무의식적인 정신의 내용에 기여할 수 있다 하더라도, 정신분석이 환자로 하여금 태어난 지 몇 달 후의 억압된 기억을 불러오도록 하는 데 도움을 줄 것 같지는 않다. 그럼에도 불구하고 분명히 정신분석의 일차적 기능은 억압된 욕구와 사유를 의식으로 끌어들임으로써 무의식의 힘을 통제하려는 것이다. 프로이트는 욕구와 사유를 있는 그대로 파악할 수 있다면, 그것들을 통제하기도 더 쉬워진다고 믿었다. "그렇지만 성공적 치료가 우리의 일차적 목표는 아니다. 오히려 우리는 환자 자신이 스스로의 무의식적 욕구를 의식적으로 파악할 수 있도록 심혈을 기울인다."[15)]

프로이트는 억압이 욕구 배후의 에너지를 감소시키기보다는, 그 에너지로 하여금 다른 배출구를 찾도록 할 것이라고 생각했다. 그는 어떤 체계 속에 함유된 활기찬 에너지에 대해 유물론적 입장을 취했으며, 그 에너지가 막힌다든가, 방향을 바꾼다든가, 배출된다는 식의 물의 운동과 관련된 용어로 생각하는 경향이 있었다. 그가 생각하기에 성적 본능이 생기는 것은 그것이 충분히 억제되지 않았기 때문이며, 또 프로이트가 생각하기에 심리적으로 잘못된 방식으로 처리되었기 때문이다.

프로이트는 욕구, 특히 성적 욕구는 그대로 방임해 둘 수 없는 것으로 보았으며, 그것 때문에 개인의 내면에 갈등의 여지가 상당히 많다고 믿었다. 그는 우리가 충동의 본성을 이해하고 받아들이면서 내면의 조화를 이루기를 원했지만, 인간의 내면에는 서로 다른 힘들이 격돌하고 있다는 것도 충분히 알고 있었다. '의식'과 '무의식'에 대한 그의 최초의 구별은 너무 단순한 것이었고, 그는 1923년 인간성의 세 부분을 '에고(ego)' '슈퍼에고(superego)' '이드(id)'라는 용어를 사용하여 구별하였다. 의식과 무의식의 구별은 여전히 중요했다. 우리의 감정이 자리잡는 '이드'는 무의식적인 것이다. 영혼보다는 신체에 더 가까운 '에고'는 '이성과 상식으로 불리우는 부분'[16]을 나타낸다. 반면 양심의 판단 작용은 소위 '슈퍼에고'에 존재한다.

프로이트는 인격을 세 부분으로 나눌 것을 제안한 최초의 사상가는 아니었으며, 프로이트의 구별은 플라톤의 그것과 매우 유사하다. 플라톤 역시 내면의 갈등이라는 사실로부터 삼분설을 끌어냈으며[이 책 플라톤편 참조], 그 점에서 플라톤과 프로이트는 이상하리만큼 유사하다. 프로이트가 1933년 플라톤에 대한 자신의 지식이 매우 단편적이라고 언급했을지라도, 플라톤으로부터 직접 영향을 받은 것 같다. 분명히 프로이트의 '이드'는 플라톤이 보는 영혼의 욕구 부분과 대응되며, 다른 점은 영혼의 욕구 부분이 대체로 의식적이라는 점뿐이다. '슈퍼에고'와 기개 부분도 서로 비교될 수 있는데, 특히 각 부분이 죄의식의 원천이 될 수 있으며 합리성과 무관하게 영향력을 행사한다는 점에서 그렇다. 끝으로 플라톤에게 있어 영혼의 합리적 부분은 프로이트의 에고와 대응되며, 에고는 외부세계의 영향을 받는 인격의 한 부분이다. 두 사람은 모두 본질을 추구하고 감정을 통제하려고 하지만, 플라톤의 본질 개념은 프로이트의 그것과 현저히 다르다. 프로이트는 과학이 보여주는 세계의 모습에 만족하면서, 이성의 역할에 대해 플라톤보다 덜 거시적인 견해를 취하였다.

프로이트는 내면의 갈등이 결국에는 정신적 질병을 유발하게 되는 방식에 대해 특히 관심을 가졌다. 예를 들어, 슈퍼에고는 에고를 위협함에 있어 양친과 같은 역할을 한다. 프로이트는 "그것은 도덕의 요구를 반영하며, 우리는 곧바로 우리의 도덕적 죄책감이 에고와 슈퍼에고 사이의 갈등의 표출임을 깨닫게 된다"[17]고 말한다. 그는 슈퍼에고를 유아시절의 오이디푸스 콤플렉스의 계승자로 간주한다.[18] 도덕의 영향력을 어린 시절의 부모와의 관계와 연계시킴으로써, 프로이트는 니체를 따라 도덕의 권위를 평가절하해야 하는 위기를 맞게 되었다. 도덕의 이른바 심리적 기원을 파헤침으로써, 도덕을 일생 동안 반복되는 양친의 요구와 같은 것으로 만들어 버렸기 때문이다.

의식과 무의식의 구별이라는 주제는 근본적으로 복잡하다. 프로이트가 이성과 양심이 언제나 의식적이라고 전제할 수 없었던 것은 억압이 죄의식의 산물이며 슈퍼에고의 문제이기도 하다는 것을 인식하고 있었기 때문이다. 환자는 종종 어떤 사실을 인정하지 않으려고 하면서 정신분석에 대한 '저항'을 드러내곤 하였으며, 이러한 저항에 대해 의식조차 하지 못했다. 프로이트는 "에고와 슈퍼에고의 대부분이 무의식적일 수 있으며 일반적으로 무의식적임"[19]을 인정하였다. 그러나 이것은 슈퍼에고의 지시에 따른다고 할 수 있는 에고가 스스로 무엇인가를 억압하고 있으며, 기본적으로 그것을 은폐하고 있다는 것을 의미한다. 도대체 왜 에고와 슈퍼에고는 같은 시간에 같은 대상을 의식하면서도 의식하지 않으려고 하는가? 자기들이 억압하고 있는 것이 무엇인가를 이미 알고 있다면, 억압을 통해 성취하려는 것은 무엇인가? 이것은 자기 기만의 패러독스이며, 프로이트의 삼분설은 아무 문제도 해결하지 못한다. 자아가 고의적으로 그 자신을 기만하고 있는 것으로 생각될 수도 있고 슈퍼에고와 에고가 자기 자신들에 대해 무지한 것일 수도 있다. 어떤 경우이든 여전히 자아, 혹은 그 구성 부분들은 자신들이 의식하면서도 의식하지 않으려고 하는 것에 대해 의식해야 하는 것처럼 보인다. 그렇지만 어떻게 설명하든지 그러한 현상은 분명히 존재한다. 현실이 처리하기에 너무 어려운 것이 될 때, 내면적 자아에 심각한 비합리성이 생긴다.

프로이트는 에고가 여러 상충하는 욕구로 말미암아 참을 수 없는 부담을 겪게 된다고 보았다. 그는 에고가 "세 명의 폭군, 즉 외부세계, 슈퍼에고, 이드의 지배를 받는다"[20]고 말한다. 프로이트는 정신분석의 목적이 에고를 강화하여, 에고를 동요시키는 요인들을 통제하는 힘을 더욱 크게 늘리는 데 있다고 보았다. 그는 에고가 슈퍼에고로부터 좀더 많이 독립하여, 이드의 숨겨진 힘을 적극적으로 활용할 수 있게 되기를 원했다. 그는 "이드가 있었던 곳에, 에고가 있게 된다"[21]고 반복해서 말한다. 그는 에고의 약점이 성에 대한 태도에 있다고 믿으면서, 이것이 "자기보존에 대한 생물학적 반정립〔자기보전에 반해서 행위하려는 경향〕과 종족보존"[22] 사이의 심리적 갈등 표출인지의 여부에 대해 숙고했다. 이드의 본능은 만족을 요구하면서, 쾌락을 추구하고 '불쾌'를 피하려고 한다. 프로이트는 이것을 '쾌락의 원리'(the pleasure principle)라고 부른다. 다른 한편 에고는 불만족스러울지라도 현실을 직시하지 않을 수 없다고 생각하였다. 바로 이것이 '현실의 원리'(the reality principle)이다. 따라서 에고는 외부세계의 난관을 인식해야 하는 필요성과 결부된 자기 보존의 본능을 갖고 있다. 쾌락의 추구는 자주 삶의 요구에 종속될 수밖에 없어서, 프로이트는 '쾌락에 이르는 긴 우회로의 한 단계로서 일시적인 불쾌의 감수'[23]를 언급한다.

흄에서처럼 프로이트에 있어 생명의 힘은 우리의 본능적 생활에서 나온다. 이성이 우리의 감정을 통제하기는 하지만, 결국 그것을 지배할 수는 없다. 그의 저작이 주는 일관된 메시지는 성적 능력과 영향력을 인정하기를 거부함으로써 갈등, 불안, 정신장애가 생긴다는 것이다. 플라톤의 마차의 예[플라톤편 참조]를 반복하면서, 그는 에고에 대해 다음과 같이 말한다. "이드와의 관계에서 에고는 말을 탄 사람과 같다. 그는 말의 넘치는 힘을 제어할 수 있어야 한다. 차이가 있다면, 그 사람은 자신의 힘을 갖고 그렇게 하려고 하지만 에고는 빌려온 힘을 사용한다는 것이다."[24] 프로이트에게 이성이란 결코 진정으로 주권자가 될 수 없는 것이다.

본능을 포기하고 세운 문명사회

개인의 정신분석에 초점을 맞추다 보면 사회의 본성에 대해 생각할 여지가 별로 없는 것처럼 보일지 모른다. 정신분석은 많은 사람에게 매력을 준다. 반면 마르크스의 이론은 개인을 괴롭히고 있는 근심 그리고 불안과 같은 가장 시급한 문제들을 거의 다루지 않는다. 그렇지만 인생에서의 본능에 대한 강조와 성에 대한 강조는 사회에 관한 문제를 제기한다. 더불어 살아가는 사람들의 결합은 개인들에게 모종의 제재를 필요로 한다. 그 누구도 자기가 원하는 것을 아무 때나 가질 수 없는 것은 다른 사람의 욕구가 고려되어야 하기 때문이다. 프로이트는 억압이란 나쁜 것이라고 가르치는 것처럼 보이지만, 문명사회에는 그 자체의 생존을 위해 본능에 대한 억압이 필요하다고 주장한다. 본능이 억압되지 않는다면, 그것은 문명사회를 파괴할 것이 분명하기 때문이다.

프로이트는 이 점을 인정하면서, 문명사회의 요구와 도덕이 인간 본성을 불가피하게 제약한다고 보았다. 그것들은 인간 본성의 산물이 아니라, 인간 본성을 구속하는 비자연적인 것이다. 이러한 견해는 인간 사회의 존립을 위협하는 요소를 감안하여, 인간 사회를 근본적으로 불안정한 것으로 묘사한다. 이러한 이미지는 바람직스럽지 못할 수도 있으나 생생한 사실일 수는 있다. 프로이트는 원초적인 인간 본능과 문명의 갈등이 불가피하다고 믿었으나, 그는 우리의 근본적 욕구에 자유재량권을 줄 수 없음에 대해 적어도 어느 정도는 유감스러워한다. 따라서 그는 "문명은 본능을 포기해야 성립한다"[25]고 말하며, 사회는 '개인을 거역하여 유지될'[26] 수밖에 없다고 말한다. 그럼에도 불구하고 그는 "문명화된 개인의 성생활은 철저하게 유린되지 않을 수 없다"[27]고 말한다.

이러한 상황은 본능의 이중성이라는 개념 때문에 복잡해지며, 프로이트는 말년에 이점에 관해 상세히 설명했다. 에로스(Eros), 즉 성적 본능 이외에도 타나토스(Thanatos)[28], 즉 '죽음의 본능'도 있음을 그는 믿게 되었다. 문명은 삶의 힘과 죽음의 힘 사이에서 벌어지는 근본적인 투쟁의 무대이다. 에로스는 개인을 규합하여 사회의 토대를 형성하는 방식을 마련할 수 있는 반면, 성적 충동과는 독립적으로 파괴를 목적으로 하는 공격적 본능이 있음을 프로이트는 믿었다. 이러한 본능은 그것의 원천인 에고 속으로 파고 들어가, 특히 무자비한 양심의 형태로 표출된다. 그러나 무엇보다도 프로이트가 '인간의 내부에 자리잡은 근원적이며, 자기 보존적인 본능적 경향'으로 묘사한 공격성향은 문명을 크게 위협한다.[29]

개인의 자기파괴 성향은 몽상적인 것처럼 보일 수 있으며, 자연도태가 어떻게 이러한 본능의 발판을 마련하는 것을 허용할 수 있는가의 문제가 생긴다. 그렇지만 프로이트는 제1차 세계대전 후에 이러한 이론을 전개하고 있었으며, 현대사회가 이미 인간의 파괴적 충동에 대한 무수한 예를 제공했다는 것은 분명한 사실이다. 그는 공격성의 뿌리가 인간의 영혼 깊숙이 놓여 있다고 확신했다. 그는 공격성이 사유 재산제에 의해 생겨났다는 공산주의자의 견해를 논박했다. 물질적 재화에 대한 개인의 권리가 박탈되고 나면, 성적 관계의 영역에서 공격의 기회가 제공될 것이라고 그는 말했다. 가족생활에 의해 어떤 규제도 받지 않는 완전한 성적 자유를 허용한다고 해도 소용없다. 그는 가족을 '문명의 기원'이라고 부르면서, 가족의 제거는 그가 '인간 본성의 불변의 특질'이라고 믿는 공격성에 대해 아무 영향도 미치지 못할 것이라고 말한다.[30]

원시인들은 어떤 제한도 없는 상태에서 일방적으로 그들의 깊고도 강력한 욕구를 자유로이 발산함으로써 행복을 성취할 수 있었다고 프로이트는 말한다.[31] 그렇지만 그들은 오랫동안 그러한 행복을 누리면서 살 수는 없었을 것이다. 프로이트는 문명을 통해 벗어나야 하는 홉스의 '자연상태' 개념을 받아들인다. 개인의 문제에 초점을 맞추는 그의 견해는 사회를 사회계약에 의한 결합의 결과로서 생각하지 않을 수 없게 했다. 그는 문명이 요구하는 대로 본능을 포기하지 않는다면, 우리 모두 심각한 위험에 처하게 되리라는 것을 알고 있었다. 그렇지만 우리가 안전보장을 필요로 한다 하더라도, 프로이트는 자연상태에 대해 약간 더 매력을 느낀다. 우리가 원하는 사람과 성관계를 맺을 가능성을 고려한다면, 또 제멋대로 사는 사람을 죽일 수 있다면, 다른 사람의 재물을 갖고 도망칠 수 있다면 "얼마나 인생은 멋지고 즐거울 것인가?"[32]라고 그는 말한다. 이러한 상태가 실현불가능하고 본래적으로 위험한 상태라고 해서 매력을 완전히 상실하게 되는 것은 아니다. 프로이트는 가족생활의 중요한 역할을 인정하듯이 문명을 신뢰했으나, 가족생활과 문명 모두가 그 결과에 있어서 문제를 낳게 된다는 것을 알고 있었다. 실제로 이 두 가지는 불가분의 관계를 맺고 있다. 왜냐하면 문명의 필요성은 어린아이가 양육되는 것처럼, 가족이라는 배경 속에서 생기기 때문이다. 그렇지만 여전히 프로이트는 "야만인이 건강하기란 쉬운 일이나, 문명인에게는 그것이 쉽지 않다"[33]고 생각한다.

프로이트도 미처 통찰하지 못한 문명의 주요한 한 가지 특징이 있다. 그는 종교적 충동이 인간 본성의 필수요소이거나 사회구조의 필수요소라고 생각하지 않았다. 그는 과학이 우리 외부세계의 실재에 대한 지식에 이르는 '유일한 통로'를 제공한다고 생각했다.[34] 니체처럼 그는 종교의 기원을 탐구했으며, 그것을 인간의 내면에서 발견했다. 프로이트는 종교가 인간의 욕구로부터 나온다고 주장했다. 어린아이가 도움이 필요할 때 부모에게 의지할 필요가 있듯이, 아무 것에도 도움을 청할 수 없을 때 성인은 천상의 아버지에게 의존하려 한다는 것이다. 프로이트는 종교를 한낱 환상으로 분류했다. 하지만 종교가 반드시 허위인 것만은 아니다. 때때로 욕구가 실현되기도 하기 때문이다. 그렇지만 그는 자신의 설명이 종교를 배제한다고 생각했다. 그것은 '너무나 유치하고, 실재와는 유리된' 인간의 성숙되지 못한 부분의 산물이기 때문이다.[35] 이러한 견해는 양심이 우리 가족과 사회의 영향력의 산물일 수밖에 없다는 생각과 결부되어, 무조건적으로 독립적 권위를 갖는 종교와 도덕의 가능성을 배제한다. 도덕과 종교에 관한 프로이트의 입장은 본질적으로 니체의 견해와 크게 다르지 않다.

정신분석학, 그 매력적인 신화

우리의 근본적 충동을 가려내어 비난하기보다는 이해하고 받아들이려는 욕구는 현대인의 의식 속 깊이 자리잡고 있다. 그렇지만 '죽음의 본능'에 관해 언급할 때 프로이트 자신도 인정하듯이, 인간 본성이 언제나 그렇게 호감을 주지는 않는다. 자기를 인정함으로써 나오는 자기인식의 욕구는 사회가 인간의 어떤 충동을 용인하지 못한다는 사실에 위배된다. 어떤 충동으로부터 벗어나 그것의 존재를 인정치 않으려는 억압은 결코 바람직하지 않지만, 어느 정도의 통제는 분명히 필요하다. 프로이트는 인격 내면에 갈등이 있음을 논증했지만, 생리학적 개념과 정신의학적 개념의 경계선에 놓인 본능의 중요성을 이성을 희생시켜 가면서 강조했다. 우리가 충동에 대해 의식하지 못할수록, 이성의 권위는 점점 떨어진다. 자의식을 부각시킬 때에도 프로이트는 그것이 다른 방향으로 돌려질 수는 있지만 완전히 변화될 수는 없다고 생각했다. 흄과 마찬가지로 프로이트에게도 이성은 감정의 노예이어야 한다. 죄의식을 품지 않은 있는 그대로의 우리 자신을 파악해야 한다는 이러한 주장은, 과거행위에 대한 죄의식이나 후회감에 의해 마비되지 않을 사람에게나 큰 호소력이 있을 듯하다. 죄의식으로부터 벗어난 자유에 대한 전망이야말로 참다운 인간해방일지 모른다.

그렇지만 이성에 대한 공격은 니체의 경우에서 보았듯이 위험할 수 있다. 프로이트는 과학이란 합리성과 진리를 말하는 것이라고 생각했다. 종교적 관점과 비교하여 과학적 관점이 인간의 가치를 어떻게 위축시키는가를 언급한 후, 그는 계속해서 이렇게 말한다. “그럼에도 불구하고 전지전능에 대한 모종의 원초적 믿음은 실재의 법칙을 이해하는 인간의 정신능력에 대한 인간의 확신 속에 여전히 살아 있다.”[36] 그렇지만 여전히 패러독스로 남는 것이 있다. 과학이라는 이름 아래 정신분석학은 정신의 특출난 능력이 얼마나 빈번하게, 자기가 바라는 것을 충족시키려는 욕구와 같은 비합리적 요소로부터 도출되는가를 보여주기 때문이다. 프로이트는 과학은 환상이 아니라고 말했지만, 일단 합리성이 어느 영역에서든 생각한 것과는 다른 그 무엇이었음이 밝혀지면, 이성의 탈신비화 과정을 중단시키기는 어렵게 된다.

문제는 특히 정신분석학과 관련해서 가장 민감해진다. 우리 모두는 우리 본성의 어두운 면으로부터 얼마간 자유롭기를 바라고, 죄의식으로부터도 자유로워지기를 원한다. 종교는 전통적으로 이러한 욕구를 충족시키려 했으며, 정신분석학도 명백히 그렇다. 그렇지만 왜 어느 것은 환상으로 치부되고, 다른 것은 과학으로 받아들여지는가? 어떤 근거에서 정신분석학이 정확하다고 생각할 수 있는가? 또 그것이 의학적 치료로서 얼마나 효과적이냐에 관한 격렬한 논쟁도 있다. 많은 사람들은 자신의 고민에 대해 누군가와 상의함으로써, 그가 정신분석가이든 성직자이든, 혹은 다른 누구든 상관없이 도움을 받는다. 어떤 사람들은 그들의 인생 전체를 조망할 수 있는 정합적인 이론이나 '이야기'를 들음으로써 도움을 받기도 한다. 또 어떤 병은 외부의 도움없이 저절로 아물어 치유될 수도 있다. 이러한 요인들이 고려된다면 정신분석이 얼마나 많은 성과를 거둘지를 판단하기란 대단히 어렵게 된다.

이러한 상황은 분석의 과정중에 발생하는 문제에 의해 더 복잡해진다. 분석이론은 환자가 그 자신에게 귀속된 동기와 의도를 즉시 받아들이지 않을 가능성이 있음을 전제한다. 따라서 '저항'이 생기기 마련이다. 이때 분석가는 환자로 하여금 이러한 저항을 포기하도록 유도하는 역할을 한다. 여기서 '전이'〔감정이입〕의 개념이 도입되며, 그에 따라 환자는 분석가와 정서적 유대감을 맺고서 분석가의 권위를 인정하게 된다. 그러나 어떤 사람의 심리적 조건에 대한 특정 해석이나 진단을 받아들이기를 거부하는 것이 저항으로 치부되고, 분석가가 이론을 강요하는 위치에 있을 때, 결국에는 환자들이 그들 인생에 대한 분석가의 설명에 동의하게 된다는 것은 당연한 사실이다. 그들이 동의하지 않으면 않을수록, 분석가는 자신들이 옳다고 믿을 것이다. 그렇지만 많은 철학자들이 논의하듯이, 그러한 경우 정신분석가가 오류를 저지르고 있음을 어떻게 입증할 수 있는가? 삶을 포괄하는 의미와 함께 삶을 하나의 일관된 체계로 파악하는 담화를 제시받는 사람과, 실제로 고통스런 질병의 원인에 대한 과학적 설명을 제시받는 사람을 구별하기란 어려운 것처럼 보인다.

철학자 비트겐슈타인은 프로이트에 대한 자신의 견해를 요약하여 프로이트가 '새로운 신화'을 제안했다고 말했다. 그는 나아가 정신분석은 해악을 끼칠 가능성이 있다고 주장했다. "왜냐하면 우리가 분석의 과정중에 우리 자신에 대한 여러 가지 사실을 발견할 수 있다 해도, 우리는 우리에게 제안되거나 제시된 신화를 이해하고 통찰하기 위해 매우 강력하고도 날카로우며 끈기있는 비판을 해야 하기 때문이다. 그렇지 않으면 어느 순간 '예, 지당하신 말씀입니다. 그럴 수밖에 없겠군요' 라고 말하게 된다. 이것은 매혹적인 신화, 바로 그것이다."[37]

문제는 프로이트 이론이 어느 정도까지 진리를 주장할 수 있느냐는 것이다. 프로이트는 우리로 하여금 인간 합리성의 산물을 불신하도록 만들었다. 그는 인간의식의 여타 산물에 관해 회의를 제기하였으며, 그의 이러한 회의는 그의 이론에 대해서도 적용될 수 있을 것이다. 그의 이론이 그가 요구하는 만큼의 주목을 받으려면 그 이론은 참이어야 하고, 가능하다면 인간 본성에 관한 다른 과학이론에 도움을 줄 수 있어야 한다. 예를 들면 근친상간의 문제에 있어서 정신분석 이론은 다윈의 생물학과 현저하게 어긋난다. 두 가지 모두가 옳을 수는 없다. 프로이트가 저술했던 시기는 현대 유전학의 등장 이전이었기에, 그러한 갈등을 미처 인지하지 못했다. 프로이트와 다윈의 통찰이 결합될 수 있는 방법이 있긴 하지만, 프로이트 이론의 수정 없이는 불가능할 것 같다. 그러나 한 가지 확실한 것이 있다. 20세기의 어떤 사상가도 우리가 우리 자신을 어떻게 파악할 것이냐에 관해서 프로이트만큼 강력한 영향을 미치지는 못했다. 정신분석학의 기술적 용어 가운데 몇 가지는 이제 일상 용어가 되어버렸다. 프로이트 이후 인간 본성은 결코 과거와 같은 것으로 간주될 수 없는 것처럼 보인다.

플라톤(Platon)

어둠 속에서 빛을 추구하는 인간

철학자들이 왕이 되거나 왕이 철학자가 되어야
국가는 재앙에서 벗어날 수 있다.

독단은 지혜를 결여한다

현대 서양철학을 비롯해서 현대 과학의 기초는 기원전 6세기 지중해의 동쪽 그리스 세계에서 수립되었다. 최초의 철학자들은 우리가 사는 세계의 끊임없는 변화와 그 다양성의 배후에 놓인 본질을 찾으면서, 만물은 본질적으로 물이나 공기 또는 불이거나 혹은 이러한 것들의 혼합이라고 주장했다. 그들은 현상 세계에 대해 만족할 수 없었다. 사물의 참된 본성은 겉으로 드러나지 않을 수도 있다고 생각했기 때문이다. 그러나 그들은 물질 세계에 대해 적용되는 유형의 설명이 인간의 본성에도 똑같이 적용될 수 있다고 전제했었다. 예를 들어 인간에게 생명을 불어넣는 영혼은 호흡, 즉 공기나 심지어는 불과 같은 것으로 간주되었다. 그러나 물질로 구성된 것만 존재한다고 믿었다고 해서, 그들을 '유물론자'(materialist)라고 부르는 것은 시대착오적일지 모른다. 그 당시에는 물질 아닌 것에 대한 개념은 등장하지 않았기 때문이다. 그래서 물질에 대한 설명에만 치중하였고 좀처럼 목적에 대한 논의는 이루어지지 않았다. 인간의 생명을 포함해서 만물은 일련의 기계론적 원인들에 의해 설명되었던 것이다. 소크라테스 이전의 철학자들 중의 한 사람인 아낙사고라스(Anaxagoras)가 운동의 단초로서 정신의 존재에 대해 언급을 했지만, 그것 역시 물질과 관련된 개념이었다. 그것은 다른 것과 비교해 좀더 맑고 깨끗한 것에 불과했다. 훗날 플라톤과 아리스토텔레스가 이러한 견해에 대해 비판적이었던 까닭은, 한 마디로 말해서 그러한 견해를 따를 때 도저히 정신을 목적의 원천으로서 설명할 수 없었기 때문이다.

철학적 사유가 진행되면서, 세계의 진리를 밝히기 위해서는 우리의 감각에 의존할 수 없다는 사실이 명백해졌다. 원자론자들은 만물이 눈에 보이지 않는 원자들과 그 원자들 사이의 공간으로 구성된다고 믿었으며, 원자와 공간만이 참된 실재라고 가르쳤다. 맛, 온도, 색깔도 관습이나 노모스(nomos)의 문제일 뿐이었다. 우리의 감각에 대한 이러한 불신은 사람들로 하여금 무엇이 참된 것인가 하는 의문을 불러일으켰다. 바야흐로 그 무엇도 참이 아니라고 하는 자기 모순적인 신념으로서 니힐리즘이 등장할 조짐이 보였다. 기원전 5세기에 이르러 점차 있는 그대로의 참된 것 혹은 피지스(physis ; 이 말에서부터 'Physics' 라는 말이 나왔다)의 문제를 인간의 관습이나 규범인 노모스의 문제와 대비시키게 되었다. 그 무렵 그리스인들은 다른 지역의 관습들 사이에 존재하는 다양성을 점차 의식해 가고 있었다. 페르시아인들을 비롯하여 이집트인들과 같은 이방인들과 자주 접촉할수록 법률과 관습이 국가마다 다를 수 있음을 더욱 실감하게 되었다. 그때까지 인간 삶의 변하지 않는 부분으로 생각되던 것들은 어디에서 살고 있느냐에 따라 달라지는 인위적인 것으로 보이게 되었다.

역사학자 헤로도투스는 삶의 다양한 방식뿐만 아니라 각 사회가 그 사회의 법을 최선으로 여긴다는 사실에 대해 주목했다.[1] 그는 페르시아의 왕 다리우스(Darius)가 그리스인들을 심문하면서, 얼마나 많은 돈을 주어야 그대들의 아버지 육신을 먹겠느냐는 질문을 하고 있는 장면을 언급하였다. 그리스인들은 도저히 그런 일을 할 수 없다고 대들었다. 그는 인도인들이 부모의 시신을 먹는 관습을 갖고 있는 것으로 생각하여 그들을 불러다가 얼마나 많은 돈을 주어야 화장을 하겠느냐고 물었을 때, 그들은 크게 화를 내면서 그런 일은 입에도 올리지 말라고 애원하였다. 그리고 나서 헤로도투스는 노모스가 만물의 왕이라는 격언에 수긍하면서 그것을 인용하였다.

그리스 도시국가들의 관습도 상당히 다양했다. 여성이 나체로 군사훈련을 하는 것이 스파르타와 같은 군국주의 국가에서는 허용되었지만 다른 국가에서는 그렇지 않았다. 이러한 문화적 다양성에 대한 지식이 혼란을 일으키는 경우가 적지 않았으며, 기원전 5세기의 아테네는 그것을 입증한다. '소피스트'(sophist)라고 일컬어지는 전문 교사들은 폭넓은 사유를 포기한 채 수사학과 같은 실용적인 기술을 가르치는 데 여념이 없었다. 상대주의는 각광받는 이론이 되었다. 상대주의의 극단적 형태는 누가 무엇을 판단하든 그것은 판단하는 사람에게만 참이라는 견해로서, 그것은 피지스와 노모스를 구별하려는 시도와 결부됨으로써 더욱 위세를 떨쳤다. 법률이나 관습은 어떤 지역에서만 타당성을 갖는 것으로 생각되었다. 오늘날 차량의 좌측 통행이 영국에서는 옳아도 미국에서 그른 것처럼, 도덕 원칙까지도 특정 시대와 장소를 떠나서는 생각될 수 없는 것으로 여겨졌다. 스파르타에서 옳은 것이 아테네에서는 그른 것이 될 수 있었다. 우리가 마땅히 따르면서 살아야 하는 삶의 방식은 이 세계의 자연적 질서에 토대를 둔 것이 아니라 특정의 정치체제에로 소급될 수 있을 뿐이다. 삶의 어떤 궁극적 목적은 없으며, 우리가 이미 받아들여 왔던 많은 부분이 허상에 지나지 않게 된다.

그리스인들 중에는 자신들의 법률이 신들에 의해 제정된다고 생각하는 사람들도 있었지만, 회의주의가 만연함에 따라 소피스트들은 노모스와 피지스의 구별을 이용하여 관습을 따르지 말 것을 종용하였다. 우리는 도덕적 제약에 구애받지 않고, 우리가 하고 싶은 일을 하면서 우리의 자연스런 성향에 따라야 한다는 것이다. 개인의 판단이 타당하다는 이러한 주장이 민주주의 사회에서 형성되어 왔던 것은 불가피한 일이었다. 당시 아테네에는 여러 가지 사상이 들끓었고, 설득의 기술을 가진 시민들은 빠른 출세를 할 수 있었다. 시민들의 모임을 장악할 수 있었던 사람만이 아테네를 통치할 수 있었다. 사람이 많이 모인 집회에서 뛰어난 웅변가는 사람들의 감정을 재빨리 장악할 수 있었다. 결단은 빨리 이루어졌지만 곧바로 후회가 찾아들었다. 기원전 5세기 말에 비로소 아테네 민주주의는 비극을 맞이하였다.

독단은 그 자체가 진실된 지혜를 결여하는 까닭에 사람들을 혼란으로 몰아넣었다. 이것이 플라톤이 파악했던 상황이다. 그는 아테네 민주주의의 종말과 함께 아테네가 스파르타의 지배하에 놓이는 것을 목격하였다. 그는 자신의 존경하는 스승 소크라테스가 젊은이들을 타락시킨다는 죄목으로 기원전 399년 사형에 처해지는 것을 지켜보았다. 플라톤 사상의 전체계가 누구나 각자의 판단에 따라야 한다는 견해에 대한 반박으로 구성되고 있음은 놀라운 일이 아니다. 그는 대화형식으로 저술했고, 이 대화의 주인공은 소크라테스였다. 따라서 초기 대화편에서 플라톤이 얼마나 사실로서 역사적 인물 소크라테스의 견해를 기록하고 있는지를 가늠하기는 쉽지 않다. 나중에는 입장이 조금씩 변해가고 있다. 초기 대화편이 전형적으로 덕의 본성이나 옳음과 같은 문제를 다루고 있는 데 반해, 『국가』로 대표되는 중기 대화편에서는 일반적으로 플라톤적 요소가 가미된 견해를 보여준다. 『테아이테투스』(*Theaetetus*)와 『소피스트』 같은 후기 저작에서 플라톤의 관심은 언어가 어떻게 의미를 갖게 되느냐와 같은 전문적인 철학 문제를 다루는 데 집중된다. 이러한 대화편에서도 상대주의에 대한 그의 반대 입장은 확고하다.

소크라테스는 단어의 정의를 묻는 것으로 잘 알려져 있었다. 예를 들어, 『메논』(*Meno*)의 초두에서 그는 덕이란 무엇인가를 알고자 한다. 메논은 덕의 전체 목록을 제시함으로써 확신에 찬 답변을 하고 있다.[2)] 메논은 남자라면 자기의 친구에게 이익을 주고 적에게 해를 주는 방식으로 국가를 통치하는 방법을 알아야 하지만, 여자에게는 가정을 꾸리고 남편에 복종해야 하는 의무가 있다고 주장한다. 그러나 소크라테스는 사례들을 묶는 목록에 관심이 있었던 것이 아니라, 이러한 사례들의 공통점을 알고 싶어했다. 그는 이 모든 사례들이 덕을 덕으로 만드는 공통의 '형상'(form, 形相) 혹은 '본질'(essence, 本質)을 가지고 있다고 생각하였다. 플라톤은 일반 명사의 정의를 찾는 이러한 기술을 발전시켰고, 일반 명사를 옳음이나 좋음과 같은 〔추상적〕 존재의 이름이라고 생각했다. 이러한 전제 위에서 그는 형이상학적 체계를 세웠다.

영원불멸의 이데아

플라톤은 영원불변함을 추구하면서 소크라테스 이전의 철학자들의 예들을 따랐지만, 끊임없이 변하는 물질 세계 속에서는 그것을 찾을 수 없음을 이미 알고 있었다. 그는 이전의 몇몇 철학자들이 암묵리에 추구해 온 유물론으로부터 벗어나 우리가 내리는 어떠한 판단에 대해서도 기준을 제시할 수 있는 또 다른 세계를 모색했다. 이러한 세계는 특히 도덕 개념이나 수학 개념과 잘 맞아떨어졌다. 플라톤은 우리가 유사한 동일성만을 파악할 수 있을 뿐이라는 데 동의했다. 동일성의 절대적 기준은 우리의 감각을 초월하는 세계 속에 존재해야 하며, 그러한 기준에 호소할 때에만 우리는 약간의 차이가 나는 두 개의 잣대라도 똑같다고 판단할 수 있다는 것이다. 마찬가지로 우리의 도덕 기준은 우리가 살고 있는 세계에서의 모양이나 소리를 초월한 다른 세계로부터 나온다. 선(善)이란 독립적으로 존재하는 '형상'의 이름이다. 그것은 모든 사물이 공통으로 갖는 그 무엇으로, 사물들은 모두 그 공통 성질을 나누어 갖고〔분유하고〕 있으며, 어떤 방식으로든 그것을 반영하고 있다. '선 그 자체'란 우리의 일상 세계의 특징과는 구별되며, 분명한 것은 그것의 타당성이 인간 판단에 좌우되지 않는다는 것이다. 다른 형상들처럼 그것은 객관적으로 실재하며, 그에 대한 인간의 믿음에 영향받지 않는다.

절대 기준인 형상의 세계를 요청함으로써, 플라톤은 지식과 믿음을 나누는 중요한 구별을 할 수 있었다. 형상은 지식의 대상이 될 수 있다. 대부분의 사람들은 본성상 불완전한 믿음을 갖는다. 우리는 수시로 마음을 바꾸며 잘못을 범한다. 그렇지만 플라톤은 참된 지식은 사물의 본성에 의거해야 하며 어떤 방식으로든 그것과 연계돼야 한다고 생각했다. 지식을 소유한 사람이라면 누구나 정의상 언제나 올바르게 행위하려고 하며, 따라서 플라톤은 자신의 도덕철학과 정치철학을 자신의 형이상학 위에 세우려 하였다. 민주주의가 최선의 정치형태가 아니었던 까닭은 그것이 대중의 변덕스런 믿음에 좌우되었기 때문이다. 오히려 플라톤은 통치자라면 실재〔본질〕에 대한 지식을 소유해야 한다고 믿었으며, 『국가』에서 그는 '철학자 왕'이라는 엘리트를 만드는 교육 프로그램을 제시했다. 철학자 왕만이 정의의 본질을 알고 올바른 기준에 의해 모든 일을 판단할 수 있기 때문에 그들은 보편적 관심을 갖고 통치하게 된다.

플라톤의 체계는 이원론적이다. 그는 두 개의 세계, 즉 감각의 세계와 불변의 객관적 진리를 보증하는 참된 형상의 세계가 있다고 믿었다. 이렇듯 현실을 초월하는 비물질적인 형상의 세계를 강조하는 것은 신비롭기까지 하지만 우리의 일상 세계를 초라하게 만든다. 플라톤은 영혼을 눈에 비유하고 진리를 빛에 비유한다. 그는 다음과 같이 말한다.

> 진리와 존재가 비추는 곳, 이곳에 머물러 있을 때 영혼은 이해를 하고 지각을 하게 되어, 지성을 지닌 것처럼 보이네. 그러나 어두운 곳에, 즉 생성되고 소멸되는 곳에 영혼이 머물게 될 때는 의견을 가질 뿐이며, 이 의견들을 자주 바꾸면서 어두운 상태에 놓이게 되어, 이번에는 지성을 갖지 못한 것처럼 보이네.[3)]

플라톤은 선의 형상을 태양에 비유하면서, 『국가』 제7권에서 인간의 조건을 어린시절부터 동굴에 갇혀 있는 사람들의 처지에 비유한다. 이 구절은 유명하기도 하지만 영향력도 큰 부분이다. 플라톤은 이들이 어떻게 주위를 돌아보지 못하고 오로지 벽만 볼 수 있는가에 관해 말한다. 그들 배후에는 불이 타오르고 있으며, 그들과 불 사이에서 사람들은 동물의 형태와 모습을 한 물건들을 끌고서 왔다갔다 하고 있다. 마치 무대 뒤에서 조명을 받는 꼭두각시 쇼에 나오는 꼭두각시처럼, 사물의 그림자가 동굴의 벽에 드리워진다. 죄수들은 물건을 끌고 다니는 사람들의 목소리가 울리는 것도 듣는다. 문제는 그림자와 울림이 원본에 대한 복사본과 같은 것임에도 불구하고 죄수들에게 참된 존재로 생각된다는 것이다. 결과적으로 그들은 말이 어떤 모습을 하고 있는지에 대해 흐릿한 개념을 가질 뿐이다. 왜냐하면 그들은 살아 있는 말의 아물거리는 그림자만을 볼 뿐, 말 그 자체를 보지 못하기 때문이다.

플라톤은 말 자체를 본다는 것이 사슬 풀린 죄수에게 얼마나 어려운 일인가를 보여준다. 불 쪽을 향해 쳐다볼 때, 강렬한 불빛이 그를 당황하게 할 것이고, 처음에는 무엇이 그림자이고 아닌지를 제대로 분별할 수 없게 된다. 그러다가 동굴에서 밝은 태양 아래로 이끌려나올 때 그는 더욱 당황하게 될 것이다. 그는 먼저 물에 비춰진 모습들을 보고 나중에 그것들의 본 모습을 볼 수 있을 뿐이다. 그렇지만 마침내 그는 빛의 원천인 태양 그 자체를 보게 된다. 플라톤에게 있어 일상세계의 태양은 〔이성적으로만 이해 가능한〕 가지적(可知的) 세계의 선의 형상에 비유될 수 있는 것이다. 그리고 사슬 풀린 죄수가 동굴로 되돌아가 그의 눈을 다시 어둠에 적응시키는 데는 상당한 시간이 걸리기 때문에 조롱을 받게 된다고 플라톤은 지적한다. 사람들은 이구동성으로 그의 눈이 잘못되었고 동굴 바깥쪽의 일을 생각하지 않는 게 차라리 좋겠다고들 말할 것이다. 플라톤에 의하면 이것이 '신성한 명상을 저버리고 인간의 사악한 상태'로 전락하는 사람이 겪게 되는 상황이다. 법정 투쟁을 벌여야 하는 상황이라면, 그는 정의의 그림자나 이미지를 갖고 있을 뿐 '참된 정의를 아직까지 조금도 이해하지 못한' 사람들에게 꺾이지 않을 수 없다. 플라톤은 생생하게 소크라테스의 운명을 상기시키고 있다.

무지몽매에서 깨어나려면 영원한 형상에 대한 지식을 가져야 한다. 형상에 대한 비전이야말로 인간이 염원하는 최상의 것이며, 어떠한 교육이든지 그 목표를 형상에 대한 비전을 만들어내는 데 두어야 한다. 그런데 현실세계와는 다른 초월세계를 제시하는 이론이라면, 반드시 그런 초월세계와의 감응이 어떻게 가능해지는가를 설명해야 한다. 이러한 문제에 대한 플라톤의 해결방안은 우리가 이미 소유하고 있는 지식을 다시 확인하는 데 있다. 이것이 바로 그리어로 아남네시스(anamnesis), 이른바 상기(想起)이다. 그에 따르면 모든 학습은 타고난 지식에 대한 의식의 되살림이다. 플라톤은 「메논」에서 소크라테스에 의해 어떤 노예소년이 정답을 확인해 가는 과정을 예로 든다.[4] 이 이야기는 소크라테스가 사용하는 논증술을 축약된 형태로 보여주고 있다. 그 노예소년은 기하 문제를 풀어보라는 제안을 받고 금방 확신에 찬 답변을 내린다. 그렇지만 계속되는 질문에 그 소년은 혼란에 빠지고 마침내 자신의 무지를 깨닫는다. 몇 가지의 질문을 더 받고서야 비로소 그 소년은 정답에 이른다. 소크라테스의 질문이 선도적인 역할을 하고 그 소년은 각 단계를 이해하면서 자신이 합리적이라고 생각하는 것에 대해 동의하게 된다. 새로운 지식의 원천은 이미 그 자신의 내면에 있는 것처럼 보이며, 그것은 그가 지금 갖고 있는 믿음의 근거가 되는 것처럼 보인다. 소크라테스가 주장하는 바는 그 소년이 이미 그가 갖고 있던 지식을 다시 획득한다는 점이다. 그러한 지식은 생활하면서 획득한 것이 결코 아니므로, 그는 그것을 갖고 태어났다는 결론에 이르지 않을 수 없다. 소크라테스는 "만물에 대한 진리가 영혼 속에 존재한다면, 영혼은 영원불멸하다"[5]고 결론짓는다. 영혼은 현실세계에 속하기 전에 형상과 관련되지 않을 수 없다는 것이다.

상기의 과정은 구리판에 붙은 종이를 조금씩 벗겨내 새겨진 모양을 차츰 드러내게 하는 구리판 벗기기의 과정에 비유되어 왔다. 구리판에 새겨진 모양은 처음에는 분간하기 어렵지만, 점차 구체적인 모양으로 확연하게 나타난다. 소유하고 있지만 아직 깨닫지 못한 잠재적 지식을, 우리의 마음 전면에 나타난 지식과 구별함으로써 인간 정신의 무의식적인 측면의 중요성을 일깨울 수 있다. 플라톤의 통찰과 프로이트의 무의식과의 상관관계를 지적하는 사람도 있다. 분명히 플라톤이 제기한 문제는 많은 측면에서 막대한 영향력을 행사해 왔다. 영혼불멸의 개념과 관련하여 서양사상사에서 플라톤을 추종한 사람이 많지는 않았지만, 우리가 물질세계의 제약에서 벗어날 수 있다는 주장은 지속적으로 매력을 발휘하고 있다.

플라톤은 물질세계의 비영속성에 대해 신랄히 비판하였고, 자신의 『국가』에서 물질세계에 참된 존재가 있음을 인정하기를 거부했다.[6] 오로지 형상만이 정말로 참되며 타당한 지식의 대상이 될 수 있다. 대부분의 사람들이 갖고 있는 믿음은 쉽게 변하는 것으로서, 그것은 '존재'와 '비존재' 사이를 왔다 갔다 하는 불안정한 것이다. 플라톤은 일상세계의 실재성에 대한 전면부정으로부터 한 걸음 물러서긴 했지만, 일상세계가 영원불변하는 형상의 세계에 비하여 거의 무가치하다고 주장한 것만은 분명하다. 여기서부터 인간의 영혼이 그것을 구속하는 육체에 비해 훨씬 더 가치가 있다는 결론에 이른다. 「파이돈」에서 플라톤은 육체가 영혼의 진리추구를 방해한다고 주장한다.[7] 육체적 감각과 욕구로부터 자유로운 영혼이야말로 진지(眞知)를 염원할 수 있기 때문에 육신을 경멸하는 것은 플라톤만의 고유한 특색이 될 것이다.

후기 대화편에서, 플라톤 자신은 이러한 이론의 몇 가지에 대해 의심을 품기 시작한다. 그는 우리가 주변세계의 지식을 가질 수 있다든가, 그러한 세계에 대해 실재성을 부여할 수 있다고 하는 견해를 받아들이는 데 대해 더 이상 혐오스러워하지 않는다. 그는 이러한 세계와 형상이 어떻게 관련되는가를 비롯하여, 무엇을 형상으로 보아야 하는가를 입증하기 어렵다는 것을 알았다. 그럼에도 불구하고 그의 형상론은 '플라톤주의'(Platonism)의 전형을 보여주고 있으며, 당대의 회의주의와 상대주의에 맞서는 객관적 지식에 대한 그의 확고한 의지는 결코 의심을 받은 적이 없었다. 지식을 추구하는 것이 여전히 인간본연의 임무로 남아 있었던 것이다.

육체의 감옥에 갇힌 인간

플라톤이 이론적 지식만을 강조한 것처럼 보일지 모르나, 소크라테스를 비롯하여 플라톤에게 지식은 모든 것을 포괄하는 것이었다. 소크라테스가 지식과 덕을 동일시했던 것은, 우리는 우리가 옳다고 알고 있는 것을 언제나 실행에 옮긴다고 낙관적으로 생각했기 때문이다. 그렇다면 우리가 그렇게 행위하는 것을 방해하는 것은 다름 아닌 무지이다. 플라톤이 형상론을 제시하게 된 주된 이유 중의 하나는 우리에게 객관적 도덕 기준을 제시하기를 원했기 때문이다. 정의와 선에 대한 절대적 기준이 이 세계 속에서 불완전하게 반영될지 모르지만, 우리는 그러한 기준에 대한 지식을 다시 획득해야 한다. 플라톤이 물질 세계를 참된 실재로 보지 않은 것은 우리의 관심이 다른 영역에로 돌려져야 한다는 것을 뜻한다. 우리가 사물의 존재방식과 일치된 삶을 살고자 한다면, 우리는 도덕적으로 그리고 지적으로 그러한 실재에 맞출 수 있어야 한다.

플라톤은 인간 이성이 우리 인격의 다른 부분과 자주 충돌한다는 점을 인정했다. 우리는 덕을 추구하기가 어렵다는 것을 알고 있으며, 플라톤은 인간의 정신 즉 영혼을 저마다 독특한 욕구를 가진 세 부분으로 나누어 설명한다. 이성은 영혼 전체를 관장해야 하고, 플라톤이 두 부분으로 나눈 감정적 요소를 통제해야 한다. 따라서 이성의 욕구를 제외하고도 음식과 섹스에 대한 육체적 욕구가 있으며, 분노나 야망과 같은 정열을 포괄하는 '기개'(氣槪)라고 명명되는 욕구도 있다. 이성은(예를 들어, 지식에 대해) 그 나름의 욕구를 가지며, 우리로 하여금 행동을 하도록 만든다. 그러나 이 모든 논의는 출발부터 이성과 욕구를 가르는 중요한 구별을 하고 있다. 플라톤은 우리 본성의 동물적 부분을 희생시키면서 인간의 이성 소유를 특징적으로 앞세운다.

『파에드로스』(*Phaedrus*)에서 실감나는 이미지를 동원하여, 플라톤은 영혼의 세 부분을 두 마리의 못된 말과 그 말들을 통제하고자 하는 어떤 인물에 비유한다.[8] 하나는 영혼의 기개 부분에 해당하는 것으로서 태생이 고귀하여 비교적 다루기가 쉽지만, 다른 하나는 육체적 욕구로 묘사되는 것으로서 태생이 미천하여 '채찍에도 결코 말을 듣지 않는' 것으로 묘사된다. 이성은 마부로서 이 둘을 통제할, 특히 육체적 욕구로 묘사된 것을 통제할 막중한 의무를 갖는다. 플라톤은 이성이 각 부분을 지배해야 한다고 믿지만, 그 각 부분이 본질적으로는 평등하다고 믿는다. 이성은 이 말들을 풀어줄 수는 없으며, 그 말들을 계속해서 인도해야 한다. 여기서 목적은 조화와 화합에 있어야 하며, 다른 모든 것을 희생시키면서 이성을 추구하는 것이어서는 안 된다.

인간의 특질 중에서 합리적인 부분과 비합리적인 부분의 관련성은 플라톤류의 이론이 언제나 직면하는 문제이다. 이성을 앞세우며 진리를 어떤 다른 차원에 자리잡게 하면 현실세계와 현실세계에서의 욕구를 무시하는 경향이 생긴다. 플라톤은 이러한 경향이 인간 심리라는 측면을 고려해 볼 때 매우 불공평하다는 것을 인정한다. 그리고 성적 욕구가 우리 욕구에서 '주요한 역할'을 담당함을 인정한다. 마부의 이미지는 그것을 통제하기가 얼마나 어려운가를 보여준다. 그럼에도 불구하고 플라톤은 이성을 순수성과 연결시키기도 하며, 이성의 참된 고향을 형상의 세계로 묘사하기도 한다. 그래서 영혼의 이성 부분은 다른 부분들의 인도자일 뿐만 아니라 실제로 영혼 자체이기도 하다. 만일 영혼이 육체적 욕구로만 채워진다면 영혼의 불멸에 문제가 생기게 된다. 영혼이 육체와 분리될 수 있어야 동물과 공통되는 부분이 없어질 것이다.

플라톤은 영혼의 불멸을 주장하면서 영혼에 내재하는 악덕이나 해악이 그것을 파멸시킬 수는 없다고 말한다. 플라톤은 "서로 맞지 않는 여러 요소들로 구성되는 어떤 것이 불멸성을 갖기란 쉽지 않은 것처럼, 영혼도 우리에게는 그렇게 보인다"[9]는 점을 인정한다. 그는 현실세계의 영혼이 그 본래의 본성과 일치하지 않는 것은, 영혼이 육체와 결합되어 타락하였기 때문이며, 육체의 욕구가 영혼을 오염시켰기 때문이라고 주장한다. 영혼의 본성은 육체와 결합됨으로 말미암아 어느 정도 변한다는 것이다. 그는 영혼을 바다의 신에 비유하며, 수족이 파도에 의해 상처를 받으면서도 바다의 신이 보이지 않는 것은 해초와 두터운 표피로 감싸졌기 때문이라고 말하였다. 이처럼 영혼은 현실세계에서는 그 모습을 드러내지 않지만, 지혜에 대한 사랑을 통해서 본 모습을 드러낼 수 있다. 영혼의 이러한 삼분설은 육신을 가진 영혼에 대한 매력적인 견해일 수도 있다. 그러나 영혼의 근본적인 운명을 생각할 때 이러한 견해가 갖게 되는 약점을 플라톤은 인정하고 있다.

육신을 영혼의 감옥으로 보는 플라톤의 견해로부터 반복적으로 나오는 하나의 이미지가 있다. 플라톤의 이원론은 분명히 비물질적인 것과 물질적인 것을 대비시키고 있는데, 물질적인 것에다 세상의 모든 악을 결부시키는 것은 자연스럽게 보인다. 물질의 일시성과 가변성 때문에 플라톤은 진리의 원천을 다른 곳에서 찾았던 것이다.

그러나 영혼이 파멸될 수 없는 것이라고 해서 본래적으로 선한 것은 아니다. 비물질적인 영혼이 말 그대로 '여러 부분들'로 이루어진다고 생각하는 것은 이상할 수도 있다. 그러나 플라톤의 영혼 삼분설은 수시로 발생하는 내면의 갈등에 대한 관심에서 나온다. 우리의 선택이 어김없이 도덕적으로 옳은 것은 아니다. 그래서 플라톤이 주장하는 내용의 전반적인 핵심은 무엇이 정말로 선하고 정당한가를 파악할 수 있게 하는 적절한 교육을 받지 않고서는, 우리가 옳게 되는 것이 우연에 불과하다는 것이다. 우리는 수시로 구제불능의 그른 길로 빠지기도 한다. 인간의 영혼은 악과 절연될 수 있는 것이 아니라, 오히려 지식을 소유하지 못함으로써 악의 온상이 될 수 있는 것이다. 우리에 대한 판단은 우리 자신의 밖에 있는 어떤 기준에 따라야 한다. 우리가 어쩌다가 무엇이 옳다거나 좋다고 믿게 되었다는 이유만으로 그 무엇이 옳거나 좋게 되는 것은 아니다.

플라톤은 우리의 내면에서 발생하는 갈등을 심각하게 생각하지만, 그의 관점은 피안의 세계에 있다. 우리의 참된 본성은 궁극적 실체에 대한 지식으로부터 나오는 이성적 생활에 있다. 기독교인들은 선의 형상 속에서 기독교적인 신에 해당되는 무엇인가를 찾으려는 경향이 있지만, 선의 형상은 비인격적인 형식이자 기준으로서, 인격적인 창조자가 아니다. 형상은 서로 다른 수많은 대상들이 서로 공유하는 '보편자'(universals)이다. 우리는 모두 선해질 수 있으며, 이 말은 우리가 서로 선의 형상을 분유한다는 의미이다. 우리가 형상에 대해 개인적으로 보다 많은 지식을 체득하고자 염원하면 할수록, 우리는 우리의 참된 본성을 더 많이 성취한다. 그렇지만 모든 신비주의가 그렇듯이, 개체가 그보다 더 큰 전체에 삼켜지게 되는 순간이 등장한다. 실재는 보편자들에 의해 소유되지만, 보편자들을 반영하는 특수자들에 의해서는 소유되지 않는다. 이것은 우리의 개체성(individuality)에 관한 문제를 제기하게 된다. 플라톤은 영혼의 윤회에 대한 피타고라스식의 믿음에 영향을 받았다. 그는 영혼을 이성의 보편적 불꽃으로 생각하여 모든 지식의 원천과 이성과의 긴밀한 관계를 복원시키려고 하였다. 그러나 그렇게 할수록 한 인간의 개체성과 관련된 구체적 특징들을 무시하는 경향은 더 많이 생기게 된다. 그래서 철학적 사유는 우리에게 열려 있는 가장 높고도, 가장 고귀한 삶의 방식으로 나타날 수 있었던 것이다.

철학자가 통치하는 이상국가

『국가』가 완벽한 국가의 청사진으로 의도된 것이기 때문에 플라톤의 관심은 단순히 피안의 세계에만 있지 않았다. 그가 바라던 것은 만인의 이익을 위해 지혜롭게 통치할 수 있는 이상국가의 한 계급 전체를 교육시키는 것이었다. 그들 영혼이 이미 정의의 참된 본성을 파악하고 있기 때문에 그들은 정의로운 것이 무엇인지를 알게 될 것이다. 플라톤은 다음과 같이 대담하게 주장한다.

> 철학자들이 그들이 사는 국가의 왕이 되거나, 현실 세계의 왕과 왕자들이 철학적 정신과 권력을 동시에 가질 때까지 ……국가는 재앙에서 완전히 벗어날 수 없을 것이다—내가 생각하기에는, 인류에게도 재앙이 그치질 않을 것이다. 그렇다면 여기서 우리가 말하는 이상국가만이 생명을 가질 수 있고 광명을 보존할 것이다.[10]

플라톤의 비전에 대한 한 가지 반론은 "누가 지배자들을 지배하느냐?"(라틴어로 Quin custodiet custodes ipsos)라는 말로 요약된다. 즉 '철학자 왕'이나 통치자들과 같은 엘리트들이 권력 때문에 부패하지 않을 거라고 어떻게 장담할 수 있느냐는 것이다. 사람이 결코 완전할 수 없다면, 이러한 반박은 물리치기 어렵다. 그렇지만 플라톤이 말하는 지배자 계급은 올바른 교육을 통해 배출될 수 있다. 그들은 그들 영혼의 분별없는 부분에 의해서가 아니라 이성에 의해 통제되는 사람들이다. 이것이 바로 『국가』가 왜 교육문제에 큰 비중을 두고 있는가에 대한 이유이다. 플라톤은 국가를 통치할 때 필요한 구체적인 규제사항들을 제시하는 것보다 올바른 사람을 배출하는 것이 훨씬 더 중요하다고 생각했다. 그는 국가의 시민들이 제대로 교육을 받으면, 그들은 어떤 규제사항이 필요한가를 스스로 깨닫게 되리라고 생각했다. 좋은 국가는 좋은 사람들에 의해 이루어진다는 것이다.

인간 영혼의 세 부분에 상응해서 플라톤은 국가에 통치자, 군인, 서민의 세 계급이 있다고 생각했다. 정의로운 사람이라면 자신의 영혼의 서로 다른 부분들 사이에서 조화를 이루어야 하는 것처럼, 국가의 정의는 계급들 사이에서 생기는 불화의 제거를 함축한다. 플라톤은 국가와 개인 사이의 유비추리를 전개하는 데 그치지 않는다. 그는 개인이 계급을 만들어가는 형태로부터 여러 계급들이 그들의 특성을 획득하게 된다고 믿었다. 플라톤은 매우 단호하게 "우리 각자에게는 국가에 있는 것과 똑같은 원리와 습관이 있다. 국가가 그것들을 도출해내는 것은 다름아닌 개인으로부터이다"[11]라고 주장한다. 그는 소크라테스가 만족스러워하면서 주장한 것처럼, '세계에서 그리스만의 특성이라고 할 수 있는' 지식에 대한 사랑이든, 아니면 페니키아인과 이집트인의 특성인 돈에 관한 사랑이든간에, 한 국가의 특성은 개인들로부터 나온다고 주장한다.

같은 취지로 그는 이상 국가의 미래 세대에 대한 이야기를 한다. 황금의 핏줄을 타고나 명령을 할 수 있는 권한을 갖는 사람이 있고, 은의 핏줄을 타고나 보조자가 되어야 하는 사람이 있는가 하면, 구리와 쇠의 핏줄을 타고나는 여타의 사람들은 수공업자나 농부가 되어야 한다.[12] 황금의 핏줄을 타고나는 사람들은 통상 황금의 자손을 갖게 되지만, 플라톤은 언제나 그런 것은 아님을 인정한다. 경우에 따라서 지배자들에게 영혼에 구리나 쇠가 섞인 자식들이 태어나, 그 자식들이 수공업자가 되어야 할지도 모른다. 마찬가지로 수공업자의 자식이 출세를 할 수도 있다. 공적(merit)이 국가의 선을 위해서 출생보다 우선해야 한다.

플라톤은 교육이 성취할 수 있는 정도에 한계가 있음을 인정했다. 사람들이 무제한적으로 교육될 수 있는 것은 아니기 때문이다. 플라톤의 엄격한 계급구조는 개인들 사이의 차이를 반영하려는 것이지, 그러한 차이를 의도적으로 만들려는 것은 아니었다. 플라톤은 교육이 국가 지도자로서의 엘리트를 골라서 배출하는 역할을 해야 한다는 영향력 있는 이론을 제시한 최초의 사람이었다. 천부적 능력과 성향이 무척 다양하다고 생각했기 때문에, 그는 이 점이 국가의 본성에 반영돼야 한다고 믿었던 것이다.

문제는 서로 다른 계급이 그리스 도시국가들의 특질로 알려진 갈등을 피하면서 조화롭게 함께 살아가는 것을 보장할 수 있느냐는 것이다. 개인의 윤리적인 미덕이 영혼의 한 부분의 통제에 의해 성취되듯이, 정의도 한 계급의 통치에 의해 성취되어야 한다. 플라톤은 선에 대한 지식을 획득할 수 있는 사람의 수효는 극히 적다고 믿으면서 권위를 가진 그들을 신뢰하라고 권유하였다. 그럼에도 그들이 곧 국가임을 보증하기 위해, 플라톤은 그들이 사유재산을 소유해서 안 되며 가족을 국가에 대한 충성보다 앞세워서도 안 된다고 규정한다. 부인과 자식들은 공동 소유가 되어야 하며, 일시적인 결혼생활이 이루어지더라도 부모들은 그들 자식이 누구인지를 알려고 해서는 안 된다는 것이다.

플라톤은 전체주의자의 혐의를 받아왔으며, 마치 공동체의 복지를 위해서라면 기꺼이 개인의 복지를 희생시키려는 듯 보인다. 하나의 전체로서 국가의 목표를 구성원 개개의 욕구보다 우위에 놓았다. 플라톤은 국가를 유기체적 통일로 파악하였다. 물론 공동체의 복지가 어느 정도까지 그 구성원들의 복지와 분리되어 판단될 수 있는가는 결코 분명치 않다. 분명한 것은 그 자신이 바람직하다고 여기는 목적을 추구하는 데 있어 플라톤이 놀라울 정도로 무모했다는 점이다. 심지어 그는 통치자가 "국민들의 이익을 위해서라면 거짓과 술수라는 처방도 필요하다는 것을 알게 된다"[13]고 주장했다. 예를 들어 능력 있는 사람들이 미천한 능력의 사람들과 결혼을 하지 못하도록 교묘한 제비뽑기 방법을 고안하여, 미천한 사람들이 그들끼리의 결혼을 운수 소관으로 돌리게 하는 방법을 그는 권유하였다.

개인과 국가 사이의 관계는 여전히 당혹스런 문제로 남는다. 플라톤의 국가 '유기체' 개념은 여전히 개인의 중요성을 강조할 수 있는 여지를 남겨 놓았다. 그는 개인이 그들의 정체성을 단순히 국가 내에서의 그들의 역할 때문에 얻게 되는 것으로는 생각하지 않았다. 매우 엄격한 계급 체계에도 불구하고, 그는 어떤 계급의 성원이 된다는 것이 한 개인에 관한 가장 중요한 사실이라고는 생각하지 않았던 것이다. 반대로 그는 사람들이 그들 자신이 본래 어떤 종류의 사람이냐에 따라 어떤 계급에 속한다고 보았다. 마찬가지로 국가도 그 구성원이 얼마나 훌륭한가에 달렸다. 최종적으로 모든 것은 개인의 영혼 상태로 귀결되지 않을 수 없다. 모든 사람들이 전체의 선을 위해 합심하여 조화롭게 일하는 것이 중요하기는 하지만, 그것은 개인적인 도덕을 배제하기보다는 차라리 강화하는 것이다. 플라톤은 분명 민주주의자가 아니었으며, 오로지 소수의 사람만이 국가 수호에 필요한 윤리적인 덕을 성취할 수 있다고 믿는 냉소주의자 혹은 현실주의자였다. 그럼에도 불구하고 국가가 목적 그 자체는 아니다. 그 보다 더 높은 권위가 존재하거나, 객관적 기준이 존재하거나, 아니면 형상이 존재하며, 바로 그것이 전 우주의 구조 속에 반영된다고 보았다.

정의에 관한 플라톤의 전체 견해는 도덕의 중요성을 강조함으로써 시작된다. 플라톤과 소크라테스는 사람들의 덕은 그들 내면으로부터 나와야지, 외부의 우연적인 사태로부터 나와서는 안 된다고 믿었다. 사람들은 자신의 내면을 잘 조절하여 내면의 평화를 얻어야 한다.[14] 플라톤은 음악적 메타포에 관심을 갖고 인간 영혼의 세 부분을 서로 다른 음계에다 비유하였다. 조화를 추구하고 불화를 제거하여 정의로운 행동과 선한 행위를 할 수 있도록 하는데 그 목적이 있음이 분명하다. 영혼불멸에 대한 그의 믿음으로 말미암아 순간적인 이익보다는 내면의 상태에 더욱 많은 가치가 부여되고 있다. 그가 바라는 것은 영원한 가치를 지니는 것과의 상호 교제이다. 사물의 참된 본성과 일치하는 삶을 살아갈 때 비로소 개인으로서의 우리 그리고 전체로서의 국가는 번영한다는 것이다.

자연과 관습, 피지스와 노모스를 대비시키려고 했던 사람들에 대한 플라톤의 답변은 우리의 모든 관습, 즉 개인으로서의 삶의 양식과 국가 내에서 제도화된 법률, 이 모든 것이 실재를 반영해야 한다는 것이다. '자연'은 단순히 물질세계에 불과한 것이 아니라, 목적과 가치를 포함하는 것이어야 한다. 플라톤은 과학적 세계와 도덕적 세계의 구별, 곧 '사실'과 '가치'의 구별을 하지 않으려고 했다. 그의 견해에 따르면, 마땅히 존재해야 하는 사태는 현재 존재하는 사태와 결코 분리될 수 없다. 국가와 그 구성원인 시민은 선 그 자체가 개인적인 선호나 관습의 문제가 되지 않는 세계에 자리잡고 있음을 인식해야 한다. 그것이 바로 존재의 핵심으로 이해되어야 한다.

현대적 의의

플라톤 이후의 모든 서양철학은 그의 저작에 대한 일련의 주석에 지나지 않는다고 말하는 이도 있다. 분명한 것은 플라톤이 깊은 관심을 가졌던 문제들에 대해 어떤 견해도 취하지 않는다면, 인간 본성에 대한 어떤 결론도 내리기 어렵다는 사실이다. 가장 근본적인 문제는 인간이 가치의 자율적인 창조자인가 아닌가의 여부, 혹은 가치가 충만된 세계에 사는 까닭에 우리는 가치에 부합하는 삶을 통해 행복을 성취하게 되고 우리의 본성과 어긋나면 불행을 자초하게 된다는 것의 진위 여부이다. 플라톤에게 있어 불의가 생겨나는 것은 '자연적 질서와 모순되는 사태가 빚어질 때'[15]였다. 정의가 개인의 영혼과 국가체제와 관련되는 것은 건강이 인간의 신체와 관련되는 것과도 같다. 정의로부터의 이탈은 타락이다. 도덕 판단은 참 아니면 거짓으로서, 세계의 본성과 그 세계에서의 우리의 위치에 대한 올바른 이해에 근거해야 한다. 진리를 부정함으로써, 위험스럽게도 진리가 존재하지 않는다는 진리를 말하게 되는 부정합적 결론에 이르는 상대주의자를 플라톤은 결코 인정하지 않았다. 이러한 논쟁은 여전히 현대에서도 똑같이 재현되고 있다.

그가 개인에 대해 오늘날과 같은 개념을 가지고 있었는지는 분명치 않다. 그는 영혼이 그 자체로서 궁극적인 가치를 지니는 유일무이한 개별자라고는 보지 않았다. 그는 우주의 중심에 개체성이 아니라 선 그 자체와 같은 추상적 존재를 놓았다. 영원한 이성의 빛이 나의 내면에 자리잡고 있다 해도, 그러한 상태를 진정으로 나라고 보기는 힘들다. 나의 관심과 감정을 통제하는 것은 보편적인 원리임이 분명하다. 국가에 대한 한 개인의 헌신은 국가를 재발견할 수 있게 하는 형상에 대한 지식을 통해야 비로소 가능해진다. 지식과 진리는 국가라는 유기체적 통일체 전체에 스며들어야 한다. 그럼에도 불구하고 이렇게 하기 위한 방법으로서 개인의 도덕적 성품에 대한 강조는 각 개인의 책임에 초점을 맞추고 있다. 국가의 번영은 각 구성원에 달려 있다. 플라톤이 국가 구성원의 일부가 다른 구성원에 비해 중요한 역할을 수행한다고 보았다는 것은 그가 민주주의에 대해 편견을 가지고 있었음을 뜻한다. 진리는 언제나 다수결에 의해 얻어질 수 있는 것이 아니다. 그렇지만 진리에 높은 가치를 두는 이론이 언제나 실감하는 것은 개인들로 하여금 그들의 잘못된 결단을 깨닫도록 하기가 무척 어렵다는 것이다. 경우에 따라서는 관용에 대한 욕구와 진리에 대한 사랑이 잘못된 결단을 깨닫게 한다.

도덕 행위자로서 개인의 중요성을 인정한 까닭에, 플라톤은 인간의 영혼 속에서 번번히 발생하는 갈등에 특히 관심을 기울인다. 이성과 욕구 사이의 투쟁은 철학의 영원한 문제이며, 그래서 합리적이지도 않고 그렇다고 비합리적이지도 않은 욕구에 대해 플라톤보다 더 큰 관심을 보이는 철학자들이 많아질 것이다. 내면의 갈등이 인간 삶의 불가피한 요소이냐 하는 문제는 여전히 남아 있으며, 그 같은 문제는 공동체의 차원에서도 발생한다. 계급들 사이에 명확한 구분선을 그어놓음으로써, 플라톤은 공동체 내에서 심각한 갈등이 빚어질 확률을 한층 더 높여 놓은 듯하다. 그렇지만 이러한 결과는 그가 피하고 싶어한 것이기도 하다. 그가 권위주의적 체제의 해결책을 제안한 까닭은, 바로 이러한 위험성을 알고 있었기 때문이다. 그렇게 함으로써, 그는 적어도 갈등의 두 가지 원천을 처리하였다. 무엇보다도 먼저 생각해야 할 것은, 어떤 사회에서든 선의 내용에 대해 서로 상충하는 개념이 있게 마련이라는 점이다. 이른바 '자유주의적' 사회는 개인들 사이에 상충하는 개념들의 우위를 판정하려고 하지 않을 것이며, 가능하면 각 개인들이 그들 자신의 이상에 따라서 살 수 있게 하는 메커니즘을 제시하려고 할 것이다. 그러나 플라톤은 전혀 그렇게 하지 않았다. 오로지 하나의 선이 존재하며, 국가의 생활은 그러한 선을 반영해야 한다는 것이다. 통치자의 지식으로 국가의 정부를 관장해야 한다는 것뿐이다.

또 다른 정치적 갈등의 원천은 자기 이외의 다른 모든 사람들을 무시하고 무리하게 자기 자신의 이익만을 추구하는 개인들의 이기주의에서 비롯된다. 이것은 불가피하게 힘있는 자가 언제나 승리한다는 것을 뜻하며, 정의란 '강자의 이익'에 지나지 않는다는 『국가』의 초두에 언급된 트라시마쿠스의 냉소적인 신념의 배후에 놓인 견해이다. 플라톤은 인간 본성은 권력의 유혹을 극복할 수 있다고 생각했다. 자신의 영혼을 합리적으로 통제하는 통치자들은 어떠한 사심도 없이 국가를 통제한다는 것이다. 그렇지만 통치자들을 국가와 일치시키는 데에는 엄청난 부담이 따른다. 가정생활과 사유재산이 없다면, 통치자들의 개체성은 소멸되고 만다. 그들의 삶의 양식은 지독히 부자연스러운 것처럼 보인다.

이기주의, 혹은 이기성의 문제는 자아의 본성에 관한 문제를 야기한다. 자신의 이익만을 원하여 다른 자아를 무시하는 자아의 정체는 무엇인가? 인간의 본성에 대한 어떠한 이론이라도, 인간성 일반에 초점을 맞추는 것에 그칠 수는 없다. 인간 본성에 관한 이론이라면 반드시 인간들 사이의 차이와 그들 각자의 내면적 갈등에 주목하여야 한다. 그리하여 그것들이 인간 상호간의 관계에 어떻게 영향을 미치는가를 확인해 보아야 한다. 인간 개개의 특성이 인간 본성 문제의 핵심임을 플라톤의 저작은 입증하고 있다.

아리스토텔레스(Aristoteles)

인간은 이성적 동물이다

우리는 우리 자신을 영원불멸의 존재로
만들어야 하고, 우리 안의 최선의 것들에
맞추어 살아가도록 노력하여야 한다.

만물에는 목적이 있다

플라톤의 시대는 아리스토텔레스의 시대이기도 했다. 기원전 384년에 태어난 아리스토텔레스는 플라톤이 창설한 철학학교 아카데미아의 학생이었다. 그곳에 20여 년을 머물다 플라톤이 세상을 떠나자 그는 거기서 나왔다. 그는 나중에 리케움 혹은 페리파토스라는 자기 학교를 세우기 위해 돌아왔다. 그 사이 얼마동안 그는 마케도니아 필립 왕 아들의 가정교사로 활동했다. 그 소년이 나중에 위대한 역사적 인물인 알렉산더 대왕이 되었던 까닭에, 이것은 중요한 의미를 지니는 것으로 지적되곤 한다. 그러나 철학적 관점에서 더 중요한 것은 아리스토텔레스가 플라톤의 사상을 더욱 성숙시켰으며, 중요한 몇 가지 면에서 플라톤의 사상을 벗어났다는 점이다.

아리스토텔레스는 여러 가지 방대한 저작을 남겼는데, 아마도 이것은 정리된 문헌이라기보다는 리케움에서의 그의 강의록이었을 것이다. 그는 이론적 주제뿐만 아니라 과학적 주제와 비교 정치학에 대해서도 저술했다. 우리가 받아들이고 있는 학문의 분류는 많은 부분 아리스토텔레스의 덕택이다. 그의 저서 『형이상학』(*Metaphysics*)은 순서상 물리학(Physics) 다음에 오기 때문에 그렇게 명명되었다(meta라는 말은 '다음'이라는 뜻이다). 그럼에도 불구하고 그 책의 주제는 여전히 '형이상학'으로 알려져 있다. 거의 상식처럼 되어버린 사유의 기본 범주도 그 기원이 아리스토텔레스에게서 찾아지곤 한다. 범주라는 개념 자체가 아리스토텔레스의 개념이었고, '실체'의 중요성을 강조한 사람도 바로 그였다. 그의 선배들의 관심사였던 변화하는 세계에 관한 문제에 직면하여, 그는 조심스럽게 변화의 주체를 동일한 사물로 존속하는 가운데 변화하는 방식과 구별하였다. 예를 들어 어떤 사물의 색깔이 변할 수는 있지만, 그렇다고 그것의 존재가 없어지는 것은 아니다. 실체는 여전히 존속한다.

아리스토텔레스의 연구방법은 플라톤의 그것과 비교하면 좀 더 현실적이고 좀 덜 신비적이다. 그는 '형상'이 고차원적인 존재의 영역으로 분리될 수 없다고 주장하면서, 형상을 현실세계 밖이 아닌 그 안에 놓았다. 어떤 조각(彫刻)의 형상은 모종의 초월적 세계 속에 있는 것이 아니라, 그 조각 안에 있다. 그리고 사물의 질료는 바로 이 형상에 따라 모양을 갖추게 된다. 그럼에도 불구하고 어떤 한 조각에 대해 여러 복제품이 있을 수 있는 것처럼, 상이한 사례들이 있을 수 있다는 점에서 여전히 형상은 보편적이다. 형상은 그 조각을 조각이게끔 하며, 형상이 없다면 조각은 구리덩어리에 지나지 않게 된다. 아리스토텔레스는 형상들이 서로 겹칠 수 있음을 인정한다. 그는 [조각의 재료가 되는] 구리 자체가 이미 모양을 갖추고 있다고 여겼던 것이다. 그렇지만 원칙적으로 그 근저에는 조금도 모양을 갖추지 않은 최초의 질료가 놓여 있다. 우리가 보는 만물은 질료와 형상의 결합이다. 각각의 실체는 이 두 가지의 산물이다.

아리스토텔레스 사상의 핵심은 인과론으로,[1] 이것은 현대적 인과개념보다 더 포괄적이다. 그는 사물 본성의 근거, 즉 사물이 존재하기 위한 필요조건에 주목한다. 그는 질료인(質料因)—사물의 재료가 되는 것—과 형상인(形相因)—사물이 모양을 갖추는 방식—모두를 강조했다. 뿐만 아니라 그는 운동인(運動因)도 제시했는데, 그것은 변화의 원천과 관련하여 우리가 원인이라고 명명한 것과 일치한다. 수공업자는 만들어진 물건의 운동인이며, 이러한 의미에서 아버지는 자식의 원인이 된다고 아리스토텔레스는 주장하였다. 아리스토텔레스에게 가장 중요한 원인은 '목적인'(目的因)이다. 이것은 그 무엇 때문에 어떤 일이 이루어진다고 할 때의 그 무엇을 가리킨다. 아리스토텔레스는 건강해지기 위한 산보를 예로 드는데, 여기서 건강은 산보의 목적인이다. 목적 즉 텔로스(telos)라는 개념을 통해, 아리스토텔레스는 사람의 의도적 행위뿐만 아니라 만물이 목적을 추구한다는 목적론적 견해를 적극적으로 입증하려고 했다. 아리스토텔레스는 인간의 목적을 묻는 것은 타당하다고 생각했다. 여기서 그는 소피스트의 견해를 반박하는 소크라테스와 플라톤의 견해에 동조하였다. 정신과 목적은 플라톤에게서처럼 아리스토텔레스에게도 중요하였다. 물론 그는 플라톤의 이분법적 세계관을 거부하였다. 아리스토텔레스는 플라톤의 유기체적 국가관이 지나치게 획일적이라는 근거에서 비판하였고, 다양성과 개별성의 사실을 강조하였다. 그는 국민이 서로 다른 여러 종류의 사람들로 구성된다는 점을 지적하면서, "국가가 더 이상 국가가 아니면서 어느 정도의 통일성을 유지할 수 있는 지점이 존재하는데, 그 지점에서 국가는 여전히 존재하면서도 합창이 조화를 이루는 것과 같이 작은 공동체가 된다"(아리스토텔레스, 『정치학』, 1263b)고 주장한다. 국가는 사실상 '교육을 통해 결합됨으로써 공동체를 이루어야 하는' 다원적인 것이다.

아리스토텔레스의 비전은 플라톤에 비해 현실세계에 훨씬 더 많은 기반을 두고 있으며, 이러한 현실세계는 시작도 끝도 갖고 있지 않다고 생각했다. 그것은 창조되는 것도 아니며, 어떤 완벽한 상태로 이행중에 있는 것도 아니다. 그러나 그는 어떤 궁극적 원인, 즉 부동의 원동자(Unmoved Mover)의 개념을 받아들이며, 이것은 "영원하면서도 움직이지 않으며, 감각적인 사물과는 독립적인 존재다"[2]라고 말한다.

그는 분명히 선의 형상과 같은 개념을 논박하면서, 특히 그것이 현실의 실천적 관심과 무관하다고 논증하였다.[3] 그는 의사가 '선 그 자체'에 대한 비전으로부터 어떤 도움도 받을 수 없다고 주장한다. 의사는 건강 자체에 대해 연구를 하는 것이 결코 아니며, 인간의 건강에 대해, 특히 개인의 건강에 대해 관심을 기울인다. 결국 의사는 개인들을 치료하는 것이다.

분명한 것은 영원에 대한 비전이 아리스토텔레스를 플라톤보다는 덜 고무시켰다는 점이다. 플라톤은 가장 가치있는 것을 가장 오래 지속하는 것과 연관지었다. 그러나 아리스토텔레스는 이것을 무시하면서, '선'에 대해 영원하다고 하여 더 선한 것은 아니라고 말한다. 그는 영원히 존재하는 것이 순간적으로 소멸하는 것보다 더 순수한 것은 아니라고 덧붙인다.

그럼에도 불구하고 영원에 대한 열망과 지속되지 않는 것이란 무가치하다는 느낌이 인간에게 늘 남아 있다. 인생이란 빠른 속도로 밀물이 닥치는 해변가의 모래 위에 글을 쓰는 것과도 같다는 생각은 언제나 사람들을 두렵게 하였다. 우리 존재의 발자취는 조만간 씻겨지게 된다. 끊임없는 변화, 가족과의 사별, 죽음을 엄청난 부담으로 느끼는 사람도 있다. 조만간 닥칠 죽음에 대한 지식과 그에 따라 모든 것이 결국에는 부질없다는 믿음은 인간의 기본적 경험이다. 인간 본성에 관한 이론이라면 예외없이 이 같은 경험을 매우 심각하게 생각하였다.

그러나 그들 나름의 투철한 목적의식에도 불구하고, 이러한 문제에 있어서 플라톤과 아리스토텔레스는 서로 다른 길로 접어들었다.

아리스토텔레스는 현실세계에서 변화의 문제를 다루면서도 의미와 가치의 원천이 되는 영원한 기준을 지적해야 할 필요성을 느끼지 않았다. 그에게 있어 진리란 영원을 필요로 하는 것이 아니었다.

이성은 자연의 목적을 발견할 수 있다

국가들이거나 국가의 구성원인 국민들이거나 간에, 그것들이 현실 세계에서 서로 다르다는 점을 아리스토텔레스가 중요하게 생각했다고 해서 상대주의에 이르게 된 것은 아니다. 그가 주목한 것은 만물에 내재하는 목적이었다. 그는 먼저 가족이 어떻게 한 마을의 가족 연합체를 이루게 되는가를 고려한다. 몇 개의 마을들은 자급자족이 충분할 정도의 하나의 공동체(koinonia)로 결합된다. 아리스토텔레스는 사회의 원시적 형태가 자연적이라면, 국가의 '목적'이 그렇듯이 국가 역시 자연적이라고 논증한다. 그는 사물의 본성(nature)이 그것의 목적이라고 덧붙인다(피지스는 곧 텔로스이다). 그는 계속해서 다음과 같이 말한다.

> 우리가 말하는 것이 인간이든 가정이든 가족이든, 그것이 완전히 계발되었을 때의 그 무엇을 우리는 그것의 본성(nature)이라고 부른다. 목적인과 목적은 최선의 상태일 뿐만 아니라, 목적과 최선의 상태는 자기 충족적이기도 하다. 따라서 국가는 자연(nature)의 산물이며, 또 인간이 본성상(by nature) 정치적 동물이라는 것은 분명하다.[4]

아리스토텔레스는 인간과 군집동물인 벌을 구별함으로써 위의 마지막 문구를 강조한다. 그는 철학자들이 언제나 도달하는 중요한 사실, 말하자면 동물 중에서 유일하게 우리만이 언어능력을 갖는다는 핵심적인 사실에 주목한다. 아리스토텔레스의 사상 중에서 이것이 특히 중요한 것은, 우리가 다른 동물들처럼 쾌락과 고통을 그대로 받아들이지 않기 때문이다. 이러한 언어능력은 우리로 하여금 도덕에 관하여, 정의와 불의에 관하여, 선악에 관하여 말을 할 수 있도록 한다. 아리스토텔레스가 보기에 이러한 능력은 가족이든 국가이든, 공동체의 종류에 관계없이 중요한 사항이다. 그는 유기체의 의도나 기능 혹은 본능을 그 유기체의 목적과 결부시켰다. 자연은 유기체를 그러한 방식으로 만들었으며, 그러한 유기체에 적합한 것이 무엇인가를 발견할 수 있는 것은 이성이다. 따라서 정치학과 법률에 대한 연구는 그러한 연구의 도덕적 목적에 대한 이해와 분리될 수 없다. 그는 도덕에 관한 저 유명한 저서 『니코마코스 윤리학』(*Nicomachean Ethics*)의 초두에서, 자신의 탐구가 정치학의 한 분야인 까닭은 정치학의 목적이 인간의 선에 있기 때문이라고 말하고 있다. 아리스토텔레스는 일반적으로 도덕 판단에 오염된 사회과학과 정치학을 제거하려는 목적에서 '사실'로부터 '가치'을 분리시키고자 하는 근대적 열망을 결코 이해할 수 없었을 것이다. 그에게 있어 공동체의 본성은 공동체의 이익과 불가분의 관계를 맺는 것이었다.

개인은 그 스스로 존재할 수 없으며, 따라서 자연은 노동의 분화, 따라서 계급의 분화가 존재하는 정치체제를 산출했다. 사회 없이도 살 수 있는 존재는 신과 짐승뿐이라고 아리스토텔레스는 말한다. 공동체적 삶을 영위하려는 본능이 우리에게 주입되어 있긴 하지만, 그렇다고 사람들이 언제나 함께 연합하게 된다는 뜻은 아니다. 아리스토텔레스는 사물의 가능성을 그것의 현실성과 구별하였다. 도토리는 참나무가 아직 못됐지만, 참나무의 가능태이다. 어떤 사물이 잠재적으로 무엇인가가 될 수 있다는 것이 그 사물의 본성이다. 그러나 도토리는 말이나 사과는 물론이고, 사과나무의 가능태는 되지 못한다. 또 도토리가 저절로 크고 울창한 나무로 성장하는 것은 아니다. 그렇게 되기까지는 적절한 조건이 필요하다. 마찬가지로 인간이 본성상 사회적이기 때문에 언제나 인간이 사회적이 되는 것은 아니다. 사람들이 본성을 발휘하는 데에는 적절한 조건이 필요하다. 바로 이러한 이유 때문에 아리스토텔레스는 "국가를 가장 먼저 세웠던 사람이야말로 가장 위대한 공로자다"라고 말한다. 국가는 사람들이 본성을 발휘하는 데에 적절한 여건을 제공한다. 아리스토텔레스는 "자연은 아무 것도 헛되이 하지 않는다"는 말을 자주 반복한다. 인간과 인간이 사는 공동체는 적절한 목적을 갖지만, 우리의 이성을 통해 이러한 목적을 추구하는 것은 우리의 문제이다. 아리스토텔레스는 인간이 그들의 적절한 목적을 실현하는 경우에는 최상의 동물이 되지만, 규범과 정의로부터 벗어날 때에는 최악의 상태에 놓이게 된다고 주장한다. 역사는 이것이 사실임을 자주 입증하고 있다.

자연(피지스)과 규범(노모스), 이 두 개념의 병렬은 아리스토텔레스의 의도가 이 두 개념을 분리시킨 소피스트를 논박하려는 데 있음을 보여준다. 우리가 부여받은 사회적 본능을 강조함으로써, 그는 규범이나 관습이 어떠한 의미에서도 비자연적이고 인위적이라는 점을 인정하지 않는다. 규범이나 관습은 우리의 본성에 위배되기보다는 우리의 본성을 완성시킨다. 우리의 본성은 그것을 필요로 한다. 그는 인간을 선하고 덕있는 존재로 만드는 세 가지 사항이 있다고 생각했다(그리고 남자들만이 시민이 된다고 했다).[5] 그 세 가지는 자연, 관습 그리고 이성이다. 그는 이 세 가지가 서로 조화를 이뤄야 하며, 이를 위해 시민들은 공동의 이익을 생각하도록 교육되어야 한다고 주장하였다. 아리스토텔레스에 따르면 정부에 참여하고 있는 시민들이 덕을 갖출 때에만 국가가 덕을 갖출 수 있다. 이것이 바로 그가 정치학과 윤리학을 연계시킨 이유이다.

아리스토텔레스는 도시국가가 적절한 환경을 창출하려면 습관이나 관습에 의거해야 한다고 생각했다. 개인은 덕있는 생활에 길들여질 수 있도록 교육을 통하여 적절한 성품을 길러야 하며, 한편 합리적 근거로부터 도출되는 정당한 법률을 국가가 소유하고 있음을 보증해 주어야 한다. 아리스토텔레스는 법의 지배가 중요하다는 점을 결코 의심하지 않았다. 그는 사람들이 다른 사람들에 의해서 위축되는 것을 혐오할 수 있으나 법은 옳은 일을 시행함으로써 거부감을 주지 않는다고 주장한다.[6] 몰개성적인 보편적 규칙의 체계가 특정인의 의지에 따른 강제보다는 더 효과적이다. 그러한 강제는 분노를 불러일으킬 뿐이다.

아리스토텔레스는 자연과 정의 그리고 법률이 서로 미묘하게 내적으로 작용한다고 보았다. 그는 서로 다른 장소에서 서로 다른 법률을 가진 서로 다른 체제들이 실제로 엄청나게 차이가 난다는 것을 인정했다. 따라서 그는 자연적 정의와 합법적 정의를 구별했고, 법률이 어디에서나 일치해야 하는 것은 아님도 알았다.[7] 상황은 저마다 다양하며, 법률의 현실적 형태가 문제되지 않는 경우도 있다. 어떤 법률은 두 마리의 양을 희생물로 요구하지만, 어떤 법률의 경우에는 한 마리의 양을 요구한다. 현대적인 예로서 차량통행을 생각해 보면, 누구든지 같은 규칙을 따라야 한다는 것이 중요하지만, 우측보다는 좌측의 통행이 더 타당하고 정의롭다는 주장은 어처구니가 없다. 모든 법률이 통행의 규칙처럼 관습에 지나지 않는다고 믿는 사람이 있을 정도로, 그것은 매우 다양하다는 것을 아리스토텔레스는 인정한다. 그는 "불은 여기에서도 그리고 페르시아에서도 타고 있다"는 물리학 법칙을 예로 든다. 불은 어디에서나 같은 효력을 갖지만, 정의의 법칙은 그렇지 않다는 것이다. 불의 성질을 바꿀 수는 없지만, 우리는 아리스토텔레스가 주장하는 인간 본성에 거역할 수 있을 정도로 자유로운 것처럼 보이기도 한다. 그러면서도 여전히 그는 각각의 조직과 제도에 대해서 좋은 것, 즉 자연적인 것을 내세우려 한다. 체제는 다양하지만, '어디서든 본성상 최상의 것은 하나'만 존재한다고 아리스토텔레스는 주장한다. 사람들은 비합리적이고 무원칙한 방법에 의거해 개인적으로 행동할 수 있고 집단적으로 행동할 수도 있다. 아리스토텔레스는 이러한 개별적 의견에서 비롯된 행태는 노예근성을 가진 사람과 동물의 전형이라고 주장한다. 인간이 취해야 할 방식이 아니라는 것이다. 누구라도 저열한 행동을 할 수 있지만, 자연이 인간에게 그렇게 하라고 하지는 않았다. 자연에 거역하는 것은 행위자 자신에게 해가 될 뿐이지만, 자연에의 순응은 인간의 복리나 행복에 기여하게 된다는 것이다.

이 세계 내에서 우리의 지위는 인간 사회에서의 우리의 역할에 의해 좌우된다. 아리스토텔레스는 인간의 존재는 정치적 맥락에 의해 조건지워진다고 보았다. 이것은 사람들이 사회에 의해 규정됨을 말하는 것이 아니라, 각 개인의 복지가 폴리스(polis) 곧 국가의 복지와 분리될 수 없음을 말하는 것이다. 그러한 정치적 환경은 도덕적 환경이기도 하다. 각 국가는 공동의 목표와 공동의 도덕적 목적을 가진 공동체이다. 개인들 간에 상당한 차이가 있음을 인정하면서도, 아리스토텔레스는 각 개인이 그들의 목표를 결단할 수 있음을 인정하는 현대 자유주의의 이념에 동의하지 않았다. 이러한 근본적인 자유를 아리스토텔레스는 공동체의 이념을 파괴하는 것으로 보았을 뿐만 아니라 이성 자체에 대한 위배라고 보았다. 공동체라면 그 구성원들이 공유하는 선의 개념을 가져야 한다. '선한 삶'은 고립된 개인에 의해서는 달성될 수 없기 때문이다.

인간은 이성을 따를 때 행복해질 수 있다

아리스토텔레스는 노예와 짐승이 자유롭고 합리적인 선택의 능력을 갖지 못하기 때문에, 본성상 국가를 구성하기에 부적합하다고 믿었다. 사람은 자유인으로 태어나기도 하며, 이성을 이해할 수는 있지만 그것을 사용 못하는 노예로 태어나기도 한다.[8] 후자가 그래도 짐승들과 구별되는 까닭은 아무리 길들여진 짐승이라도 이성을 이해하지 못하고, 본능을 따르는 데 그치기 때문이다. 이성능력, 이것은 지성적 기능일 뿐만 아니라 도덕적 기능으로서, 인간을 짐승과 구별해 주는 특성이다. 그것은 문명을 가능하게 했으며, 인간이 문명을 필요로 한다는 생각은 곧바로 정치체제가 무엇보다 중요하다는 생각으로 이어진다. 우리 각자가 공동선에 기여하려면 서로 협동할 필요가 있기 때문이다. 그리스인에게 인간의 선과 긴밀히 연관되는 국가의 구성은 불가피한 일이었을 것이다. 국가의 법률을 기꺼이 준수하는 시민들의 자유로운 연합 그리고 공동선의 지향은 짐승과 인간을 구별짓게 하는 본질적 요소처럼 보이기 때문이다.

이성은 추악한 정념을 제어할 수 있고, 그 결과 균형과 조화를 이룰 수 있을 것이다. 아리스토텔레스에게 있어 덕은 두 극단의 중용이었다. 예를 들어, 용감한 삶은 비겁과 만용의 두 극단을 피하려 할 것이다. 같은 이유로 아리스토텔레스는 국가 내의 중산층의 확대를 지지했다. 그럼에도 불구하고 그는 그 시대의 사람으로서 노예제도를 지지했으며, 여성에게 종속적 지위만을 인정했다. 그러한 모든 것에도 불구하고, 그 구성원들의 자기 이익과 시민적 덕으로 뒷받침되는 국가에 대한 그의 비전은 아직도 우리에게 많은 교훈을 주고 있다. 그는 오늘날 세계를 구성하는 거대 국가들과 비교하여 상대적으로 작은 공동체를 염두에 두고 저술했지만, 정의와 공동선을 지향하는 시민들의 욕구를 강조한 것은 아직도 타당할지 모른다.

아리스토텔레스의 입장이 모호한 열망이라든가 경건한 희망에 근거하지 않는 까닭은, 그의 철학 전체가 인간들이 그들의 본성을 따르려면 합리적으로 행위하여야 한다는 것을 전제하기 때문이다. 인간다운 인간이 되려면, 우리는 인간 본연의 능력을 사용해야 한다. 그는 인간이 가지고 있는 것으로서 식물과 동물에는 없는 것이 무엇인가를 물었다. 식물도 영양을 섭취하고 성장활동을 한다. 동물도 사물을 감각하고 그에 따라 활동한다. 그러나 이성을 소유하는 존재는 오로지 인간뿐이다. 여기서 나오는 결론은 "인간의 기능은 이성을 따르거나 이성을 함축하는 영혼의 활동에 있다"[9]라는 것이다. 특히 인간의 선은 덕과 일치하는 영혼의 활동이다. 이성과 도덕적 선은 불가분의 관계를 지닌다.

다른 생물체의 상이한 기능들은 아리스토텔레스에 의하면 영혼의 본성과 관련된다. 식물은 영양과 관련된 영혼을 갖는다. 동물의 영혼은 욕구 및 욕정과 관련된다. 한편 인간의 영혼은 식물과 동물의 본성을 포함하고 있지만, 합리적 기능도 소유한다. 그리고 식물, 동물 그리고 인간이 완전히 성숙했을 때 '가장 자연스런 움직임은 생식'이다. 이것은 번식을 하는 기능으로서 모든 영혼의 기본적 기능이기 때문이다. 그러나 감각은 욕정을 느끼는 기능으로서 동물에 귀속되는 기능이다. 아리스토텔레스는 동물이 감각을 소유하여 쾌락과 고통을 느낄 때 쾌락을 얻고자 하고 고통을 피하려 한다고 지적한다. 그렇지만 생각을 하고 계산을 하는 능력은 이성에서 비롯되므로 인간에게만 주어진다. 어떤 것의 영혼에 대해서 말한다는 것은 어떤 유기체의 능력을 지시하는 것으로, 육체 속에 감추어져 있는 '그 무엇'을 지시하는 것이 아니다. 아리스토텔레스는 어떤 식물의 영혼을 그 식물의 나머지 부분과 분리시킬 수 있다고 생각하지 않았다. 영혼은 신체에 목적을 부여하고 육체를 육체이도록 한다는 점에서 육체의 목적인이다. 그는 동물의 눈에 대한 유비추리를 통해 이를 입증하려 한다.

곧 눈의 영혼은 그것의 볼 수 있는 능력, 곧 시력이라는 것이다.[10)]

영혼이 육체와 분리될 수 있다고 생각하는 데에는 분명히 커다란 난점이 있다. 이것은 식물의 경우에는 문제가 되지 않는 것처럼 보이지만, 인간의 경우에는 무척 중요해진다. 플라톤은 영혼의 불멸을 크게 강조했었다. 그러나 아리스토텔레스는 형상이 사물과 분리되기보다는 사물 속에 내재한다고 주장함으로써, 영혼을 육체와 불가분의 관계를 맺는, 육체의 형상으로 만들었다. 그 결과로 나온 심신동일체의 개념은 오늘날 마음을 연구하는 많은 철학자들로부터 지지를 받고 있다. 아리스토텔레스는 영혼의 모든 기능이 육체와 정신의 결합과 연관된다고 생각하였다. 식물과 동물의 기능들은 현실의 육체와 불가분의 관계를 맺는다. 아리스토텔레스가 지적하듯이, 분노, 용기, 기쁨, 사랑, 증오 그리고 여타의 모든 '영혼의 드러냄'은 육체를 통하지 않을 수 없다. 육체를 필요로 하지 않는 영혼의 적합한 행동방식이 있어야만, 그 영혼은 독립적으로 실재할 수 있는 능력을 가진 영혼으로 파악될 것이다.

아리스토텔레스는 사유한다는 것이 육체와 분리되는 능력의 한 사례가 될 수 있는지 없는지를 문제시하지만, 그런 능력을 가설로만 언급한다.[11)] 유물론자는 아니지만, 그가 주로 강조하는 것은 육화(肉化, embodiment)이다. 그는 영혼에 대한 기술(記述)이 물질적 용어로 환원될 수 있다고 믿지 않는다. 그는 정신을 물질과 구별하는 이원론자는 아니다. 그에게 인간은 육화된 영혼이거나, 아니면 '영혼화된' 육체이다. 영혼이 하나의 형상인 한, 그것이 근대적 의미에서 '실체적' 인 것은 아니지만, 실재하기에 충분한 '실체' 라고 아리스토텔레스는 생각한다. 이것이 바로 유기체의 조직원리이다. 그러나 그는 영혼과 육체가 하나인지 아닌지를 묻는 것까지도 불필요하다고 단호하게 주장한다.[12] 이러한 물음은 어떤 모형에 따르는 밀랍의 형태가 밀랍과 구별되는지를 묻는 것과도 같다. 우리가 문장(紋章)과 그것을 찍어낸 봉랍인(封蠟印)을 분리할 수 없듯이, 영혼을 육체로부터 분리할 수 없다고 그는 믿었다.

인간들이 국가의 문명화와 더불어 자신들에게 합당한 지위를 발견해 나가는 방식에 대한 강조, 이에 따르는 실천적 지혜와 덕의 역할에 대한 강조, 뿐만 아니라 우리가 경험하는 세계에 대한 강조 그리고 여타의 형이상학적 세계에 대한 배제 등에도 불구하고, 아리스토텔레스의 저작에는 여전히 풀리지 않는 긴장이 남아 있다. 그는 국가의 실천적 문제를 적극적으로 거론하면서도 인간의 특성에 관한 자신의 정의(定義)를 더 중요시했기 때문이다. 그는 다음과 같이 말한다.

> 각 사물에 적합한 것이 본성상 최선의 것이며 각 사물에게 가장 즐거운 것이다. 따라서 인간에게 이성에 따르는 삶이 최선이며 즐거운 것이 되는 까닭은, 이성이 오직 인간에게만 있기 때문이다. 따라서 이러한 삶은 가장 행복한 삶이기도 하다.[13]

아리스토텔레스는 여전히 철학적 사유라는 자기 충족적 삶을 가장 매력적인 것으로 생각했으며, 신적인 사유의 차원에

도달하고자 노력하는 것이 중요했다. 그는 단순히 인간 삶의 조건에 대해서 생각하는 것만으로 만족하지 않았다. 그는 우리가 "우리 자신을 영원불멸의 존재로 만들어야 하고, 우리 안의 최선의 것들에 맞추어 살아가도록 전심전력을 다해야 한다"고 말한다. 아리스토텔레스는 무로부터의 창조를 인정할 수 없었지만, 모든 사유와 욕구의 궁극적 대상인 '부동의 원동자'는 있다고 생각했다. 신적인 사유의 대상이 될 수 있는 것은 오로지 그것 자체뿐이며, 아리스토텔레스는 이러한 신성을 파악할 수 있기를 열망하였다. 어쩌면 플라톤의 영향력이 계속해서 남아 있는 것인지도 모른다. 왜냐하면 아리스토텔레스도 알고 있었듯이, 다른 모든 존재의 선이 그 자체의 본성에서 비롯되듯이 인간의 선을 인간 본성과 결부시키면 곤란함이 생기기 때문이다. 그렇다고 인간을 초월하여 신성을 인식하려는 것은 어느 정도 모순적인 것처럼 보인다. '선'은 인간과 독립적이면서 인간과 신이 공유할 수 있는 것이거나, 아니면 인간 본성의 결과이거나 둘 중의 하나이다. 인간 본성의 결과라고 하면, 우리에게 좋은 것이 신에게는 좋은 것이 못될 수도 있다.

분명히 우리 내면에 있는 이성의 불꽃은 근본적으로 신적인 것이든 아니든 간에 지극히 몰개성적인 것이다. 인간의 최고 목적이 이론적 사유라면, 나를 유지시켜 주는 모든 것들을 배제하여야 한다. 신에게나 걸맞는 이성적 생활에로의 몰입은 자아를 거의 상실케 한다. 아리스토텔레스식의 영혼은 매우 몰개성적이다. 나를 나와 같은 인간으로 만들어 주는 것은 영혼의 이론으로는 설명할 수 없다. 육체는 개체화의 수단이 되어야 한다. 그럼에도 불구하고 다른 존재와 구별되면서도 독특한 개체가 된다는 것이 여전히 인간의 중요한 일면이다. 내가 된다는 것과 인간이 된다는 것은 도저히 분리될 수 없다. 이처럼 인간 개개의 특성이 인간 본성과 관련하여 중요한 문제가 된다.

공동체는 인간 본성의 실현을 돕는다

강제적으로 규합된 국가가 아닌 한, 어떠한 국가이든 어떤 형태의 헌신을 국민들에게 요구한다. 분명히 공동체적 삶의 근거는 자기 이익에 있지만, 국민의 배타적인 자기 이익의 추구에 바탕을 둔 국가의 토대는 매우 불안정할 수밖에 없다. 이러한 국가에서 타인의 이익이나 공동이익에 대해 관심을 보이는 국민은 있을 수 없다. 인간 본성을 숙고함에 있어 가장 중요한 것은 공동체의 존재와 자기 이익에 대한 관심을 연계시키는 문제로서, 인간 본성에 관한 대부분의 이론이 다루는 문제이다. 이것과 관련된 문제의 하나가 바로 도덕의 역할과 그 기능이다. '정직이 최선의 정책이다'라는 준칙처럼, 도덕을 자각된 자기 이익의 한 형태로 생각하는 사람도 있다. 도로 안전 규칙은 '조심해서 운전하시오, 당신의 생명은 당신이 구하는 겁니다'라는 구호를 내건다. 이러한 구호가 호소하는 것은 타산적 배려(prudential consideration)이다.

아리스토텔레스는 생명에 대한 근본적 욕구와 선한 삶의 근거를 마련하기 위해서, 가족이나 작은 마을보다 규모가 큰 공동체를 규합해야 할 필요성이 우리에게 생긴다고 여겼다. 정치학의 일부로서 도덕을 인식했을 뿐만 아니라, 국민들은 정의나 명예와는 다른 무엇을 중심으로 규합되어야 한다고 보기도 했다. 독립된 개인들은 가족 성원들이 서로 자연스런 유대를 맺는 것처럼, 서로에 대한 애정과 관심이 없을 때에는 함께 살 수 없다. 국가는 가족들로 구성된다. 아리스토텔레스는 주인과 노예조차도 공동이익을 추구하는 친구가 되어야 한다고 믿었다. 가족간의 애정이 국가에서 중요하다는 이러한 확신 때문에, 아리스토텔레스는 수호자 계급이 부인들과 자식들을 공동소유해야 한다는 플라톤의 견해를 공격했다. 아리스토텔레스는 구성원들의 일부가 행복하지 못하면 그 전체도 행복할 수 없기 때문에 플라톤의 견해는 문제가 심각하다고 주장하면서, 플라톤이 통치자들에게서 행복을 빼앗고 있다고 비판했다. "통치자들이 행복하지 않다면, 도대체 누가 행복하겠는가?"[14] 부인들과 자식들이 공동소유된다면, "사랑은 무미건조할 것이다."[15] 규모가 큰 집단에서 사람들에게 주어지는 애정은 산만해지며, 또 인간관계의 친밀성은 상실될 것이다. 아리스토텔레스가 보는 바와 같이, 아버지는 '내 아들'이라는 말을 할 수 없고, 자식은 '내 아버지'라는 말을 할 수 없을 것이다. 그는 계속해서 주장한다. "관심과 애정을 갖게 하는 주된 특성 두 가지는 어떤 것이 자기 자신의 소유라는 것 그리고 그것이 자기만의 것이라는 사실이다—부인들과 자식들을 공동소유하는 국가에서는 이러한 특성들 중 어느 것도 찾아 볼 수 없다."

사유 재산에 대해서도 아리스토텔레스는 유사한 입장을 취한다. 그가 지적하는 것은 누구나 자기 자신의 소유물로부터 즐거움을 취한다는 것, 사람들은 공동소유물에 대해서보다는 개인적인 이익의 대상에 대해 훨씬 더 많이 헌신하게 된다는 것이다. 그는 현명하게도 "가장 많은 사람들이 공유하는 것은 가장 적은 사랑을 받게 된다"고 지적한다. 따라서 그는 사유재산제를 옹호한다. 그러나 그는, 특히 친구들 같은 타인들과는 재산을 공동소유해야 한다고 주장한다. 그는 "재산은 개인적으로 소유되더라도 공동으로 사용되어야 한다"[16]고 말한다. 근본적으로 그는 우리 모두가 스스로를 사랑한다는 것을 인정하면서, "자신에 대한 사랑은 자연이 부여한 감정으로서 헛되게 부여된 것이 아니다"라는 점을 받아들인다. 그렇지만 그는 우리에게 가장 권위적인 요소, 즉 이성에 복종한 결과로 생기는 자아에 대한 사랑을 단순히 욕구만족을 추구하는 이기성과 구별한다.[17] 모든 사람이 그들 내부의 가장 고귀한 것을 위해 전력을 다할 때 공동이익은 성취될 것이다.

아리스토텔레스가 친애(philia)라는 주제에 대해 『니코마코스 윤리학』 전체 중 두 권 가량을 할애하고 있다는 것은 상당히 주목할 만한 사실이다. 도덕적 의무에 관한 위엄있는 철학들은 추상적 원리의 중요성만을 강조하는 경향이 있으며, 경우에 따라서는 공동체에서 사람들을 결속시키는 혈연과 친애라는 유대관계를 무시하기도 한다. 실제로 우리는 가족이라든가 친구라는 이유만으로 다른 사람들을 좋아하는 것이 도덕적으로 문제가 될 수 있다고 들어 왔다. 어떤 상황에서는 분명히 문제가 될 수 있음에도 아리스토텔레스는 개인들 사이의 이러한 기본적 관계가 갖는 도덕적 중요성을 전혀 의심하지 않았다. 그는 친애 혹은 우의가 국가의 최고선이라고 믿었다.

공동의 이익에 대해 위협이 되기는 커녕, 그것은 사람들을 결속시키고 혁명으로부터 국가를 보존하는 데 도움이 된다는 것이다.[18]

공동이익에 대한 관심 때문에, 그는 교육이 법률에 의해 규제되는 국가사업이 되어야 한다고 주장하였다.[19] 국가 전체에 하나의 목적이 있으므로, 개개의 국민들은 훈련과 습관을 통해 같은 내용을 학습해야 한다. 덕을 기르는 것은 결코 개인적인 관심사가 아니며, 개인의 기분에 맡겨둘 수 없을 만큼 너무나 중요한 것이었다. 그렇다고 아리스토텔레스가 덕을 획득할 때의 어려움을 과장했던 것은 아니다. 영혼의 상이한 기능들은 언제나 서로 갈등하는 상태에 놓여 있다. 자연은 이성이 권위를 갖도록 만들었을지 모르나, 이성이 언제나 권위를 갖게 된다고는 말할 수 없다. 우리는 덕있는 행위를 하는 데 익숙해질 때에만 덕있는 사람이 될 수 있다. 일례로, 용기있는 사람은 용기있는 행위를 해봐야 비로소 용기를 배우게 된다. 덕이란 후천적으로 획득되어야 하는 성품이다. 참된 본성에 따라 최선의 방식으로 행위하는 것을 우리가 배워야 한다는 것은 일종의 패러독스일지 모른다. 우리가 가장 쉽게 할 수 있다고 생각하는 것이라든가, 우리가 가장 많이 욕구하는 것이라고 해서 반드시 자연스러운 것이라고는 할 수 없다. 우리의 복지에 가장 많은 기여를 하는 것이 자연스러운 것이다. 국가는 우리의 본성을 실현하도록 도와주어야 하기 때문에, 아리스토텔레스는 관습과 전통의 권위를 결코 과소평가하지 않는다. 국가가 정당한 근거를 마련하지 못한다면, 인간도 결코 복지를 누릴 수가 없다.

아리스토텔레스에게 우리가 추구하는 목적을 결정해 주는 것은 욕구가 아니라 이성이다. 우리가 무엇을 욕구한다고 해서, 그것이 곧 우리가 원하는 것은 아니다. 그의 목적론적 접근 방식은 우리가 서로 다른 근본적 목적을 가질 수 있다는 중요한 가능성을 인정할 수 없었음을 의미한다. 인간 본성은 우리에게 주어진 것이지, 우리가 선택한 것이 아니다. 우리는 인간 본성에 거역해서 행위할 수는 있지만, 인간의 본성을 파괴할 수는 없다. 그가 믿는 바에 따르면, 우리의 참된 본성에 따라 행위하도록 우리를 도와주는 것이 국가의 기능이며, 바로 이러한 이유 때문에 국가의 목적은 도덕적이어야 한다.

존재와 당위의 구별 없는 세계

다윈이 주장한 진화론적 생물학은 아리스토텔레스가 그의 형이상학적 목적론을 통하여 논증하려던 내용이 진리임을 입증한다고 말해지기도 한다. 흔히 주장되는 것처럼, 생물학은 인간이 어떻게 도덕감을 가질 수 있도록 진화되어 왔는가를 보여준다. 생물학적 적자생존에 대한 주장은 인간이 도덕적 본성을 갖는다는 점을 보증해 왔다. 이 점은 그 자체로 논란의 여지가 있기에, 우리는 다윈의 저작과 관련시켜 그러한 주장을 검토하고자 한다.

아리스토텔레스와 다윈이 모두 도덕을 인간의 본성과 결부시켰다는 점에서, 이 두 사람의 이름을 함께 거론하는 것이 매력적일 수는 있으나 그것은 잘못이다. 진화가 자연도태를 통해 모종의 인간적인 '도덕감'을 산출해 왔더라도, 진화는 아리스토텔레스의 개념에 따를 때 운동인으로 생각될 것이다. 진화는 우리의 본성을 만들었으나 진화가 우리의 목적이 된다거나, 진화 그 자체 때문에 우리가 존재하는 것은 아니다. 아리스토텔레스는 우리가 태어나면서부터 덕있는 존재는 아니었기 때문에, 덕을 획득하는 방법을 배워야 한다고 믿었다. 진화의 과정이 우리와 같은 존재에로 귀결될 수 있었을지라도, 그것은 목적이나 목적인과 아무 관계도 없다고 할 수 있다. 다윈의 생물학은 아리스토텔레스의 견해가 목적론적인 까닭에 그것은 엄밀한 의미에서 비과학적이라고 주장하면서, 목적에 대한 논의의 여지를 남겨두지 않았다. 통일체로서의 유기체는 본래적 선을 소유해야 한다는 견해 그리고 그것의 진화는 모종의 타당한 목적과 결부된다는 견해는 엄밀한 과학적 사유에 위배되는 것처럼 보인다. 그럼에도 불구하고 한 유기체의 전체 선이 유기체의 본성에 대한 과학적 설명에서 어떤 역할을 할 수 있으리라는 생각은 생산적일 수 있다.

아리스토텔레스의 도덕이론은 자유롭고 합리적인 선택을 대단히 강조한다. 인간 심리의 복잡성에 대해 잘 알고 있긴 했지만, 그는 이성에 철저히 복종해야 하는 것이 인간 본성이라고 생각했었다. 이성과 욕구를 대비시켰던 철학자들의 오랜 전통 속에서, 이성의 역할을 이처럼 강하게 내세웠던 사람은 아무도 없다. 그에게 이성은 현대의 경제학자들이 생각하는 것처럼 상이한 선호들 가운데 우선적인 것과 부정합적인 것을 분류해내는 능력에 불과한 것이 아니었다. 선호 그 자체가 문제시되어야 하며, 그에 따라 해악을 끼치는 선호는 버려지고 이익을 주는 선호는 남게 된다.

국가에 대한 아리스토텔레스의 견해는 현대의 여러 국가론과도 다르다. 그는 국가가 서로 상충하는 이익과 요구를 화해시키는 공정한 심판자가 돼야 한다고 생각하지 않았다. 그는 우리가 비록 어떤 공동의 관심사도 갖지 않는 잡다한 사적 개인들의 집합에 지나지 않는다 해도, 개인의 욕망이 가장 근본적이라고 보지 않는다. 개인의 이익과 공동의 선이 완전히 양립가능할 수는 없지만, 국민들은 공동의 선을 성취하기 위해 자연적으로 결합한다는 것이 아리스토텔레스의 견해이다. 그는 전통의 중요성에 대해 익히 알고 있었지만, 플라톤이 주장했던 국가 '유기체' 개념은 받아들이길 거부하며, 이것을 주장했다는 점에서 플라톤을 비난한다. 그는 경제적, 사회적, 문화적 차이를 인정하였고, 각 개인은 행복을 추구해야 한다는 것을 강조하면서, 한 사회에서의 개체성과 상이성에 대해 많은 관심을 두었다. 그렇지만 이러한 관심은 한 개인의 이익이 타인의 희생을 대가로 치르면서 추구되어서는 안 된다고 하는 도덕적 배경 속에서 성립한 것이었다. 아리스토텔레스의 세계는 도덕적 세계였으며, 존재와 당위의 근본적인 구별이 없었던 세계였다. 우리가 반드시 참된 본성에 따라 살아야 하는 것은 아니지만, 참된 본성을 외면할 때 우리는 본성을 실현할 수 없거나 행복을 얻을 수 없게 된다. 우리가 본성을 거역한다면 반드시 어떤 대가를 치르게 된다. 우리의 천부적 잠재력을 실현할 때 우리는 잘살게 된다. '가치'는 독립된 개인이 선택하여 창조한 것이 아니라, 우주를 구성하고 있는 것으로서 발견되어야 하는 것이다. 피지스와 노모스를 결합시키는 자연법의 개념은 아리스토텔레스에서부터 비로소 정교화되기 시작하며, 이것은 지금까지도 막강한 영향력을 행사하며, 여전히 논쟁거리로 남아 있다.

아리스토텔레스는 공동체와 관습을 강조함으로써, 자유분방한 개인주의의 범람을 피하려 했다. 법과 도덕에 대한 그의 강조는 그가 여전히 개인의 자유에 관심을 두고 있음을 보여준다. 그의 국가론의 근거는 각 개인의 도덕적 책임에 있으며, 집단의 강제력에 있지 않다. 모든 사람을 결집시키는 바탕은 가족간의 자연스런 애정이며 국민들 간의 친애이다. 남은 대안이 전체주의적 통치, 아니면 타인을 희생시키면서 자신의 이익을 추구하는 개인들 간의 갈등상태뿐인 것처럼 보일 때, 아리스토텔레스는 매력적인 중도를 제시하는 것처럼 보인다. 그렇지만 그의 견해를 수천 명의 시민들로 구성된 그리스 도시국가의 맥락으로부터 수백만 명으로 구성된 근대국가로 옮겨 놓을 때 분명히 많은 문제점이 생긴다.

그러나 일반적인 것보다는 특수한 것을, 보편보다는 개체에 주목하는 그의 일반적 전략에도 불구하고 그리고 개인들 간의 진정한 차이가 국가 때문에 상실되지 않도록 하려는 그의 결단에도 불구하고, 개인을 다루는 그의 방식에는 몇 가지 문제점이 있다. 자아의 본성은 무엇인가? 아리스토텔레스식의 영혼 개념은 자신들을 육체 이상의 존재라고 믿는 사람들에게는 부당한 것처럼 보인다. 그러한 개념은 이성의 한 일반원리 그리고 여타 기능의 일반원리에 지나지 않는 것으로서, '내'가 누구인가를 그 자체로는 설명하지 못하는 것 같다. 많은 사람들이 주장하듯이, '나'는 유일무이한 존재이다. 그러나 아리스토텔레스는 인간이 특별히 중요한 존재라고는 생각하지 않았다. 그는 '인간이 이 세계에서 최선의 존재는 아니기'[20] 때문에, 정치학이 지식의 최고 형태라는 것을 부정했다. 그는 본성상 인간보다 더 신적인 존재들이 있다고 생각했고, 하나의 예로서 '천체를 구성하는 체계들'을 제시한다. 그것들은 본래 우연적 존재들이 아니라 필연적 존재를 소유하고 있어야만 했다. 아리스토텔레스에게 인간은 우주의 핵심이 아니다. 훨씬 더 중요한 것은 추상적인 이성과 그 대상이다. 언뜻 보아도 그렇듯이, 어떤 문제에 있어서 그는 플라톤과 크게 다르지 않다.

아퀴나스(T. Aquinas)

죄를 지을수록 더 많은 죄를 짓게 되는 인간

영혼이 육체로부터 분리되면 불완전해진다. 그것은 마치 전체로부터 분리됨으로써 부분이 되는 것과도 같다……인간의 영혼이 육체와 재결합 되지 않으면 궁극적 행복에 도달할 수 없다.

신에 대한 지식 없이 신을 사랑할 수 없다

플라톤과 아리스토텔레스 다음으로 곧바로 중세의 성인을 다룬다는 것이 어색할 수도 있다. 성 토마스 아퀴나스는 1225년 태어났으므로 우리는 1500년 정도를 건너뛰는 셈이다. 그렇지만 이상하다고 할 수 있는 이러한 비약이 서양철학사에는 내재한다. 13세기는 지적 활기가 가득 찼던 시대로서, 철학자들이 고대 그리스 철학자들의 저작을, 특히 아리스토텔레스를 다시 주목한 시기였다. 아리스토텔레스의 저작이 라틴어로 번역되어 보급되었으며, 그가 다룬 주제들이 기독교적 맥락에서 재해석되었다. 실제로 아퀴나스는 그리스 원전을 라틴어로 풀어쓰는 일만 한 것처럼 보일 정도로 아리스토텔레스를 추종했다. 아리스토텔레스의 영향력은 당시의 기독교적 세계에만 국한되지 않았다. 아버뢰즈(Averröes)와 같은 이슬람의 학자들도 아리스토텔레스를 해석하였다. 물론 기독교 철학자들은 그들을 논박했다.

그 시기에 큰 대학들이 세워지기 시작했다. 파리가 그 시대에 가장 중요한 지역이었지만, 최초로 대학이 세워진 곳은 아퀴나스가 살던 당시의 옥스포드였다. 라틴어라는 하나의 문자와 막강한 교회의 영향력 아래, 당시 유럽은 하나의 통일된 문명을 이루고 있었다. 아퀴나스는 귀족이었음에도 불구하고 도미니카 수도회의 수도사가 됨으로써, 이탈리아를 떠나 파리에서 강의를 할 수 있었다. 그는 철학과 신학에 관한 대작을 쏟아내는 바쁜 생활을 하다가 1274년에 죽었다. 죽은 지 15년이 지난 후 시성(諡聖)되었으나, 그의 저작이 정전(正典)으로 인정받은 것은 한참 후인 1379년 교황 레오 13세의 회칙에 의해서였다. 마침내 토미즘(Thomism)은 로마 카톨릭 교회의 교조철학이 되었으나, 그러한 사실이 아퀴나스의 명성을 높여주었는지에 대해서는 논란의 여지가 있다. 그러나 그가 위대한 사상가였음은 아무도 부정할 수 없을 것이다.

그의 철학이 아리스토텔레스적 체계를 갖추고 있음에도 불구하고, 아리스토텔레스의 견해를 받아들이는 데에는 제한적이었다. 현실태(존재하는 것)와 가능태(존재할 수 있는 것)의 구별, 질료와 형상의 구별, 실체와 네 가지 원인의 구별은 특히 두드러진 아리스토텔레스적 개념이다. 이러한 개념들은 아퀴나스 이론 형성의 도구였으며, 성서와 교회에 관한 이론들과도 조화를 이루었다. 아리스토텔레스의 저작들은 아퀴나스로 하여금 기독교 신학에 독창적인 기여를 하도록 자극하는 촉매였다. 그의 철학이 그의 신학과 얼마나 분리될 수 있느냐 하는 것은 어려운 문제이다. 그는 신의 존재가 합리적으로 논증될 수 있다고 믿었지만, 그의 주장의 상당부분은 그의 신학적 전제에 의해 윤색된 것이었다.

기독교인으로서 아퀴나스는 아리스토텔레스와는 다르게, 우주가 어떤 시발점을 갖는다고 주장하였다. 아퀴나스는 철학이 무에서의 창조를 논증할 수는 없지만, 그러한 창조가 계시를 통해 인식될 수는 있다고 생각했다. 그는 이 세계가 신에 의해 창조되었다는 기독교적 입장을 강력히 고수했다. 그는 지구가 우주의 중심이며, 천체는 규칙적인 순환운동을 하면서 그 주위를 돌고 있다고 생각하였다. 물론 아리스토텔레스를 그대로 답습하는 것이긴 하지만, 그는 천체가 '파멸될 수 없는' 것이라고 생각했다. 그럼에도 불구하고 아퀴나스는 아리스토텔레스가 제시한 종류의 목적론을 만족스럽게 생각하지 않았다. 기독교인이라면 이 세계에 살고 있는 생물체들의 참된 목적을 그것들의 자연적 경향과 성향에 근거하여 발견할 수 있을 거라고 기대할 수 없다. 참된 목적은 인격신, 즉 창조주의 의지와 섭리에 근거해야 한다. 궁극적으로 목적은 이 세계에 부여된 것으로, 특히 인간에게 부여된 것으로 파악되었다. 자연의 목적과 그 경향이 논의될 수는 있지만 그 자체만으로는 어렵다. 그것들은 신에 의해 부여된 것이며, 따라서 세계는 세계 밖에서 비롯되는 영원한 기준과 관련하여 판단돼야 한다. 여러 면에서 이러한 설명은 아리스토텔레스의 철학보다는 플라톤의 철학에서 더 쉽게 도출된다.

아퀴나스는 아리스토텔레스가 중시한 관조의 개념, 곧 최고선이 신을 인식하는 지복(至福)의 경지에 있다는 개념을 변화시켰다. 신에 대한 이해가 모든 지성의 목표이긴 하지만, 현실 생활에서는 불가능하다는 것이다. 아리스토텔레스와 마찬가지로, 아퀴나스는 인간 존재의 특성을 이성으로 보았다. 아리스토텔레스를 그대로 따르면서, 그는 '각 사물의 본성은 활동을 통해 그 자신을 밝힌다'고 주장하였다.[1] 그는 계속해서 "인간의 고유한 활동은 이성에 있다"고 말한다. 최고의 행복은 그러한 이성이 신에 대한 지식을 얻을 때 나온다. 아퀴나스는 인간 본성이 철학적 이해를 통해서만 제대로 발휘될 수 있다고 주장할 정도로, 지나치게 '지적'이라는 비판을 받아왔다. 그렇지만 신에 대한 지식 없이 신을 사랑하는 것이 불가능하기 때문에, 또 신에 대한 비전이 우리의 깊은 열망을 만족시켜 줄 것이기 때문에, 지식과 사랑을 쉽사리 분리시켜 생각하는 것이 어쩌면 잘못일 수도 있다.

인간의 운명을 아퀴나스는 아리스토텔레스와는 다른 구도 위에서 설명한다. 사후의 삶은 그의 전체 관점의 핵심이다. 신을 알려면 물질의 본성에 의거해서는 안 되며, 우리는 현실세계의 제약이 제거될 때까지 기다려야 한다. 뿐만 아니라 악행자는 처벌받고 덕있는 자는 보상받아야 한다는 윤리적 요구도 있다. 아퀴나스는 현실세계에서 정의가 결코 달성될 수 없는 것임을 잘 알고 있었다. 현실세계의 한계를 초월하는 신의 섭리가 없다면 사악한 자는 복을 받고, 악은 승리할 것이다. 현실의 삶이 중요해질수록, 도덕적 선악은 현실의 삶이 중요하지 않을 때보다 훨씬 더 큰 의미를 지니게 된다. 우리가 당장 여기서 어떤 종류의 인간이 되느냐가 우리의 영원한 운명을 결정하는 듯 보인다. 아퀴나스는 저주받은 자에 대한 철저한 중세식의 고문에 대해 언급한다. 그러나 논의의 핵심은 현실에서의 삶과 사후의 삶과의 관계다. 기독교인은 불멸의 영혼을 소유하게 될 때 개체로서의 인간이 더욱 문제시된다고 믿었다. 아리스토텔레스가 영아살해를 냉정하게 생각할 수 있었던 것과 비교해 기독교인이 그렇게 할 수 없었던 것은 결코 우연이 아니다. 아퀴나스에게 있어 현세의 삶의 의미와 중요성은 내세에 대한 믿음과 결부되지 않을 수 없었다. 사후 인간 영혼의 존재에 관한 문제가 그와 아리스토텔레스의 가장 크게 다른 점 중 하나다.

영혼은 육체로부터 분리되면 불완전해진다

기독교적 인간 본성의 개념은 '육화론'(Incarnation)과 '부활론'(Resurrection)에 의해 언제나 윤색된다. 육화론에 따르면, 예수는 성인이나 탁월한 예언자에 불과한 것이 아니다. 실제로 그는 신이 의도했던 인간 본성을 보여주고자 한 신의 아들이었으며, 인간이 파악할 수 있는 어떤 형태의 신성이었다. 부활론에 따르면, 예수는 죽음에서 부활하여 스스로 십자가에 못박힌 후의 육신을 보여주었다. 실제로 바울은 기독교의 복음 전체가 부활의 문제에 기초해 있다고 여기면서, "현실의 삶에 대해서만 구세주가 우리에게 희망을 준다고 믿는다면, 우리 모두는 가장 가엾은 존재가 된다"라고 말했다.[2)]

육화는 물질, 특히 인간의 육체를 정화(淨化)시켜주는 것으로 보인다. 성서대로라면, 정신을 우위에 두고 물질을 경멸하는 것이 온당하지 못한 것으로 보인다. 그럼에도 불구하고 기독교인들은 종종 그렇게 하는 경향을 보여왔고, 플라톤의 영향을 받은 사람들이 특히 심했다. 마찬가지로 예수의 부활은 근본적으로는 육체를 변화시켜서 영광스럽게 한 것이었다. 그것은 물질에 대한 찬양으로서, 정신에 대한 찬양으로 간주될 수 없다. 아퀴나스처럼 일부 기독교인들은 영혼의 불멸에 대한 플라톤의 이론을 불신하면서, 인간을 육체 속에 일시적으로 갇힌 존재로서가 아니라 하나의 통일체, 즉 육화된 형상으로 보는 아리스토텔레스의 개념에 더 매력을 느껴왔다. 인간을 육체에 갇힌 존재로 간주하면, 영혼을 선의 원천으로 보고 육체를 악의 온상으로 생각하기 쉽다. 그러나 실체를 어떤 형상에 의해 모양이 갖추어진 질료로 보는 아리스토텔레스의 개념은 인간 불멸의 문제를 심각하게 제기한다. 육화의 상태가 인간 본성이라면, 사후에는 어떻게 되는가?, 아퀴나스의 말을 인용하자면, 우리의 육체는 '소멸할 가능성이 있다.'

아퀴나스는 인간 본성에 관하여 플라톤과 아리스토텔레스의 중도를 모색한다. 그는 감각은 영혼의 활동일 뿐만 아니라, 육체도 필요로 한다고 말한다. "인간(homo)은 영혼일 뿐만 아니라 영혼과 육체로 구성된 그 무엇이다."[3] 인간이 '육체를 사용하는' 하나의 영혼이라고 플라톤이 주장할 수 있었던 것은 그가 감각이 영혼에 속한다고 생각했기 때문이었다고 아퀴나스는 지적한다. 손과 발이 곧 인간일 수 없는 것처럼, 영혼이 곧 인간일 수는 없음을 아퀴나스는 강조한다. 왜냐하면 영혼은 인간 본성의 한 부분에 지나지 않기 때문이다. 그러나 그는 이러한 결론에 만족할 수는 없었다. 그는 영혼이 '소멸할 가능성이 없음'(incorruptible)을, 또 사멸할 수 없음을 논증하기를 원했다. 뿐만 아니라 그는 짐승과 인간을 대비시키려고 했다. 아리스토텔레스를 따라서, 그는 영혼의 활동 중에서 오로지 이성능력만이 육체적 감관 없이 발휘될 수 있음을 인정했다. 그것이 인간 종족을 짐승과 구별하게 해주는 결정적 차이이다. 지각능력을 갖기 위해서 육체와 영혼의 결합체에 의존해야 하는 감각적 영혼은 죽음과 함께 소멸하고 만다. 짐승의 영혼은 육체와 분리되어 존재하지 않는다. 물론 아퀴나스는 적어도 지각 및 감각과 관련하여서 어느 정도까지는 인간과 짐승이 같은 종류의 정신생활을 공유한다는 것을 인정했다.

인간의 영혼은 육체의 형상이긴 하지만, 육체와는 따로 존재해야 한다. 이것이 아퀴나스의 딜레마였다. 그는 "인간의 영혼은 육체가 소멸되더라도 그 나름의 존재 모습을 유지하지만, 다른 형상들은 그렇지 못하다"[4]고 주장했다. 이성능력은 육체를 필요로 하지 않는다는 것을 보여주지만, "그러한 능력은 육체와 결합하고자 하는 자연스런 경향과 성향을 갖는다." 아퀴나스가 아리스토텔레스의 체계를 받아들이면서 겪는 어려움의 하나는 영혼의 상이한 능력들, 즉 (식물의) 번식능력과 (동물의) 감각능력 그리고 (인간의) 이성능력이 사후에는 분리될 위험에 있는 것처럼 보인다는 점이다. 또 어떻게 하나의 육체에 서로 다른 영혼들이 놓일 수 있는가? 분명한 것은 인간이 태아 때부터 이성능력을 구비하고 있지는 않음을 아퀴나스가 인정했다는 사실이다. 당연히 이것은 임신중절이라는 곤란한 문제와 관련된다. 물론 아퀴나스는 임신중절을 현실적 인간을 죽이는 것은 아니지만, 가능적 인간을 죽이는 것이라는 근거에서 반대했다.

아퀴나스는 서로 다른 영혼들에 관한 논의를 일체 거부했다. 영혼은 육체에 통일성을 부여하고 오직 하나만 존재할 수 있다. 여기서 그의 해결책은 '감각적' 영혼에 지나지 않는 영혼은 소멸할 수 있다는 것으로, 감각능력은 소멸 가능성과 결부된다는 것이다.[5] 그렇지만 감각능력이 이성능력을 동시에 갖추게 되면, 그것은 동물의 영혼과는 다르게 소멸불가능한 것이 된다.

또 아퀴나스가 강조하려는 것은 인간의 이성이 개인적 문제라는 것이다. 아리스토텔레스의 해석가들 중에 어떤 사람들, 특히 이슬람의 해석가들은 모든 인간에게는 하나의 합리적 원리 혹은 지적 원리가 있음을 주장하려고 했다. 형상이 '보편자' 임이 강조되면 될수록, 점점 더 인간이 동일한 형상을 공유한다는 결론에 이르게 될 것이다. 형상이 영혼이라면, 오로지 하나의 인간 영혼만이 있을지 모른다. 어쨌든 아퀴나스가 지적하듯이, "이성을 소유하는 형태가 아무리 다양하더라도, 이성이 하나라면, 소크라테스와 플라톤은 한 사람의 이성으로 간주되어야 할 것이다."[6] 본질적인 것은 지식을 소유하는 개인과 소유되는 지식과의 구별이다.

그렇더라도 영혼이 육체를 수반하지 않는다면, 어떻게 독립된 영혼의 개별화가 가능할 수 있는가? 사람을 이러저러한 개인으로 만든 것은 다름아닌 육체라는 믿음을 아퀴나스는 버릴 수 없었다. 그는 "많은 영혼들이 존재하는 까닭은 많은 육체들이 있기 때문이다. 그렇지만 육체가 사라진 후에라도 영혼은 존재한다"[7]고 주장한다. 영혼은 그 자체로 이성적 생활을 할 수 있으며, 따라서 천사에 비유될 수 있다. 아퀴나스는 천사에 관한 많은 주장을 했는데, 천사란 아퀴나스가 보기에 순수한 이성적 존재, 비육체적 존재, 진리를 직접 이성적으로 파악하는 존재이다. 천사와 신의 존재를 다룸으로써 그는 육체 없는 사유의 가능성, 즉 물질 없는 존재의 가능성을 보여주려고 한다. 육체 없는 영혼이란 이상하게 보인다는 인상을 여러 번 심어주면서도, 그는 개인이 육체 없는 상태로 존재하면서 이성적 생활을 할 수 있다고 믿는다.

아퀴나스가 육체 없는 상태가 일시적임을 강조했고, 또 인간 본성이 완전해지기 위해서는 육체가 필요하다는 것을 강조했다는 사실은 어쩌면 무척 놀라운 일일 수도 있다. 그는 영혼이 자신의 전부일 수는 없다는 확신에서 조금도 물러서지 않았다. 그는 다음과 같이 말한다.

> 영혼이 육체로부터 분리되면 불완전해진다. 그것은 마치 전체로부터 분리됨으로써 부분이 되는 것과 같다. 따라서 영혼이 인간 본성의 한 부분이라는 것은 극히 자연스러운 귀결이다. 인간은 영혼과 육체가 재결합되지 않을 때 궁극적인 행복에 도달할 수 없다. 일상적 경험을 통해 인간이 현세에서 궁극적인 행복에 이를 수 없다는 사실을 확인할수록 이것은 더욱 분명히 참이 된다.[8]

아퀴나스는 분리된 영혼들이 그 육체들과 재결합될 때, 비로소 이 지상에서 부활이 있게 된다고 주장한다. 부족함이 없는 완전한 삶을 위해서는 영혼이 육체를 필요로 하기 때문에 어떤 의미에서 이러한 결합이 자연스러운 것처럼 보인다. 그러나 아퀴나스는 이러한 결합이 신의 권능에 의해서만 생긴다고 본다. 아퀴나스는 다음과 같이 단정짓는다. "동일한 형상에 동일한 질료가 결합됨으로써 동일한 인간으로 부활하게 된다."[9] 그러나 현실에서처럼 피와 살을 갖고서 사는 영원한 삶을 말 그대로 이해하기란 매우 어렵다. 여기서 아퀴나스는 같은 질료를 필요로 하는 서로 다른 육체들을 결과하는 카니발리즘(Cannibalism) 때문에 커다란 곤란을 겪게 된다. 물론 부활된 삶을 누리는 성스런 육체는 현실의 육체와 같은 기능을 하지 않는다. 음식을 먹거나 성관계를 맺는 일은 없으며, 관조의 생활을 하게 된다.

아퀴나스는 엄청난 대가를 치르면서도 인간 존재의 완전성, 즉 정신과 육체의 통일을 강조했다. 그리스인들이 영혼의 불멸에 대한 믿음을 갖고 있었던 것에 비해 기독교는 육체의 부활에 대한 믿음을 갖고 있었다고 말할 수 있다. 기독교 교리에서 분명히 중요한 것은 인간이 죽음을 초월하여 인간의 정체성과 개체성을 유지한다는 것으로서, 이것은 그리스적 영혼 개념으로는 도저히 생각할 수 없는 것이었다. 그렇지만 육체의 물리적 특성을 지나치게 강조하다 보면 이상한 결과를 야기할 수 있다. 아퀴나스는 육체의 부활과 영혼의 불멸을 동시에 받아들임으로써 결말을 맺으려는 것으로 보인다. 비육체적 존재를 이성적인 존재로 간주했었고, 또 개인들이 육체 없이도 동일성을 유지할 수 있음을 주장했던 그로서는 대단한 양

보였다. 어쨌든 그는 아리스토텔레스식의 인간의 완전성을 강조하기 때문에, 육체와 영혼의 분리에 대해 불만족스러워했다. 그렇지만 육체와 그 감각의 중요성을 강조하면 강조할수록, 죽음을 초월하여 인간이 존재할 수 있는가는 점점 더 불분명해진다. 아퀴나스는 비육체적 영혼의 정신 생활에 대한 자신의 견해와 영혼이 물질에 의해서만 개별화된다는 견해와의 충돌을 결코 해소하지 못했던 것이다.

죽은 자의 부활에 관한 여러 가지 견해들은 문자 그대로 해석됨으로써 많은 고충을 겪어왔다. 그러한 개념은 불가해한 것이 될 위험을 항상 안고 있지만, 우리는 분명히 우리의 경험과 이해를 넘어서는 그 무엇에 대해 언급하고 있다는 점을 인정해야 한다. 아퀴나스조차도 일반적 부활 이후의 우리의 육체상태는 현세적 삶과 관계를 거의 맺지 못할 정도로 변형된다고 보았다. 육신이 완전히 분해되면 시공간의 연속성조차 사라지게 된다. 가령 나의 육체와 똑같은 육체를 가진 어떤 사람이 된다고 해서, 과연 내가 살아 남아 있는 것인가 하는 물음이 제기될 수 있으며, 그러한 물음은 근본적으로 영혼의 동일성이 유지될 수 있느냐, 또는 육체와 분리된 자아는 무엇으로 이루어지느냐 하는 문제와 관련된다. 아퀴나스가 아무리 피하려고 해도, 여전히 영혼의 불멸은 핵심문제로 남게 된다.

기독교인들은 예수의 부활을 그들의 모델로 삼는 경향이 있으며, 기독교적 신앙의 핵심은 개인들이 사후에도 여전히 자신들을 인지할 수 있다는 것을 예수가 몸소 실증하였다는 점이다. 아퀴나스는 부활한 예수의 행적이 이 세계의 제자들에게 자신의 실재를 보이고자 하는 그의 필요에서 이루어진 것임을 인정하였다. 이 점이 인정되더라도, 예수의 부활을 죽은 뒤의 모든 인간 존재의 패턴으로 삼을 수 있을지는 대단히 의심스러운 일이다. 이러한 유형의 문제는 단순히 신학적 사변에 불과할 수 있겠으나, 인간불멸의 문제는 인간 본성에 관해 제기되는 가장 근본적인 문제가 아닐 수 없다.

개인의 가치, 인간 존재의 목적, 인간의 도덕적 책임, 짐승과 인간의 구별—이러한 모든 문제는 어쩌면 영원한 우리의 운명에 관한 문제일지 모른다. 그럼에도 불구하고 현실의 삶 속에서의 우리의 경험은 육화가 결정적으로 중요하다는 것을 암시한다. 아퀴나스는 우리가 사는 일상 세계의 한계를 초월한 인간 존재를 결코 생각할 수 없었기 때문에, 육체없는 상태를 일시적 존재상태로 인정할 수밖에 없었던 것이다.

인간이 악을 행하는 것은 자유의지 때문이다

합리성이라는 측면에서 우리는 동물과 구별된다. 아퀴나스는 다른 능력에 못지 않게 우리의 도덕적 능력에 관심을 기울였다. 그는 우리의 삶에 대한 신 앞에서의 책임을 확고하게 믿었다. 우리는 이 세상의 삶이 끝난 후, 분리된 영혼의 상태에서든 일반적 부활 이후에서든, 반드시 어떤 보상이나 처벌을 받게 된다. 엄밀히 말해서 그렇게 될 수 있는 까닭은 우리가 내린 선택과 우리가 취한 결단이 우리의 선택이고 우리의 결단이기 때문이다. 우리가 우리의 통제범위를 벗어난 외부의 힘에 의해 좌우된다고 할 수 없다. 우리는 자유의지를 갖는다. 아퀴나스는 "그렇지 않고서는 충고, 설교, 강제, 보상, 처벌 모든 것이 무의미해진다"[10]고 주장한다. 우리는 우리가 무엇을 하고 있는가에 대한 지식을 필요로 하며, 이러한 지식은 이성에 의해 통제되어야 한다. 땅 위로 떨어지는 돌은 자기가 무엇을 하고 있는지를 알 수 없지만, 늑대에게 쫓기는 양은 무엇을 하고 있는지 어렴풋이 이해할 수 있다. 그럼에도 불구하고 양은 자연적 본능에 따라 행위하는 것이지, 숙고에 의해서 행위하는 것이 아니다.

인간의 자유의지로 말미암아 여러 가지 행위가 가능해진다. 아퀴나스는 주장한다. "이성적 판단은 여러 가지 가능성에 열려 있고, 하나의 행위를 하도록 결정되어 있지 않다." 인간의 자유는 인간의 합리성에서 유래한다. 그렇지만 아퀴나스는 이성과 욕구가 때에 따라서 서로 충돌할 가능성이 있음을 인정한다. 뿐만 아니라 사람들은 서로 다른 기질을 갖고 태어날 수 있으며 특별한 경향을 가질 수 있음도 인정한다.[11] 그런데 우리가 어떤 성향을 갖든 간에, 그것은 이성적 판단에 종속된다. 더욱이 자유가 이성의 기능이라면 그리고 우리가 비합리적 욕구를 극복할 수 있다면, 이성을 거역하면서 그러한 욕구에 따라서 행위하는 순간 과연 우리가 자유롭다고 할 수 있는가? 우리가 그런 경우에도 자유롭다고 한다면, 자유와 합리성은 서로 구별되어야 한다. 자유롭지 않다고 하면, 우리는 우리의 행위에 대해 책임이 없기 때문에 비난받을 수 없다. 이러한 유형의 문제에 대해, 특히 의지의 박약성과 관련된 문제에 대해 아퀴나스가 제시하는 한 가지 답변은 습관, 성향, 정념은 이성에 의해 간접적으로 통제될 수 있다는 것이다. 우리는 그러한 것들을 판단하여, 취하거나 버릴 수 있다. 나는 어떤 것을 원하지 않고 다른 것을 원하도록 스스로를 훈련시킬 수 있다.

기독교는 자유의지의 역할 및 자유의지와 책임과의 관련성을 언제나 강조해 왔다. 어떠한 사건이든지, 인간의 결단까지도 어떤 원인을 갖고 있음을 주장하는 결정론은 우리가 우리의 행위에 대해 근본적으로 책임이 있다는 주장에 대해 이의를 제기한다. 결정론은 우리가 무엇을 결단하든 간에 일어날 사건은 일어난다고 주장하는 숙명론과는 구별된다. 우리의 결단과 선택은 우리의 행동을 설명하는 데 필요하다. 우리는 우리가 무엇을 원하든 간에 이미 오래 전에 설치된 궤도를 따라 이동하도록 운명지워진 궤도차의 운전자와 같은 처지가 아니다. 결정론은 우리의 처지가 이미 정해진 길을 가게 하는 전선이나 레일이 필요없는 디젤버스 운전자에 더 가깝다고 주장한다. 어떤 의미에서 보면 운전자는 자기가 원하는 방향으로 버스를 운전할 수 있는 자유를 가진 것처럼 보인다. 그는 원하기만 하면 관광객들을 태우고 해변으로 갈 수도 있다. 그러나 정해진 코스로 버스를 운전하도록 고용된 경우라면, 그는 결코 자유롭지 못하다. 일단 외부의 강제력이 제거된다면, 문제는 어느 정도까지 우리의 선택이 정말로 우리의 것일 수 있는가, 또 우리의 통제 범위를 벗어나 있고 때로는 우리 지식으로도 파악할 수 없는 요인들에 의해 어느 정도까지 우리의 선택이 좌우되는가이다.

결정론자들은 칭찬과 비난이 행위자의 결단에 영향을 미치는 인과적 요인으로서 결정론적 체계 속에서 여전히 성립할 수 있다고 주장한다. 당나귀에게 필요한 당근과 채찍처럼, 칭찬과 비난은 행위에 영향을 미친다는 것이다. 칭찬과 비난은 미래에 어떤 행위를 산출하기 위해서만 시행될 뿐이지, 어느 누가 칭찬을 받을 만하기 때문이 아니다. 결정론에 따를 때 각각의 행위가 원인의 연쇄적 과정의 산물이기 때문에 보상과 처벌은 정당화될 수 없다. 그 원인이 사회적이든 아니면 심리적이든 생물학적이든 그것은 그 상황에 대한 개인의 추리가 못미치는 과거로 소급된다. 그러나 아퀴나스는 어떤 형태의 결정론이든 거부했으며, 일부에서 논의하고 있는 결정론과 자유의지의 양립가능성을 받아들이지도 않았다. 여기서 인과적 설명을 행위에 대한 단 하나의 적절한 설명으로 받아들이는 측과 아퀴나스처럼 이성을 최고의 권위로 보는 측과의 근본적 갈등이 생긴다. 나의 이성이 나의 행위의 원인이 될 수도 있으나, 자유의지를 진심으로 믿고 있는 사람에게 자유의지는 오직 합리적 숙고의 산물일 수밖에 없다. 그렇다면 나는 나에게 영향을 미치는 인과적 효력의 단순한 총합이 결코 아니다. 특히, 나는 스스로 나의 도덕 판단의 원천이어야 하며, 그러한 판단에 대해 책임을 져야 한다.

기독교인들이 자유의지를 강조하는 한 가지 이유는 신의 세계라고 생각되는 곳에 악이 가득 차 있음을 인식했기 때문이다. 대부분의 악은 인간의 이기성과 부도덕함, 혹은 '죄'의 결과이다. 죄는 인간의 존재 전체에 영향을 미치는 것으로 보이며, 우리는 애당초부터 죄를 짓는 경향을 갖고 태어나는 것으로까지 보인다. 죄가 우리를 '노예로 만들고 있음'을 상상하기 별로 어렵지 않으며, 원죄론은 이러한 인간 경험의 발로인지도 모른다. 기독교인들은 인간 전체의 사악함을 언급하곤

한다. 그러한 타락은 너무나 엄청나기 때문에 오로지 신의 은총 속에서만 희망을 가질 수 있다는 것이다. 그러나 어떤 진리를 파악한다든가, 신의 계시를 인식한다든가 하는 것이 왜곡된 인간 정신으로는 불가능하다는 식으로 과장하기도 쉬워진다. 아퀴나스가 이러한 비관론에 빠지지 않았던 것은 이성능력을 높이 평가했기 때문이다. 그는 그것이 신에게로 다가갈 수 있도록 해준다고 믿었다. 나아가 그는 우리 모두가 실제로 덕에 대한 본래적 경향을 가진다고 생각했다. 아퀴나스는 이성의 발휘와 덕에 이르는 길을 동일시했으며, 따라서 덕에 대한 경향을 갖지 않는 인간은 이성능력을 결여할 뿐만 아니라, 결코 인간일 수 없다고까지 주장하였다.

죄가 타고난 우리의 능력을 파괴할 수는 없지만, 아퀴나스는 "덕에 대한 경향으로서의 덕의 가치가 감소하게 되는 것은 인간이 죄를 짓는다는 사실 때문이다"[12]라고 주장한다. 우리가 그른 일을 하면 할수록, 우리는 그런 종류의 행위에 점점 더 익숙하게 된다. "두 가지 서로 다른 것들 중 어느 하나로 향하려는 경향은 반드시 다른 쪽으로 향하려는 경향을 감소시킨다"고 그는 주장한다. 우리가 죄를 지으면 지을수록 점점 더 많은 죄를 짓게 된다. 그럼에도 불구하고 그가 지적하듯이, 우리는 더 이상 죄를 짓지 않을 능력을 가지고 있기 때문에, 죄는 우리의 합리성을 마비시키지 못한다. 짐승이 죄를 지을 수 없는 까닭은, 죄는 자유로운 선택의 결과이어야 하기 때문이다. 우리는 죄를 피하는 것을 더욱 어렵게 할 수 있는 죄를 피하는 것이 결코 불가능한 일은 아니다. 그렇지만 우리 모두는 '원죄'에 시달리고 있으며, 아퀴나스는 이것을 영혼의 병든 상태로 보았다. 그러한 상태는 인간의 의지가 신에게 복종하던 최초의 정의 상태가 전복된 것이다. 그 결과 인격의 모든 부분들 곧 영혼의 기능들이 더 이상 균형과 조화를 이루지 못하게 되었다. 각 부분과 기능들은 서로 저마다 자기가 원하는 것을 얻고자 투쟁한다.[13] 이성이 욕구에 억눌릴 때, 우리는 우리의 본성을 거역하게 된다. 왜냐하면 우리의 본성은 '이성의 명령'을 따르기 때문이다. 그런데 중요한 것은, 우리가 우리의 참된 본성에 거역할 만큼 자유롭다고 해도, 아퀴나스가 '인간 본성'이 결코 타락할 수 없게 되는 한 가지 의미가 있다고 보았다는 사실이다. 그것은 인간이 현실적으로 어떻게 행위하고 있느냐가 아니라 인간이 무엇을 목적으로 삼아야 하느냐를 보여준다.

인간은 자연법에 따라 살아야 한다

인간 본성이 우리에게 어떤 기준을 제시한다는 견해와 관련해 볼 때 아퀴나스의 자연법 사상은 쉽게 다루어질 수 있는 성질의 것이 결코 아니다. 그가 자연법이라고 생각하는 것은 근대의 물리학이나 화학에서 제시하는 자연의 법칙이 아니다. 그는 모든 사람들이 자연법에 따라 살 수밖에 없다고 생각하지는 않았다. 단지 그는 그렇게 살아야 한다고 믿었다. 나아가 그는 법률의 필요성을 인정하지만, 그것이 신의 섭리에 의한 자연법처럼 일체의 모든 것에 적용되기를 기대하지는 않는다. 그는 법이 많은 사람들, 즉 높은 수준의 도덕을 견지하지 못하는 대다수에게 적용되어야 한다고 말한다.[14] 그는 계속해서 다음과 같이 말한다. "따라서 법은 올바른 사람들이 멀리할 수 있는 모든 악을 규제하는 것이 아니라, 대다수의 사람들이 피할 수 있는 심각한 악을 금지시키며, 살인 절도 등과 같이 다른 사람들에게 해를 끼치는 인간 사회의 존립을 위해 반드시 막아야 할 악을 주로 규제하여야 한다." 도덕과 법이 아퀴나스에 있어서 일치하지 않는 까닭은, 도덕이 더 많은 것을 요구하기 때문이다. 법은 도덕 기능의 하나이다. 법은 자연법으로부터 도출되지 않으면 부당해질 수 있으며, 그것의 목적은 반드시 공동선이어야 한다. 아퀴나스는 법이 상이한 도덕적 관점들 사이에서 중립적 입장을 취해야 한다는 점을 부정함으로써 아리스토텔레스를 따른다. 그 역시 현대 자유주의의 여러 양상들을 거부했다. 실제로 그는 법이란 사람들의 도덕적 충동을 강화할 수 있도록 하고 부도덕한 충동을 억누를 수 있도록 하는 규범을 제공할 수 있어야 한다고 믿는다. 그는 법적 제재의 위협이 필요한 젊은이들이 있다면서, 다음과 같이 말한다. "이렇게 길들여지면서, 그들은 과거에 두려움 때문에 하게 되었던 행위를 스스로 알아서 하게 되고, 결과적으로 덕있는 사람이 된다. 처벌에 대한 두려움을 통해 사람들을 강제하는 이러한 종류의 제재가 바로 법적 제재이다."[15]

인간의 법률은 자연법으로부터 도출되어야 하며, 자연법에 대한 아퀴나스의 견해는 스스로의 선을 위해서 모든 것을 주재하는 신의 섭리에 대한 믿음을 통해 이해되어야 한다. 그는 "만물의 입법자인 신 아래서 모든 피조물들은 여러 자연적 성향들을 갖게 된다"[16]고 말한다. 모든 사물들은 그들의 경향을 따르는 한 영원한 법칙에 복종하는 것이 되며, 우리의 경우 그 법칙은 이성에 따르는 행위와 관련된다. 비합리적인 욕구를 따르면, 우리는 우리의 참된 경향을 위배하는 것이 되며, 따라서 우리의 본성을 거역하는 것이 된다. 아퀴나스는 타락한 후의 인간에 대해 다음과 같이 말하고 있다.

> 신으로부터 벗어날 때, 육욕에 의해 휘둘리는 상태에 빠진다. 이러한 상태는 각 개인을 이성으로부터 벗어난 타락의 상태로 몰고 간다. 결과적으로 각 개인은 감각 욕구만을 갖고 태어나는 금수와 같아진다.[17]

육욕은 이성에 복종해야 한다. 그러나 순수한 동물적 성향, 이른바 성적 욕구는 공동선, 즉 종족의 보존을 위해서 신이 마련해 준 것임을 그는 인정한다.

자연법을 어길 때의 결과를 감수할 의향만 있다면, 우리에게는 국가의 법률처럼 자연법을 얼마든지 어길 자유가 있다. 오로지 자연법, 곧 신의 영원한 법칙에 따르는 행위만이 인간의 선을 보장한다. 신의 창조 속에 계시된 인간 목적을 위배하는 자들은 스스로에게나 타인들에게 마음의 고통과 불행을 낳을 뿐이다. 아퀴나스는 자연법이 우리를 강제하지는 않지만, 우리로 하여금 창조자의 의지에 따르는 보람찬 삶을 살 수 있도록 하는 안내 역할을 한다.

아퀴나스에 따르면 자연법의 명령은 우리의 자연적 경향의 위계와 상응한다.[18] 첫째, 우리는 우리 자신을 보존시키려 하고 자연법은 삶의 여러 욕구들을 유지하는 데 도움을 준다.

둘째, 우리는 섹스와 종족번식이라는 기본적 욕구의 차원에서 다른 동물들과 공통되는 경향을 유지한다. 셋째, 아퀴나스는 합리적 본성의 차원에서 우리가 선에 대한 경향을 갖는다고 믿는다. 그는 우리가 신에 대한 진리를 알아야 하고, 사회 속에서 함께 살 수 있어야 한다고 말한다. 그런 경우 우리는 무지를 피해야 하고, 우리와 협동하는 사람들에게 피해를 주어서는 안 된다.

아퀴나스는 인간 본성은 죄를 짓고도 여전히 본질적으로 선하다고 믿는다. "자연법은 인간의 마음에서 지워질 수 없다"고 그는 말한다. 그는 이성이 기능을 제대로 발휘할 수 없음과, 또 잘못된 관습이 사회 전체에 만연할 수 있음을 인정했다. 절도가 사람들 사이에서 잘못된 것으로 인정되지 않은 적도 있었다는 것이 그가 제시하는 하나의 예였다. 그렇지만 그 예를 제시하는 목적은 사회의 질서에 자연법이 반영되도록 하는 데 있다. 그러나 인간 본성을 선과 연관시키는 일반 원칙을 적용하면서 행동 규범을 제시하기란 쉽지 않다. 어쩌면 인간 본성이 변하지 않는 한 자연법도 결코 변하지 않을지 모른다. 그러나 삶의 여건은 변할 가능성이 있고, 그에 따라 우리의 이성도 발전할 것이다. 피임이나 유전공학과 같은 문제들에 대한 최초의 논쟁들은 무엇이 '자연스런' 인간 행위인가 하는 데에 직관을 적용하기가 얼마나 어려운가를 보여주는 예라고 할 수 있다.

아퀴나스가 드는 예 중의 하나가 그러한 문제를 보여주고 있다. 그는 두 가지 면에서 자연법과 일치하는 것이 있음을 지적한다.[19] 한 가지는 자연이 어떤 특정한 방향으로의 경향을 가질 수 있다는 것이다. 예를 들어, 다른 사람에게 해를 가하는 것은 자연의 특정한 방향과 어긋나기 때문에 그르다. 한편 다른 한 가지는 자연이 그 반대의 경향을 금지시키지 않는다는 것이다. 우리가 본성상 나체라고 말해질 수 있을지라도, 우리는 옷을 입어야 한다. 여기서 아퀴나스는 계속해서 사유 재산과 사노(私奴)에 관한 예를 드는데, 이러한 제도는 '자연법 때문이 아니라, 인간 이성에 입각한 인간 생활의 편리성 때문에'[20] 존재한다고 주장한다. 그는 자연법의 원리가 노예제도의 문제와 무관하다고 주장하는 것처럼 보인다. 노예제도는 자연스러운 것이 못되지만, 인간 욕구를 충족시킨다는 점에서 합리적으로 정당화될 수 있으며, 의복을 입는 문제와 동일선상에 놓이는 문제가 된다. 그럼에도 불구하고 인간의 노예제도는 다른 것들이 그럴 가능성이 있듯이 자연법과 자연권에 상당히 저촉되는 것처럼 보인다.

도덕적 관점에서 노예제도를 허용해 주는 자연법 이론이 얼마나 유용한가를 반드시 고려해 보아야 한다. 사회적 여건이 우리 시대와 달랐음을 인정하더라도, 우리는 이러한 문제에 있어서 우리의 이성능력이 아퀴나스의 이성능력에 비해 개선되었다는 결론을 내릴 수 있을 것 같다. 자연법 이론이 의미를 지니려면, 우리가 아퀴나스가 살던 사회와는 다른 사회에 살고 있다는 이유만으로 아퀴나스에게 옳았던 것이 우리에게는 옳지 않을 수 있다는 결론이 나와서는 안 된다. 자연법이 적용되는 방식은 상황에 따라 달라지겠지만, 인간의 본성이 변하지 않는 한, 자연법은 그 근본 원리에 있어서 변화할 수 없는 것이기 때문이다. 분명히 여기에는 무엇이 근본적이고 근본적이 아닌가에 관하여 논쟁의 여지가 있다. 어쨌든 아퀴나스는 누구보다 더 열성적으로 인간 사회의 고유한 본성을 논의함에 있어서 이성을 사용하라고 우리를 설득하려고 할 것이다.

일원론과 이원론 사이에서의 줄타기

성 토마스 아퀴나스가 저술했던 시기는 신학이 지배적 학문이었던 시대였다. 그에게는 인간과 짐승의 유사점과 상이점을 논의하기 위해서 인간과 천사의 위치를 비교하는 일이 중요했다. 그는 천상의 존재유형을 지상의 존재유형과 엄밀하게 구별했다. 이러한 그의 저술은 과학 이전 시대의 산물로 치부될 수 있지만, 이것은 지나치게 피상적인 반응이다. 그의 철학적 믿음의 상당수, 예를 들어 자유의지와 자연법에 관한 믿음들은 여전히 광범위한 영향력을 행사하고 있다. 육체와 정신의 관계에 관한 문제는 가장 끈질긴 철학적 논쟁의 하나이다. 육체와 정신을 어떤 식으로든 일치시키려는 측과 이 두 가지 실체가 상호작용을 한다고 주장하는 측 사이에는 근본적인 단절이 놓여 있다. 일원론자들은 정신과 육체가 근본적으로 하나라고 주장할 것이다. 만물은 본질적으로 정신적이지만, 근대과학의 발달에 따라 정신적인 것이 물질적인 것에로 환원되기에 이르렀다고 주장하는 사람도 있다. 많은 사람들이 마음의 작용들, 곧 믿음이나 욕구, 감각과 감정은 육체의 작용보다 더 구체적으로는 두뇌의 작용에 불과하다고 주장한다. 두뇌의 작용은 원리상 과학적 탐구의 영역에 놓이게 된다. 이들의 주장은 이원론자의 반박을 받게 되며, 이원론자는 정신과 육체는 별개이며, 정신은 육체에 의해 영향을 받는 것처럼 육체에 영향을 미칠 수 있다고 주장한다.

육체와 어느 정도 확연히 구별되는 자아가 존재한다는 생각에 불만스러워하는 사람들도 많이 있다. 그들은 인간은 육체가 아닐 뿐만 아니라 육체와 분리되지도 않음을 주장하는 중도적 입장을 모색하는 편이 매력적이라고 생각한다. 인간은 반드시 물질을 통해 육화되어야 하지만, 물질 덩어리 그 이상의 존재이며, 따라서 인간은 심신 통일체로서, 함께 공존하기 어려운 두 개의 이질적 요소로 이루어진 그 무엇이 아니다. 이 점을 인정하는 사람이라면 플라톤보다는 아리스토텔레스의 형이상학에 더 끌릴 것이고, 그에 따라 형상은 독립된 어떤 세계에 존재하기보다는 질료 속에 현존한다고 여길 것이다. 현대 사상가들이 보는 아퀴나스의 매력은 그가 인간의 일원론적 특성을 강조했다는 데 있다. 우리는 이제 육신의 감옥에 갇힌 존재가 아니라, 육체의 존재이며, 보다 엄밀히 말하면 서로가 서로를 필요로 하는 육체와 영혼으로 이루어진 존재이다. 그의 견해는 훗날(17세기) 이원론의 고전적 입장이 된 데카르트의 정신과 육체의 구별의 한 대안이 될 수 있는 것처럼 보인다.

최근의 정신 개념이 아퀴나스의 영혼 개념과 단순하게 동일시 될 수 있는 것은 아니다. 그는 식물에도 영혼이 있다고 생각했다. 그러나 아퀴나스의 입장과 후기 비트겐슈타인의 입장 사이에 연관성이 있으며, 심지어 유사성이 있다고 보는 이들도 있다. 두 사람 모두 데카르트(혹은 데카르트의 추종자들)의 이원론과 상반된다.

앞에서도 살펴 보았듯이 인간 본성에 관한 논의는 우리가 사후에도 계속해서 살아남을 수 있느냐 하는 문제를 피할 수 없다. 이러한 문제는 기독교인들에게 특히 중요한 문제로서, 우리의 미래 운명이 논의의 초점이 되고 있다. 아퀴나스가 생각했던 것처럼, 과연 우리는 천사보다 약간 낮은 존재인가, 아니면 우리는 그저 복잡한 동물에 지나지 않는가? 문제는 정신과 육체의 관계에 관한 문제와 연관된다. 그는 육화된 영혼을 언급했던 까닭에, 결국에는 영혼이 육체와 분리되어 존재할 수 있음을 인정하지 않을 수 없었다. 이러한 후퇴를 함으로써, 그는 자신이 골수 이원론자임을 스스로 폭로하게 된다. 물질만이 참되다고 주장하는 일원론자는 당연히 사후의 삶이 가능하다는 것을 인정할 수 없을 것이다.

문제는 일원론과 이원론 사이의 중도적 입장이 가능한가이다. 아퀴나스 자신은 형상으로서의 영혼이 없는 죽은 육체는 살아 있는 육체와 같은 의미에서의 육체가 아니라고 주장했다. 이러한 주장이 이상하게 들릴지 몰라도, 육체로부터 빠져나가는 그 무엇이 있다고 주장하는 사람들에게는 유리한 논거가 된다. 그렇지만 이원론으로 크게 후퇴하였기에, 아퀴나스는 지상에서의 육체적 부활을 요청하는 방식으로 자신의 입장을 복원할 필요성을 느꼈다. 이것은 그 시대의 기독교 교리에 부합하는 것이었지만, 그로 인해 그는 일원론과 이원론 사이에서 어려운 줄타기를 하게 되었다. 우리에게 남는 문제는 인간의 개체성이 육체를 통해서만 표출될 수 있느냐 하는 것이다. 이러한 물음에 대한 답변은 우리의 영원한 운명에 관한 문제와 관련될 뿐만 아니라, 육체를 갖고 살아가는 일상인에 대한 우리의 견해에도 영향을 미친다. 아퀴나스는 이러한 문제에 직면했지만, 그것을 해결했다는 것은 어디에서도 찾아볼 수 없다.

비트겐슈타인(L. Wittgenstein)

언어에 의해 창조되는 인간 본성

말할 수 없는 것에 대해서
우리는 침묵하여야 한다.

언어의 한계는 곧 세계의 한계이다

아마도 루드비히 비트겐슈타인은 자신이 인간 본성에 대해 어떤 사상을 가지고 있음을 부인했을 것이다. 철학에 대한 그의 접근방식은 일반화 작업이라든가 신념체계의 구축에 정면으로 대비되는 것이었다. 그는 어떤 통일된 이론을 제시하지 않았으며, 그의 저작은 단어가 가질 수 있는 의미에 관한 단편들이었다. 대부분 유고로 출간되었고, 대부분 번호가 매겨진 단락으로 이루어졌으며, 그러한 단락은 한 문장만을 포함하는 경우가 적지 않으며 수시로 묻고 대답하는 방식을 취한다. 그의 저작들은 일반적으로 독일어의 번역이지만, 몇 개의 저작은 영어로 초판이 나왔다. 이러한 사실은 그가 20세기 철학의 몇 가지 두드러진 흐름에 걸쳐 있기 때문에, 그의 사상적 배경의 복잡성을 푸는 실마리를 제공한다.

비트겐슈타인은 처음에는 버트란드 러셀(Bertrand Russell)의 지도를 받으며 캠브리지에서 그의 주요한 철학적 작업을 진행했다. 그 결과 그는 1921년 『논리철학 논고』(*Tractatus Logico-Philosophicus*)라는 난해한 저작을 출간했으며, 거기에서 그는 언어의 기능이 실재를 모사(模寫)하는 것이라고 논증했다. 말은 지시기능을 통해 그 의미를 얻게 된다는 것이다. 그의 저작은 빈 서클(Vienna Circle)의 저작과 관련되기도 한다. 빈 서클은 1920년대와 1930년 초 빈에서 '과학적 세계관'을 옹호했던 영향력있는 철학자들이 결성한 모임이었다. 그들의 철학은 에이어(A.J. Ayer)의 『언어, 진리 그리고 논리』(*Language, Truth and Logic*)를 통해 영어권에서 대중화되었다. 그들에게 의미의 기준은 경험적 과학 탐구에 의해 제시될 뿐이다. 정의(定義)에 의해 참이 되는 진술과는 별도로, 진리의 유일한 기준은 과학을 통한 검증이나 반증이다. 예를 들면 종교적 진술이나 미적 진술 그리고 윤리적 진술은 어떤 진리치도 가질 수 없다는 것이다. 형이상학을 비롯해서, 물리학 탐구 영역을 벗어난 것은 무의미의 범주에 속하며, 그것들에 대해서는 감정의 표출이나 특정 방식의 삶을 의도하는 기능만이 주어질 뿐이다.

일반적으로 『논고』는 빈 서클의 구성원들이 생각했던 것보다 훨씬 더 이해하기 어려운 책으로 알려져 있다. 비트겐슈타인은 "말할 수 없는 것에 대해 우리는 침묵해야 한다"[1]는 수수께끼 같은 말로 그 책을 끝맺고 있다. 그렇지만 그는 우리가 침묵해야 할 주제가 사소하다고는 생각하지 않았다. 그는 자기가 '신화적'이라고 부르는 것에 강한 의미를 부여했으며, 그것과 연관시켜 가치와 삶의 의미의 문제를 신중하게 다루었다. 언어가 한계를 갖고 있다는 것은, 그 한계를 벗어난 것이 도저히 설명될 수 없는 것이어서 무시될 수 있음을 뜻하는 것이 아니기 때문이다. "신비로운 것은 사물이 세계 속에서 존재하는 방식이 아니라, 그것이 존재한다는 사실 그 자체이다"[2]라는 그의 언급은 그의 일반적 태도가 어떠한가를 보여주고 있다. 분명히 이 책 속에는 20세기 전문철학자의 피상적 세계관을 넘어서는 심오함이 있다. 20세기 전문철학자는 언제나 철학의 이른바 '전문적' 문제를 그것을 포괄하고 있는 문화적 배경으로부터 추상하려고 했었다. 그 결과 좀더 일반적인 인간의 관심사를 배제하면서 논리학과 언어철학에 관심을 집중시켰다. 그의 『논고』는 이러한 과정에 영향을 미쳤지만, 그 책의 근본 발단은 그렇게 분명하지 않다.

1912년부터 캠브리지에 머물던 비트겐슈타인을 러셀의 제자로만 생각하는 사람들은 그의 출신 배경이 매우 색다르다는 사실을 모르고 있는 사람들이다. 그는 1889년 빈에서 태어났으며, 그 당시 그곳은 오스트리아-헝가리 제국의 정치 문화의 중심지였다. 그의 가정은 부유했으며, 작곡가 브람스는 그들 가족과 친교가 있었다. 비트겐슈타인의 경력은 기복이 심하다. 그의 최초의 학문적 관심은 공학으로 비행술을 연구했지만, 결국에는 부(富)를 멀리하고 철학으로 돌아왔다. 그는 제1차 세계대전 때 오스트리아 군대에서 복역했으며, 초등학교 교사로도 몇 년간 있었다. 그는 1919년 캠브리지로 돌아와

1939년에는 철학교수가 되었다. 그렇지만 철학교수가 되고도 그는 병원 조수로 일하는 걸 좋아해 전쟁중에는 의학실험실에서도 일했다. 그는 1947년 사직했고 1951년 사망했다. 그는 모든 사람들에게 고통받는 인간으로 비쳤지만 멋있는 인생이었다고 말하면서 죽었다.

그의 배경과 인생이 평탄치 않았고, 그의 저작도 다른 철학자들에게 조금도 의존하지 않는 유난히 독창적인 것이었으므로 그를 어떤 범주로 분류하기란 대단히 어렵다. 영어권의 과학적 성향의 철학과 관련이 있었다는 것은 분명하지만, 그는 역시 독일권 철학자였다. 그는 프로이트와 유사한 지적 문화적 환경에서 자랐고, 니체의 저작도 알고 있었다. 그렇지만 철학적 전망의 대변혁을 겪었다는 것이 그의 저작의 가장 두드러진 특질이다. 1930년 후반부터 그는 『논고』에서 자신이 제시했던 견해를 반박했다. 그는 언어가 실재의 거울이라는 견해에서 벗어나, 언어의 여러 상이한 기능을 강조하였다. 그는 낱말의 의미는 특정 대상과의 결합에 의해 주어지는 것이 아니라 사용되는 방식으로부터 주어진다고 믿게 되었다. 1953년 『철학적 탐구』(*Philosophical Investigation*)의 출간과 함께 '후기' 비트겐슈타인의 영향력이 점차 커지게 된다. 거기에는 초기 저작과의 연속성이 있었다. 언어의 중요성이 여전히 강조되었고, 비트겐슈타인은 소위 '언어철학'(linguistic philosophy)의 전체 흐름과 관련되는 인물로 사람들의 마음속에 새겨지게 되었다.

그러나 그가 오로지 언어에 대해서만 언급했다든가, 단어의 의미 자체에만 관심을 기울였던 것은 아니다. 그는 언어를 통해서 그리고 우리의 삶 속에서 언어가 수행하고 있는 역할을 통해서 인간 고유의 특성을 모두 발견할 수 있다고 믿었다.

고통은 같은 언어게임 속에서 이해된다

비트겐슈타인의 후기철학에 따르면, 언어는 언제나 그것이 사용되는 맥락 속에서 이해되어야 한다. 언어는 그것이 가르쳐지고 사용되는 인간의 삶 그리고 규범과 유리될 수 없다. 언어가 '그것으로 짜여진' 활동과 분리될 수 없음을 강조하기 위해서 그는 '언어게임' (language-game)이라는 용어를 즐겨 사용한다.[3] 그는 "'언어게임' 이라는 용어는, 언어를 말하는 것이 활동의 일부요, 삶의 형식의 일부라는 사실을 강조하려는 것이다"라고 쓰고 있다.[4] 언어는 인간의 삶 속에서 없어서는 안 될 요소로서 인간의 삶과 그 의미를 만들어 간다는 근거에서, 구체적으로 언어가 사용되는 여러 방식을 탐구하는 것이 비트겐슈타인의 철학사상이다. 그에게 철학이란 무엇보다도 언어의 실제 기능을 잘못 파악함으로써 갖게 되는 부당한 개념과 이론으로부터 우리를 벗어나게 하는 기술적(記述的) 작업을 의미했다. 너무나 쉽게 우리는 언어가 언제나 같은 방식으로 사용된다고 전제하면서, 예를 들어 '고통' 이라는 단어는 '집' 이라는 단어가 집을 가리키는 방식으로 고통을 지시한다고 생각한다. 그는 이처럼 언어의 피상적 특질로 말미암아 우리가 오도되는 방식을 치료하려고 한다. 오히려 우리는 말해진 것의 '문법' 이나 논리에 주목해야 한다. 곧 말이 사용되는 방식과 말이 어떤 상황에 가르쳐질 수 있는가에 주목해야 한다는 것이다. 다시 '고통'을 예로 들면, 비트겐슈타인은 내면의 성찰을 통해 우리가 단어를 배우는 것이 아니라고 강조하고자 한다. 만일 우리가 그렇게 단어를 배우고 있다면, 우리는 한 단어를 통해 서로 다른 대상을 가리키게 될 것이다. 오히려 단어가 처음부터 가르쳐지는 방식을 포함하여, 단어가 사용되는 방식은 공적(公的)인 사건이나 행위와 연관되지 않을 수 없으며, 그에 따라 우리는 어느 누가 단어를 잘못 사용하고 있는지를 확인할 수 있다. "한 어린아이가 다쳐 울고 있다. 그러면 어른들이 그에게 말을 하면서 외치는 소리를 가르쳐 주고 나중에 문장을 가르쳐 준다. 그들은 어린아이에게 새로운 고통 표현법을 가르치는 셈이다."[5]

종종 언어에 의해 오도될 때 우리가 빠지게 되는 환상으로부터 우리를 자유롭게 하려는 자신의 작업을 비트겐슈타인은 일종의 치료로 간주하였다. 그는 우리의 믿음에 대한 합리적 근거를 제시하려는 목표를 갖고 있지 않았다. 왜냐하면 "철학은 모든 것을 그대로 놔둔다"[6]는 것이 그의 기본 태도이기 때문이다. 그는 '단어를 형이상학적 사용으로부터 일상적 사용으로 되돌려' 놓으려고 했으며, 종종 형이상학에 심취한 거대한 체계구축에 대해 정면으로 맞섰다. 철학이 삶의 근거나 지식의 근거를 우리에게 제시할 수 있었다는 의미에서 철학이 하는 일이 건설적이었던 것은 아니다. 비트겐슈타인은 당당히 말한다. "어떤 문제를 철학자가 다루는 것은 질병에 대한 치료와 같다."[7] 실제로 프로이트의 저작과 비트겐슈타인의 저작 사이에는 놀라울 만큼의 유사성이 있다. 두 철학자 모두 사람들이 사태의 본질에 필연적으로 도달할 수 없다고 믿으면서 사태의 본질을 밝히는 방법을 발전시켰다. 프로이트의 관심이 개인의 심리에 있었던 반면, 비트겐슈타인의 관심은 언어의 사회적 사용에 있었다. 비트겐슈타인은 수시로 유비추리를 사용한다. 예를 들어 수학의 성질을 이해하려고 할 때, 우리는 의심을 억누르는 경향이 있다고 지적하면서 그는 이렇게 말한다.[8] "나는 그 억눌려진 의심에 대고 말한다. '네가 옳아, 계속 질문하고 명료화를 요구해' 하고." 그렇지만 대체로 그는 자신의 철학이 정신분석과 유사하다는 주장에 대해 이의를 제기하면서, 기술상의 방법이 매우 다르다고 주장했다.

우리와 관련된 가장 중요한 특질이 우리가 언어사용자라는 점이라면, 언어사용과 독립된 우리의 본성은 무엇인가? 전통적인 자아관의 전제는 언어를 배우기 전부터 나는 존재하며, 언어를 결핍한 귀먹고 말 못하는 장애자들과 유아들도 인격체라는 것이었다. 이러한 전통적 자아관은 우리가 우리의 신체와 구별될 수도 있는, 서로 독립된 실체라는 것과, 또 우리의 〔육체적〕 존재는 우연적 사태에 불과하다는 것을 전제한다. 우리에게 개체성을 부여하는 마음, 혹은 정신은 우리 내부에 갇혀 있는 것으로 파악되기도 한다. 이러한 견해는 옥스포드의 철학자이며, 비트겐슈타인보다 몇 살 아래였던 길버트 라일(Gilbert Ryle)에 의해 경멸받았다. 라일은 그러한 견해는 기계 속에 유령이 있음을 주장하는 것과 같다고 일축했다. 본래 이러한 견해는 데카르트의 견해이다. 17세기 철학자 데카르트는 자신은 어떤 것에 대해서든지 잘못된 지식을 가질 수 있지만 자신이 생각하고 있다는 사실에 대해서만은 예외라고 생각했다. 그의 결론은 저 유명한 "나는 생각한다. 따라서 나는 존재한다"는 것이었다. 그는 신체 없는 그 자신을 상상할 수 있지만, "바로 그런 이유 때문에 나는 내가 없음을 상상할 수 없다"고 말한다. 그는 자신이 사유를 본성으로 하는 실체로서 어떤 장소도 필요로 하지 않으며, 어떤 물질에도 의존하지 않는다고 주장했다. "따라서 바로 이것이 '나'이며, 나를 나이게끔 하는 것은 정신으로서, 육체와 완전히 구별되며, 정신은 육체보다 파악하기가 훨씬 쉽다. 그리고 육체가 없더라도, 정신은 존재하기를 멈추지 않을 것이다."[9]

이러한 견해에 따르면, 자아는 모든 사유와 경험의 주체로서 본래의 '나'이다. 그렇다면 언어는 내가 사용하는 도구일 뿐, 본래의 나를 형성하면서 나에게 결정적으로 중요한 영향을 미치지 못한다. 우리 각 개인의 개체성은 우리가 어떤 공동체의 구성원이 되기에 앞서 이미 고정되고 결정되었기 때문에 확인될 수 있는 것이다.

언어의 중요성이 강조되면 될수록, 데카르트의 이원론적 견해는 더 많은 공격을 받게 된다. 언어는 본성상 공적(公的)인 것이며 공유되는 것으로, 사적(私的)인 것도 비밀스러운 것도 아니다. 비트겐슈타인은 적어도 이 점만은 분명히 하려고 했었다. 우리는 이미 존재하는 실재와 관련시켜 그것을 기술하는 도구로서 언어를 사용하고 있다고 생각하기 쉽다. 이미 존재하는 실재에 대한 우리의 이해는 언어와는 독립적일지도 모른다. 그렇지만 언어에 우선성이 부여될 때, 개인의 사적 믿음과 객관적 세계는 서로 대비될 수 없게 된다. 모든 사람이 준수해야 하는 규칙을 갖는 공적 언어는 규범을 형성한다. 이 세계는 언어의 가능성에 의해 제한되며, 세계에 의미를 부여하는 방식으로서의 우리의 개념은 언어와의 관계 속에서 이해되어야 한다. 그렇다면 언어를 분석함으로써 우리의 사유방식이 밝혀지게 될 것이다. 언어가 없다면 우리는 분명하게 혹은 일정하게 사유할 수 없기 때문이다.

이러한 사실은 유아가 아직 언어를 습득하지 못했기 때문에 생각하지 못한다는 것을 의미하는가? 이러한 사실은 내가 '고통'이라는 단어를 어떻게 사용하는가를 배우지 않고서는 고통을 느낄 수 없다는 것을 의미하는가? 이러한 것들이 비트겐슈타인을 곤란하게 한 문제들이다. 그는 이렇게 말한다. "당신이 언어를 배울 때 '고통'이라는 개념도 배웠다."[10] 그는 '내면의 과정'은 외부의 기준을 필요로 한다고 믿었다. 우리가 개인적이고 사적이라고 생각하는 것은 무엇이나 실제로 그 주변의 환경으로부터 그 의미를 얻는다. 비트겐슈타인에 따르면, 무엇인가를 의도한다는 것은 사적 감정이 아니라 단어의 사용과 관련되며, 거꾸로 단어는 사용되는 맥락에서 의미를 획득한다. 그는 말한다. "의도는 상황 속에, 인간의 관습 속에 그리고 인간의 제도 속에 새겨져 있다."[11]

비트겐슈타인은 언어를 습득하기 전에 이미 신과 세계를 사유했다는 19세기의 장님이자 벙어리였던 밸라드(Ballard)에 관한 윌리암 제임스(William James)의 이야기를 인용한다.[12] 자아에 대한 데카르트식의 견해는 여기서 아무 문제도 발견하지 못할 테지만, 언어를 강조하게 되면 단어없이 이루어지는 사유가 어떻게 가능한가를 이해하기 어려워진다. 비트겐슈타인은 이러한 사례에 대해 유감스러워하면서 그 사람의 회상을 '유별난 기억현상'(queer memory phenomenon)으로 보았고, 거기서 나오는 결론을 인정하지 않았다. 비트겐슈타인이 언어 없이는 풍요로운 정신활동은 물론이고 체계적인 정신활동도 불가능하다고 생각했다는 것은 틀림없는 명백한 사실이다. 인간의 세계는 언어의 세계이어야 한다. 우리를 인간답게 만드는 것은 우리가 언어를 소유하고 있다는 사실이며, 우리가 살고 있는 세계를 파악할 수 있게 하는 범주를 제공하는 것도 언어이다.

언어로 표현되고 언어로 창조되는 인간 본성

비트겐슈타인은 데카르트식의 자아개념에 대해 명시적이기보다는 암시적으로 논박하고 있다. 분명히 그는 우리 자신과 다른 사람을 비교하여 우리가 다른 사람을 이해할 수 있다는 전제를 의심하려고 했다. 우리가 다른 사람의 마음에서 무엇이 일어나는지에 대해 추론해야 할 때에도 흔히 철학자들은 우리의 마음에서 무엇이 일어나는가에 대해 확신할 수 있다고 전제한다. 유비추리에 의한 이러한 논증은 다른 사람들이 우리 자신과 유사함을 우리가 전제할 수 있다는 주장에 의거한다. 우리가 어떤 고통을 느끼면 유사한 상황에서 다른 사람들도 그럴 것이라고 전제하는 것은 합리적인 것처럼 보인다.

그렇지만 우리가 공유하는 공적 기준을 강조하면 과연 우리가 우리 자신에 대해 그 기준을 정확하게 적용할 수 있느냐 하는 문제가 제기된다. 문제는 다른 사람의 마음의 내용을 이해하는 데 있지 않고, 우리 자신의 마음의 내용을 이해하는 데 있다. 비트겐슈타인은 유비추리에 의한 논증처럼 우리가 하나의 사례(우리 자신의 느낌에 대한 사례)로부터 '무책임하게' 일반화하는 것을 대단히 우려했다.[13] 그는 우리가 우리 마음의 내용을 '사적 대상'으로 간주한다면 그것의 정체를 결코 확신할 수 없을 것이라고 주장했다.

비트겐슈타인은 고통의 예를 애용했는데, 우리가 우리의 정신 내용을 다른 사람과 공유하기 불가능한 사적인 것으로 생각하게 되면 그 예는 특히 놀랄만한 예가 된다. 고통을 기술하는 것이 의학적으로 중요하지만, 그렇게 하기가 얼마나 어려운가를 우리는 잘 알고 있다. 무엇보다 고통은 가려움, 전기충격, 구역질, 여타의 불쾌한 감각과 구별되는 종류의 감각으로 여겨진다. 그렇지만 비트겐슈타인은 한 개인에게만 인지되고, 그 개인의 사적 감각과 결부되는 사적 언어란 있을 수 없다고 논증한다. 중요한 사항은 그가 언어와 관련하여서만 일정한 개인적 경험을 생각할 수 있었다는 것이다. 그는 다른 사람에게 가르쳐질 수 없는 언어란 있을 수가 없음을 입증하려고 하였다.

만약 내가 어떤 감각의 발생을 일기에 적어두고, 그런 감각을 가질 때마다 'S'라고 표기한다면, 내가 언제나 제대로 표기한다는 것을 어떻게 확신할 수 있느냐고 비트겐슈타인은 묻는다. 과연 나는 문제의 감각을 언제나 정확히 인지하여 그것을 확인할 수 있는가? 외부의 사실에 의거하여 확인할 수도 없다. 나의 기억이 잘못되었고 그것이 더 이상 동일한 유형의 감각이 아니라 해도, 나에게 동일한 것처럼 보이면 그러하다고 판단할 것이다. 정확성에 관한 어떠한 기준도 없다. 이것은 우리가 이러한 상황에서 '정확하다'는 말을 할 수 없음을 의미하는 것이라고 비트겐슈타인은 결론내린다.[14] 우리 자신의 사적 규칙만으로는 불충분하다. 비트겐슈타인은 그러한 규칙은 결코 규칙이 아니라고 생각한다. 언제든지 자신에게 훌륭한 규칙으로 여겨지는 것이면 무엇이나 받아들여지는 가운데 게임을 하는 사람은 도저히 게임이 이루어지지 않는다는 것을 곧바로 알게 된다. 이러한 경우 규칙을 어기는 것은 불가능해지며, 그것은 게임이 불가능해진다는 것을 뜻한다. 비트겐슈타인은 어떤 규칙을 준수하는 것은, 그 규칙이 지켜지고 있느냐에 관한 확인이 개인의 내면 경험에 의존하지 않고 이루어질 수 있을 만큼, 공적이고 사회적인 실천이어야 한다고 주장한다. "어느 한 사람이 규칙을 준수한다고 생각하는 것은 규칙을 준수하지 않는 것이 된다. 따라서 규칙을 '사적으로' 준수하는 것은 불가능하며, 그렇지 않다면 어느 누군가가 규칙을 준수한다고 생각하는 것과 규칙을 준수하는 것은 동일한 것이 될 것이다."[15]

기억을 통해서 언제나 우리의 판단을 확인할 수 있다고 주장하는 사람도 있을 것이다. 나는 지금의 고통이 지난 주에 겪은 고통과 똑같다는 것을 알고 있으며, 기억을 통해서 그때의 고통을 기술하기 위해 어떤 단어를 사용했다는 것도 알고 있다. 그렇지만 여전히 이것은 비트겐슈타인이 보기에는 개인의 내면 경험에 의존하는 정당화가 된다. 왜냐하면 나는 나의 다른 믿음에 호소하여 내 마음의 내용을 기술하고 있기 때문이다. 그는 이러한 종류의 과정이, 기사의 내용이 사실인지를 확인하려고 조간 신문을 여러 개 사는 것과 같다고 말한다.[16] 그는 이렇게 충고한다. "다음과 같은 방식으로 사적 대상에 대한 관념을 항상 제거하라. 즉 사적 대상의 관념은 항상 변하지만, 당신의 기억이 항상 당신을 기만하고 있기 때문에 그러한 변화를 확인할 수 없다고 전제하라."[17]

우리는 우리의 사적 경험이 마치 공적 세계의 대상인 것처럼 생각해서는 안 된다. 더욱이 비트겐슈타인이 생각하듯이, 어떠한 기술이 정확하다고 생각할 근거는 없다. 오류가 원칙적으로 확인될 수 없다면, 정확성과 오류도 구별될 수 없다고 그는 말한다.

비트겐슈타인은 언어가 대상을 기술하는 기능 이외에도 여러 상이한 기능을 가지고 있음을 확신했다. 그는 감각을 표현하는 언어에 대한 유비추리로서 저마다 하나씩 상자를 갖고서 상자에 든 물건을 무조건 '풍뎅이'라고 부르는 사람들의 예를 들고 있다.[18] 문제는 "아무도 다른 사람의 상자를 들여다보지 못하며 어느 누구나 풍뎅이가 무엇인가를 알기 위해서는 자기 풍뎅이만을 봐야 한다"는 것이다. 이러한 상황은 모든 사람들이 상자 속에 서로 다른 물건을 갖고 있을 수 있고, 심지어 그 물건이 다른 것으로 바뀔 수도 있는 상황이다. 상자 속의 내용물은 '풍뎅이'라는 말을 사용하는 데 아무 역할도 하지 못한다. 상자는 비어 있을 수도 있지만, '풍뎅이'는 여전히 '상자 안에 들어 있는 그 어떤 것'을 의미할 것이다. 따라서 "우리가 '대상과 지시'의 모델에 입각해서 감각표현의 문법을 추론한다면, 대상은 고려사항이 되지 못한다"고 비트겐슈타인은 주장한다. 감각을 지시하기 위해 사용되는 단어는 우리 각자가 개인적으로 파악한 대상의 이름이 아니다. 이러한 논거에서 의미에 대한 사적 이해는 성립하기 매우 어렵다. '고통'

과 같은 단어의 사용은 공적인 행동과 연계되지 않을 수 없고, 그에 따라 잘못 사용하는 경우에 시정될 수 있다.

우리는 공적인 문맥에서 '고통'이라는 단어를 배우고, 공적인 문맥은 단어의 의미를 부여한다. 비트겐슈타인은 고통의 개념을 사적 경험을 지시하는 것처럼 보이는 다른 모든 개념에 대한 모델로서 사용하고 있다. 그는 단어의 의미가 개인적 문제일 수 없다고 확신했으며, 단어의 의미 획득에 기여하면서 특정한 생활양식 속에서 형성되는 공적 기준에 비하면 마음에서 생기는 일은 2차적인 것임을 확신했다. 그렇지만 이러한 주장은 우리의 정신 활동의 중요성과 그러한 활동의 고유한 특질인 '내면성'을 어느 정도 부정하는 것처럼 보인다. 비트겐슈타인은 "인간의 신체는 인간 영혼에 대한 최상의 그림이다"[19]라고 말한다. 우리의 정신활동에 분명히 적용되는 개념을 학습할 때 〔외면의〕 행동이 중요하다고 한 그의 견해는 과학적으로 이해될 수 있는 것만을 인정하고 싶어하는 은근한 욕구에서 비롯된 것처럼 보인다. 사적 언어의 불가능성에 대한 이러한 논증의 설득력은 언어의 의미가 공적으로 확증가능한 것에 대해서만 주어질 수 있다는 전제에 의거한다고 주장하는 사람들도 있다. 그들은 바로 이것이 본질적으로 빈 서클의 검증원리라고 지적한다. 그렇지만 문제는 한층 더 복잡하다. 비트겐슈타인은 고통 때문에 고통스러워하는 몸짓과 고통 없이 그렇게 하는 몸짓 사이에 커다란 차이가 있을 수 없음을 인정했다.[20] 그는 감각이 '아무 것도 아닌 것'이라고 말했던 것을 부정하면서 전형적인 패러독스의 방법으로 말한다. "그것은 어떤 것이 아니지만, 아무 것도 아닌 것은 아니다." 그는 감각의 존재를 부정하거나, 우리가 무감각의 존재처럼 행세하는 것을 원치 않았다. 그는 〔내면의〕 느낌이 개념을 활용하는 데 아무 역할도 하지 않음을 주장할 뿐이다.

그렇지만 여기서 의심이 생길 수밖에 없다. 우리는 고통의 경우 내면의 경험을 갖는 데 그치지 않는다. 우리는 공적 세계의 대상을 확인하고 재확인하기 위하여 감각에도 의존하게 된다. 우리가 사물을 따로 이해할 수 없는 한, 개념은 가르쳐질 수 없다. 예를 들어 어린이가 '개'라는 언어를 배울 때 개에 대한 개념도 배우게 된다고 주장하는 것은 지극히 당연하다. 단어의 의미를 먼저 이해하려면 의미와는 별개로 그와 같은 종류의 동물의 사례들을 확인할 수 있어야 하며, 특히 그 동물을 그 배경과 분리해서 하나의 개체로서 파악할 수 있어야 한다. 맹인 어린아이는 언어를 배우는 데 곤란을 느낀다. 색깔을 가리키는 단어는 특히 배우기가 어렵다. 세계에 대한 경험은 어떤 단어가 어떤 사물에 적용되는지를 배우는 데 있어 필수불가결한 조건이다. 우리는 먼저 사물을 가리키지 않을 수 없다. 언어 상호간의 번역뿐만 아니라, 언어의 학습과 습득은 모든 언어가 하나의 공통된 세계를 지시한다는 것을 전제하며, 또 우리가 대략이나마 유사한 방법으로 세계를 각각 경험할 수 있다는 것을 전제한다. 그렇지만 비트겐슈타인은 의견을 달리한다. 그에게 세계란 언어로 표현되는 세계에 지나지 않는다. 후기 비트겐슈타인은 언어로 파악되지 않고 그와 별개로 인식되는 세계에 대한 형이상학적 개념을 인정하지 않으려고 한다. 마찬가지로 그는 사적 경험을 언어사용과 분리하지 않으려고 했으며, 사적 경험이 일차적으로 언어를 가능하게 한다고 생각하지 않았다. 나의 경험은 말해짐으로써 공적 세계 속에 자리 잡을 수 있으며, 개념적으로 나의 행태와 연관되게 된다. 사적 경험이 언어의 근거가 되기보다는, 언어의 규제를 받으면서 경험이 형성되는 것이다.

무엇보다 언어가 우선하며, 언어를 초월하거나 언어를 벗어나는 것은 가능하지 않다고 비트겐슈타인은 생각했다. 인간의 주요 특질은 언어 사용에 있다는 것이다. 인간 세계는 언어의 세계이며, 동물세계와 분명히 구별될 수밖에 없다. 비트겐슈타인은 개가 주인이 현관에 있다는 것은 알 수 있지만, "주인이 내일 모레에 돌아올 거라는 것도 알 수 있느냐"고 묻는다.[21] 인간으로서의 우리는 언어적 활동의 존재로 만족해야 한다. 우리가 말할 수 있는 것은 "이러한 언어게임이 이루어진다"[22]는 것뿐이다. 언어적 활동은 우리 세계의 한계를 설정하며, 언어를 벗어나 언어의 부당성을 논증할 방법은 결코 존재하지 않는다. 우리가 우리 자신을 이해하는 유일한 수단은 언어적 수단이며, 그렇기 때문에 자아는 언어의 산물로 이해될 수 있다. 사적 세계는 공적 세계에 의거한다. 우리의 인간성은 언어로 표현되며 언어에 의해 창조된다. 비트겐슈타인에 따르면, 진정한 의미에서 사회가 인간의 본질을 규정한다. 왜냐하면 언어가 학습되는 곳은 다름 아닌 사회이기 때문이다.

인간은 언어를 통해 살아간다

비트겐슈타인에 따르면, 인간의 삶은 언어가 그 한 부분으로 차지하는 사회적 활동에 그 뿌리를 둔다. 각각의 '삶의 형식'은 언어가 학습되고 사용되는 배경을 마련해 준다. 따라서 언어의 의미는 언어가 그 한 부분을 차지하는 삶의 형식과 불가분의 관계를 맺는다. 따라서 무엇이 구체적인 삶의 형식으로 생각되는지를 아는 것이 매우 중요하다. 왜냐하면 삶의 형식의 한 부분인 언어의 의미는 그 삶의 형식에 참여하는 자들에게만 알려지는 것 같기 때문이다.

비트겐슈타인은 고통을 느끼는 행태와 같은 인간적 활동에 언어의 근거를 두고 있는 것처럼 보일 때가 많다. 그는 낯선 나라의 낯선 언어를 이해하는 데에는 어려움이 있지만, "인간의 일반적 행태는 낯선 언어를 해석할 수 있도록 만드는 하나의 지시체계"[23]라고 단호하게 주장한다. 언어와 인간 본성을 연계시키는 이러한 생각은 "사자가 말을 할 수 있더라도 우리는 그를 이해할 수 없다"[24]는 재미있는 말 속에서도 찾을 수 있다. 동물은 우리와 삶의 양식을 공유하지 않기 때문이다. 그렇지만 다른 방향의 생각도 강조되고 있다. 인간은 여러 가지 다른 언어로 말하고 있으며, 같은 언어를 사용하는 사람이라도 서로 다른 전제를 갖는 다른 종류의 삶의 형식에 관여한다. 사적 언어에 반대하는 논증을 시작할 때, 비트겐슈타인은 사람들이 동일한 개념을 공유한다면 그들의 판단은 일반적으로 일치해야 한다고 강조한다. "그때의 일치는 의견의 일치가 아니라, 삶의 형식의 일치이다." 그렇지만 이것은 심각한 불일치가 삶의 형식에 있어서 일치하지 않는다는 것을, 따라서 개념을 사용할 때 차이가 있다는 것을 뜻한다. 커다란 논쟁을 불러일으키는 예가 종교이다. 무신론자는 종교인과 모순되는가, 아니면 그들은 완전히 다른 삶의 형식의 구성원들이기 때문에 서로를 무시하면서 논쟁을 하고 있는 것인가? 의미란 사람의 행동방식에서 비롯된다는 자신의 이론으로 말미암아 그는 개념을 무엇에 관한 것으로 생각하기보다는 생활 속에서 어떤 역할을 하고 있는 것으로 생각하게 되었다. 그는 신의 존재가능성에 관한 추상적 논증에는 관심이 없었으며, 그렇다고 종교적 언어를 무의미한 것으로 배제하지도 않았다. 그는 다만 종교적 언어가 사람들의 삶 속에서 차지하는 역할을 알고자 했다.

그러나 이러한 논의는 서로 다른 사회가 너무나 다른 생활양식 때문에 서로 교류할 수 없는 상황, 심어지는 같은 언어공동체 내에서도 삶의 양식이 다름으로써 상호 이해할 수 없게 되는 상황을 야기한다. 비트겐슈타인은 상대주의로 기울어진 듯 보인다. 상대주의에 따르면 상이한 개념이 성립한다는 것은 자기 충족적인 상이한 개념체계가 여럿 존재하며, 그 각각은 참과 거짓에 대한 저마다의 기준을 갖게 된다는 것이다. 그렇게 되면 과학의 기준은 종교에 적용될 수 없고, 한 사회에서 통용되는 개념들은 다른 사회의 관점에서 비판받을 수 없다. 비트겐슈타인은 "우리의 교육과는 아주 다른 교육은 아주 다른 개념의 근거가 될 수도 있다"[25]는 것을 받아들인다. 그렇다면 삶은 아주 다르게 이루어질 것이라고 비트겐슈타인은 말한다. 그는 다른 언어게임을 물리치려는 근거로서 어떤 언어게임을 사용할 수 없음을 분명히 한다.[26] 저마다 나름의 기준을 갖고 있으므로 어느 것도 다른 것에 관여할 수 없다. 상호교류가 있다면 그것은 이념제창(sloganchanting)이나 비방의 형태를 취할 수 있을 뿐이다. 그는 물리학에 대한 신뢰보다 신탁에 호소하는 편을 더 선호하는 사람들의 예를 제시한다. 비트겐슈타인은 그들이 그렇게 하는 것이 잘못이라고 생각하지 않으며, 또 물리학이 우리에게 진리를 보여준다고도 생각하지 않는다. 추론은 어디에선가 끝날 수밖에 없다. 언어게임은 합리적인 논거에 근거할 수 없으며, '그곳—우리의 삶'[27] 속에 있을 뿐이다. 언어게임은 비교되거나 비판될 수 없으며, 특별한 삶의 형식을 전제하지 않는 한, 이성이 들어설 여지가 거의 없다.

삶의 형식을 공유해야 한다는 필수조건을 강조함으로써 비트겐슈타인은 상대주의에 빠질 수밖에 없다. 그렇지만 우리의 개념들과 '자연에 대한 일반적 사실들'은 연관된다고 그는 본다.[28] 서로 다른 사회 속에서 표출되는 보편적 인간성에 호소함으로써, 하나의 문화를 다른 관점에서 이해할 수 있도록 하는 다리를 마련할 수도 있을 것이다. 이러한 접근의 가능성은 후기 비트겐슈타인의 저작 속에 들어 있지만, 삶의 형식과 개념의 연관성을 강조할 때 낯선 사회를 이해할 수 있느냐 하는 문제에 직면하게 된다. 비트겐슈타인의 영향으로 말미암아 사회인류학의 활동이 특히 어려워지게 되었다는 것은 놀라운 일이 아니다.

사적 언어의 가능성에 대한 논박은 인간사회를 이해하는 데 가장 중요한 의미를 지닌다. 비트겐슈타인은 홉스와 같은 원자론적 인간관에 대해 반대한다. 원자론적 인간관에 따르면 사회구성원은 사회와 심각한 의존관계를 유지하지 않으면서, 사회를 각자의 자기이익을 위한 도구로서 이용할 뿐이다. 그에 비해 비트겐슈타인은 사회를 하나의 전체로 간주하며, 개인을 그 구성부분으로 파악하는 전체주의적(holistic) 입장을 취했다.

사회의 한계성이 인정된다 하더라도, 우리는 우리의 정체성을 사회참여를 통해 확인한다. 이와 유사하게 개인에 대한 사회의 우위성을 주장하는 마르크스주의자들은 종종 비트겐슈타인의 후기 철학에 매력을 느끼기도 한다. 두 견해 모두 사회를 통하지 않고서는 우리의 정체성을 확인할 수 없다고 믿는 까닭에, 우리의 사회성을 강조한다. 비트겐슈타인은 언어의 본성에 관한 철학적 추론을 통해 그러한 입장에 도달하였으므로, 두 견해의 유사성은 우연의 일치라고 할 수 있다. 실제로 비트겐슈타인은 보수주의적 사상가로 알려져 있으며, 언어게임이(세월의 흐름에 따라 바뀔 수 있더라도) 있는 그대로 받아들여져야 한다는 사실은 혁명의 필요성을 역설하는 마르크스주의자의 견해와는 조화를 이루기 어렵다.

사적 세계 없는 공적 세계

비트겐슈타인은 20세기 가장 영향력 있는 철학자들 중의 한 사람으로, 그의 사상은 아직까지도 많은 철학에 스며들어 있다. 그렇지만 그는 철학의 전망에 대해 매우 소극적인 생각을 가지고 있었다. 철학은 우리의 잘못된 개념을 치료할 수 있을 뿐, 우리의 가장 근본적 믿음에 대한 합리적인 근거를 제시하기에는 무력하다고 그는 생각했다. 분명히 이러한 사상은 현대 철학자들로 하여금 세계와 세계 속에서의 인간에 대한 거창한 탐구를 포기하도록 조장한다. 현대 철학자들은 플라톤이 선호하던 종류의 실재에 대해 더 큰 비전을 제시하지 않는다. 그렇다고 비트겐슈타인이 인간의 운명이라는 더 큰 주제에 대해 무관심했던 것은 아니다.

일반화와 형이상학에 대한 불신은 그가 니체와 유사하다는 사실을 보여준다. 그렇지만 그는 종교적 믿음이 그 나름의 삶의 형식에서 비롯된다는 점을 인정하였고, 니체처럼 기독교 신앙에 대해 지나치게 배타적이지 않았다. 그는 종교에 대해서도 매력을 느꼈으며, 원죄와 최후의 심판에 관한 문제에도 항상 많은 관심을 보였다. 그럼에도 불구하고 그는 인간 이성의 무제한적 권위를 인정하지 않았고, 따라서 종교에 대한 합리적 비판이나 정당화의 여지를 마련하지 않았다. 모든 사회적 활동처럼 그것은 그저 존재할 뿐이다. 이러한 점에서 그는 니체와는 달리 관대했으며, 니체와 프로이트처럼 이성에 대한 본능의 우월성을 인정했다. 그는 "본능이 우선하며, 이성적 추론은 그 다음이다. 언어게임이 생길 때까지 이성은 존재하지 않는다"[29]고 말한다.

이러한 논의는 자연사적 관점에서, 어느 정도 생물학적 용어로 인간을 파악하려는 그의 시도에서 비롯된다. 개념은 인간 본성에 관한 매우 일반적 사실에서 생겨나며, 따라서 언어는 어떤 종류의 이성적 추론의 결과가 아니다. "나는 지금의 인간을 동물, 즉 이성이 아니라 본능을 부여받은 원초적 존재로서 파악하고자 한다."[30] 그는 어떤 특별한 본능을 중요하다고 강조하지 않지만, 분명히 인간 이성을 본능에 귀속시킨다. 따라서 철학의 범위는 위축될 수밖에 없으며, 형이상학적 사변은 배제되지 않을 수 없다. 모든 것이 우리가 참여하는 사회활동에 좌우된다.

이러한 사항들은 비트겐슈타인의 주장 속에서 명백히 드러난다. 그는 이원론이나 "유령과 같은 어떤 정신적 존재, 즉 신체에 붙어 있는 영혼의 존재"에 대해 반대했다.[31] 인간 영혼의 최선의 표현으로서 신체와 본능에 대한 그의 강조는 그가 유물론의 한 형태를 채택하고 있음을 암시한다. 더욱이 그는 인간사회의 두드러진 특징과 인간사회가 동물사회와 구별된다는 것을 역설한다. 그는 공동체의 일원이라는 사실과 언어학습의 공적 배경이 중요하다는 사실을 동시에 밝히고 있다. 개인의 사적 경험은 우리의 세계에 대한 이해와는 무관하게 이루어진다. 사회로부터 추상화된 자아의 개념은 어떤 것이나 상당한 문제점을 안게 된다. 사적이며 주관적인 것은 모두 신비로운 것이 된다. 우리 자신에 대한 우리의 관점은 내면에서부터 외부로 향한다. 타인의 마음은 둘째치고 우리는 우리 자신의 마음도 경험할 수 없다. 우리가 관심을 가져야 할 것은 마음의 사적 세계가 아니라 언어의 공적 세계이다. 그래서 주로 현대철학은 심리철학보다 언어철학에 더 많은 관심을 기울이고 있다. 우리의 진정한 본성은 우리 마음의 가장 은밀한 내용에 의해서가 아니라, 주로 언어의 공통주관적〔객관적〕 사용에 의해 밝혀진다.

나의 정체성이 어떤 형이상학적 사실 때문이 아니라 내가 개입된 사회적 언어적 활동 때문이라면, 나는 나의 정체성을 언어로부터 추상할 수 없으며 언어적 범주의 도움 없이는 세계를 파악할 수 없다. 언어가 자아를 형성하며 실재를 결정한다. 우리는 더 이상 이성을 초월하는 문제로 번민할 필요가 없다. 우리는 언어의 한계를 뛰어넘을 수 없으므로 언어의 활동을 이해하는 것이 우리가 할 수 있는 일의 전부이다. 적어도 이러한 견해만을 놓고 볼 때, 비트겐슈타인의 초기 사상과 후기 사상은 흔히 생각되는 것 이상의 관계가 있는 것처럼 보인다.

그렇지만 이러한 견해의 불만족스런 점은 비트겐슈타인 자신이 제시하는 고통의 개념에 의해 밝혀진다. 고통의 개념은 학습되어야 하는 것이고, 그래서 행동과 같은 공적 기준에 의거하지 않을 수 없다. 그러나 그렇다고 해서 고통의 개념이 고통의 느낌과 무관할 수 있는가? 비트겐슈타인은 그렇다고 생각했지만, 어떤 구체적인 상황에서 단어가 학습될 때, 통상 우리는 그러한 상황에서 어떤 종류의 고유한 감각을 느끼고 있음을 깨닫는다. 상처를 입었을 때 우리는 통상 그대로 넘어갈 수 없는 어떤 감각을 느낀다. 왜 우리가 이렇듯 분명한 경고 신호를 수신해야 하는가에 대해 진화론적으로 타당한 이유가 있으며, 따라서 고통을 느낄 때의 감각의 특성이 고통의 개념을 파악할 때 도외시되어야 한다고 생각하는 것은 이상한 일이다. 어떠한 고통도 느낄 수 없는 선천적으로 고통에 무감각한 사람들이 고통이라는 단어를 사용하기가 매우 힘들다는 것은 의미심장한 사실이다. 그러나 그런 사람들조차도 그들에게 해가 되는 것은 피하라고 지금까지 배워왔기 때문에, 고통을 느끼지 않는 것이 분명한 순간에도 자신이 고통을 느끼고 있다고 생각할 때가 자주 있다. 비트겐슈타인은 고통이 심적 부담과 함께 '고통스러워하는 행태'를 야기하는 감각이라고 전제한다. 그렇지만 모든 고통이 혐오의 대상이어야 할 필요는 없으며, 고통과는 현저히 구별되는 많은 불유쾌한 감각도 있다. 우리가 느끼는 감각의 종류는 그에 대한 정서적 반응과 구별되어야 한다.[32)]

비트겐슈타인은 우리가 감각과 같은 우리의 내면 경험을 확인하는 데 오류를 범할 수도 있다는 사실을 대단히 중시한다. 그렇지만 공적으로 확인될 수 없다면 참된 판단을 내릴 수 없다는 주장은 상당한 논란을 불러일으킨다. 우리가 어떤 개념의 의미를 이해한다는 증거를 보여주어야 할 필요성은 분명히 있지만, 그렇다고 그러한 개념과 관련하여 나오는 판단이 반드시 검증을 거쳐야 한다는 결론이 나오는 것은 아니다. 비트겐슈타인의 주장은 단지 사적 세계에 대한 공적 세계의 우월성을 전제할 뿐이다.

이러한 논란은 비단 고통에 국한되지 않는다. 그것은 본보기에 불과하다. 개인이 문법의 도움 없이 판단을 내릴 수 있느냐의 여부도 논란거리이다. 과연 우리는 언어 없이 생각할 수 있는가? 문제는 언어의 소유가 개인으로서의 우리의 존재에 대해 얼마나 중요한가 그리고 인간으로서의 우리의 본성에 대해 얼마나 본질적이냐 하는 것이다. 언어가 강조되면 될수록 인간 삶의 공적 사회적 측면은 더욱 강조될 것이다. 비트겐슈타인의 철학은 도대체 어느 누가 공동체와 분리되어 존재할 수 있고, 여전히 인간으로 남을 수 있는가 하는 본격적인 문제를 제기하고 있다.

맺음말

그렇다면 도대체 누구의 말이 옳은가? 이것은 상충하는 여러 사상들을 검토한 후에야 비로소 정당한 물음이 될 것이다. 한 가지 분명한 사실은 그들 모두가 옳을 수는 없다는 것이다. 삶은 초자연적인 의미를 가질 수도 있고 그렇지 못할 수도 있다. 우리는 사후의 삶을 기대할 수도 있고, 그렇지 못할 수도 있다. 우리는 시공간의 제약을 허물고 자유롭게 활동하는 이성능력을 소유할 수도 있지만, 그렇지 않을 수도 있다. 어쩌면 우리는 마르크스가 생각했던 대로 사회의 산물일 수도 있고, 아니면 프로이트가 제시했던 것처럼 우리 내면의 산물일 수도 있으며, 우리의 지식과 통제를 벗어난 어떤 힘의 노리개일 수도 있다. 그렇지만 그들도 우리가 외부의 힘으로부터 자유로울 수 있다고 생각했다. 분명히 우리는 여러 가지 입장을 놓고 선택을 해야 하는 상황을 피할 수 없으며, 이러한 사실은 명백히도 우리가 자유를 소유하고 있음을 알려 준다. 우리가 자유롭다는 것은 지적 관심의 대상에 그치지 않는다. 어떻게 우리의 삶을 영위해야 하는가는 우리가 제시하는 답변에 좌우되며, 그러한 문제들을 피하려고 해도 여전히 우리는 특정의 방식으로 삶을 영위함으로써 그러한 문제에 답하게 된다.

문제는 진리다. 철학자들은 서로의 주장을 반박한다. 철학사에서 놀라게 되는 것은 철학자들이 앞선 철학자들을 논박하고 있다는 점이다. 같은 문제가 반복되므로, 앞선 세대의 주장을 무시하고 넘어갈 수 있는 철학자는 드물다. 최근의 사상은 그 점을 거듭 확인시켜 주고 있다. 철학자는 과거의 이론을 충분히 숙지하고, 그것을 옹호하기도 하고 그것을 반박하기도 한다. 그렇지만 이천 년 이상이 되었지만 인간 본성에 관해 분명하게 밝혀진 것은 거의 없다. 분명한 것은 인간 본성에 관한 일반적 합의의 징후를 결코 찾아볼 수 없다는 것이다. 철학에서의 진보란 과연 없는가?

철학적 관점에서 언제 이론이 제시되었는가는 중요하지 않다. 가장 최근의 사상이 반드시 최선은 아니다. 과학과 달리 철학은 우리의 지식을 반드시 증대시키는 방식으로 과거 세대의 사상들을 토대로 삼을 것을 요구하지 않는다. 지혜는 얻어지는 것만큼이나 쉽게 잃게 되는 것이다. 과거 한 세기 동안의 과학의 놀라운 발전으로 말미암아 '과학적' 사상을 추구한 사상가들도 있었다. 그들은 진리를 보증할 수 있는 방식으로 자신들의 결론을 수립하려고 했다. 그렇지만 철학이 경험과학이 못된다고 해서 가치가 떨어지는 것은 아니다. 모든 문제가 과학실험실에서 결정될 수는 없으며, 과학은 그 자체가 끊임없이 자신의 본성을 밝히고자 하는 인간 이성의 산물이다.

분명히 다윈이나 마르크스, 프로이트의 사상이 나옴으로써 인간 본성에 관해 우리가 과거 갖고 있지 못했던 지식이 생겨났다는 반론이 제기될 것이다. 각각의 사상가들이 서로 다른 반론에 직면하게 된다는 사실이 문제를 제기한다. 소신있는 다윈주의자라면 다윈주의적 관점에서 사물을 판단하겠지만, 이러한 전제를 마르크스주의자들은 받아들이지 않을 것이다. 프로이트의 추종자는 사물을 완전히 판이하게 설명할 것이다. 반면 아퀴나스의 영향을 받았을지 모를 기독교인은 위의 세 견해에 대해 반박할 것이다. 도대체 누가 인간 본성의 비밀을 가장 잘 밝혀냈는지에 대해 의견이 일치할 수는 없다. 다윈의 이론을 가장 중요하다고 생각하는 사람들이 많지만, 생물학자들 사이에서도 논쟁은 곧바로 시작된다. 마르크스의 사상이 논의의 여지없이 받아들여지기란 거의 불가능하며, 프로이트의 협력자였던 아들러와 융도 프로이트를 반박하면서 자신들의 이론을 개진했다.

그렇다면 진리란 존재하지 않는 걸까? 누가 옳은가에 관해 조금도 일치되지 않는다면, 옳고 그름의 구별도 무의미해질지 모른다. 우리가 지금까지 살펴보았던 모든 논쟁, 때로는 격렬하게 이루어졌던 논쟁들도 아무 소용이 없게 된다. 진리가 없다면 논쟁할 것도 없기 때문이다. 그러나 니체조차도 특정한 믿음에 대해서만 강한 거부감을 드러내 보였으며, 우리의 믿음이 모두 개인적 의견에 불과하다고는 생각하지 않았다. 철학적 논쟁이 성립할 수 있는 까닭은 인간성과 관련된 중요한 문제에 대해 옳고 그름이 성립할 수 있다는 전제가 있기 때문이다. 이성을 발휘할 수 있다는 것은 곧 진리에의 접근 가능성을 전제하고 있다. 진리와 허위와의 구별이 없다면, 어떠한 믿음을 받아들이거나 거부할 참된 이유도 존재할 수 없다. 합리성의 가능성도 한낱 환상에 지나지 않을 것이다. 우리는 사회학적 동기나 심리학적 동기에 의해 어떤 특정한 요인을 이유로서 받아들이게 될지 모른다. 그렇지만 왜 그렇게 되는가를 입증하려는 논증 역시 모종의 이유를 제시하게 된다는 점에서 그다지 설득력을 갖지 못할 것이다. 이성에 대한 공격은 본성상 자가당착적이다.

그렇다면 우리는 이성을 발휘하는 것을 인간의 가장 두드러진 특질이라고 결론내릴 수 있는가? 그렇다고 하는 아리스토텔레스식의 견해가 매력적일 수는 있겠으나, 우리는 우리 이성능력의 명백한 오류가능성을 잊어서는 안 된다. 우리 자신에 관하여 모종의 진리를 발견할 수 있는 사상가도 있겠으나, 논쟁의 와중에서 철학자를 포함하여 대부분의 사람들이 오류를 저지르는 경우가 그렇지 않은 경우보다 더 빈번하다는 것은 유감스럽지만 명백한 사실이다. 특히 우리가 우리 자신을 개체로서 그리고 사회구성원으로서 파악하는 가장 중요한 문제에 대해 판단을 내릴 때 그렇다. '너 자신을 알라'는 고대 그리스인들이 좋아하던 격언이었다. 우리와 우리의 동시대인들은 플라톤과 아리스토텔레스가 파악했던 인간에 비해 월등한 존재가 아니다. 우리 모두 이성능력을 갖고 있는지 모르지만, 판단상의 결함뿐만 아니라 성격상의 결함으로 말미암아 우리의 모든 노력을 수포로 만들기 쉽다.

우리 모두는 결함이 있으며, 인간 본성의 이러한 근본적 결함 때문에 우리 자신의 본성에 대해 어떤 합의에 도달하기 어려우리라는 것은 놀랄 만한 일이 아니다. 모든 추론이 합리화에 불과한 것이 아닐지라도, 우리 자신의 이익이 문제시되는 특별한 경우에 추론은 합리화에 그치는 수가 있다. 우리 자신에 대한 우리의 개념은 계급이익에 경도되든가, 아니면 다른 방식으로 은폐된, 욕구에 물든 사유에 의해 타당성을 잃을 수도 있다. 이것을 많은 사람들은 '원죄'라고 일컫기도 한다. 어떤 철학자들이 인간의 고유한 특질이라고 생각하기도 하는 이기성으로 말미암아 우리는 어떤 특정한 철학적 관점에 기울어질 수도 있다.

인간 본성에 관하여 논증이 이루어지고 있다는 사실은 인간 본성에서부터 비롯되는 문제가 있음을 입증하는 것이기도 하다. 철학자들이 인간 본성에 관해 논의할 때, 그들은 그들 자신에 대해 논의하고 있다는 것을 잘 알고 있다. 그들이 감정에 휩싸이지 않고 언제나 냉정해지기란 어려운 일이다. 이것은 철학을 그 나름의 기능과 기술을 갖는 전문 분야로 수립하려고 하는 20세기의 철학자들이 왜 이러한 주제에 연루되기를 꺼려했는지에 대한 한 가지 이유이기도 하다. 그들은 인간의 변덕스런 감정보다 논리의 확실성을 더 선호해 왔다. 그들은 사변보다는 엄격성을 선택해 왔다.

우리가 폭넓은 합의를 받을 만한 결론에 이를 수는 없다 해도, 몇 개의 주제는 확연히 드러나게 되었다. 서양사상의 한 주류는 기독교였다. 기독교는 고대 그리스철학의 많은 관점들을 흡수하였으며, 우리는 아퀴나스가 얼마나 자주 아리스토텔레스를 답습하는가를 살펴보았다. 그렇지만 중세 이후 정도의 차이는 있지만 기독교에 대한 많은 반격이 이루어졌다. 놀라울 만큼 기독교는 논란의 대상이 되었으며, 특히 기독교적 형이상학이 주된 공격목표였다. 세계 내에서 인간의 위치, 혹은 인간의 본질에 관한 문제들은 신의 존재 여부와 우리 인간이 신의 형상에 따라 만들어졌는지의 여부와 관련되지 않을 수 없다. 목적론적 세계인가 아니면 우연히 발생한 세계인가, 이원론인가 아니면 유물론인가, 자유의지인가 아니면 결정론인가, 사후에도 존재할 수 있는 자아 혹은 영혼의 존재인가 아니면 어떤 실체성도 결여한 존재인가, 끝으로 이성의 법칙인가 아니면 알려지지 않은 인과적 힘에 의한 통제인가 등의 문제들과도 관련된다. 그렇지만 이러한 문제들은 모두 종교와 매우 밀접한 관계 속에서 선택된 것들이다. 우리가 살펴 본 사상가들의 대다수는 이 점을 알고 있었다. 그들 모두가 니체만큼 기독교에 대해 적대적은 아니었지만, 홉스와 흄에서도 그러한 경향이 바탕에 놓여 있다. 기독교의 영향에도 불구하고 적어도 다윈의 저작은 다른 사상가들의 저작만큼이나 현실세계의 배경 속에서만 인간을 파악하려고 했다. 마르크스와 프로이트는 서로 다른 방식을 취하기는 하지만 종교적 신앙이 우리의 내면에서 형성되어 왔음을 입증함으로써 종교적 신앙을 교묘히 피하려고 했다. 비트겐슈타인은 인간 삶의 일부로서 종교에 대해 비교적 공감을 많이 한 편이지만, 종교에 합당한 형이상학적 근거를 인정하지는 않았다.

그렇다면 인간 본성에 관한 이론은 반드시 종교적이거나 반종교적이어야 하는가? 이것은 너무 성급한 결론이다. 왜냐하면 우리가 다룬 문제의 대부분은 종교적 함축을 고려하지 않고도 그 나름의 장점을 갖는 것으로 파악될 수 있기 때문이다. 오히려 종교적 함축이 자주 거론되기 때문에, 무신론자이든 유신론자이든 많은 사람들은 그들 자신과 세계 내에서의 인간의 위치에 관해 그들이 가장 소중히 여겨왔던 전제들이 위기를 맞게 된다고 느끼는 수가 많다. 그렇다고 이러한 문제들을 생각하기를 포기하는 것이 해결책은 아니다. 마르크스, 니체 그리고 프로이트처럼 인간 이성의 허구를 밝힌 위대한 폭로자들은 그러한 문제들에 자신들의 삶마저도 아낌없이 바쳤다.

인간 사회의 기원과 그 본성에 관한 문제가 제기되면 사태는 더 복잡해진다. 사회에 관한 논쟁은 정의상 정치적이며, 온갖 정치적 열정을 불러일으키기 쉽다. 우리가 생각하는 사회의 구성방식은 인간 본성에 관한 우리의 견해에 달려 있다. 우리의 본성이 부분적으로든 전체적으로든 생물학적으로 고정불변하는가의 여부는 대단히 중요한 문제다. 불변의 것이라고 할 때, 사회는 불변의 것을 받아들여야 한다. 그러나 그렇다 하더라도 사회가 〔타고난〕 우리의 천박한 충동을 부채질해야 하는가, 아니면 프로이트의 생각대로 의도적으로 규제해야 하는가의 문제가 생긴다. 인간 본성이 비교적 온순하다면, 정치체제는 더욱 중요해진다. 따라서 어떤 유형의 사회를 구성하느냐는 그 구성원들에게 비교적 큰 영향을 미칠 것이다. 어쨌든 명성에 걸맞는 정치철학이라면 인간 본성의 개념을 등한시할 수 없다. 모든 정당들은 자기들이 원하는 대로 국민을 변화시키려는 목적에서 정치적 수단을 동원할 때 미리 성취할 수 있는 것과 성취할 수 없는 것에 대해 반드시 생각해 두어야 한다. 실제로 인간 본성에 관한 논의는 예외없이 이론적 측면과 실천적 측면에서 정치학과 관련된다. 예를 들어 협동은 자기 이익에 호소함으로써만 이루어질 수 있는가의 여부, 아니면 사람은 천성적으로 사회적 본능과 타인에 대해 공감하는 능력을 갖고 태어나는지의 여부가 문제된다. 또 어느 정도까지 이성이 우리의 자연적 욕구를 통제할 수 있는지도 문제가 된다.

신랄한 논의를 피하고자 하는 사람들은 종교나 정치에 관한 논의에 관여하지 않으려고 한다. 인간 본성의 주제는 두 가지 모두와 관련된다. 그것은 감정에 좌우되는 주제일 수 있지만 동시에 우리 모두에게 근본적인 중요한 문제이기도 하다. 우리가 어떤 종류의 존재이냐가 중요한 만큼이나 우리가 어떤 종류의 사유를 하느냐도 중요하다. 우리 자신에 대해 우리가 갖고 있는 생각은 우리가 영위하는 삶의 방식을 지배한다. 잘못된 사상이나 참된 사상이나 영향을 미치기는 마찬가지이다. 물론 잘못된 사상은 재앙을 초래하겠지만 말이다. 인간 본성에 관한 사상들이야말로 가장 많은 영향력을 미칠 수 있는 사상이다.

역자 후기

우리가 살고 있는 세상은 시시각각 숨가쁘게 변하고 있다. 그러나 어느 시대 어떤 사회라도 '인간이란 과연 누구인가' 라는 수수께끼 같은 저 오래된 물음을 외면할 수는 없다. 설령 인류의 파멸보다 자기 손 끝의 상처에 더 안타까워하는 것이 인간의 모습일지라도 인간은 결코 스스로에 대한 성찰을 물리치지 못할 것이다.

이 책은 장구한 역사의 흐름 속에서 인간 본성에 관해 철학적으로 어떠한 성찰들이 이루어져 왔는가를 보여주려고 한다. 이 책의 원전은 Roger Trigg의 『*Ideas of Human Nature: Historical Introduction*』(Blackwell, 1988)으로, 중요하고도 영향력있는 10명의 사상가들의 주장을 간결하게 함축적으로 소개하면서 그들에 대한 최근의 비판적 논의까지도 담고 있다. 뿐만 아니라 이 책은 인간 본성과 관련하여 제기되는 '자유의지와 결정론' 의 문제를 위시하여 '정신과 육체의 관계' '자유주의와 공동체주의' 의 문제까지를 폭넓게 다루고 있다.

특히 인상적인 것은 이 책을 통해 우리는 인간 고유의 능력으로 일컬어져 왔던 '이성' 이 어떻게 영광스런 권위를 획득하였다가 점차 몰락의 길을 걷게 되는지를 생생하게 목격할 수 있다는 것이다. 플라톤과 아리스토텔레스에 의해 보편적 이성은 그 절대적 권위를 확보했지만, 홉스에 의해 그 권위는 크게 흔들리게 되었으며, 마침내 흄에 의해 이성은 감정의 충실한 노예로 전락하게 된다. 여기에 그치지 않고 다윈, 니체, 프로이트에 의해 마침내 이성은 노예로서의 미덕조차 인정받지 못하고 생존마저 위협을 받는 비참한 처지에 이르렀으며, 비트겐슈타인에 의해 사회적 본능이라는 또 다른 이름을 얻어 새로운 운명의 길을 걷게 된다.

이 책이 이성의 몰락을 드라마틱하게 보여주고 있다는 사실은 데카르트, 스피노자, 라이프니츠와 같은 합리주의 철학자들, 심지어는 칸트조차도 전혀 언급되고 있지 않다는 데서 분명히 드러난다. 인간 본성에 관한 합리주의 계열의 철학적 논의가 포함되어 있었더라면 이성은 전혀 다른 운명의 길을 걷게 되는 것으로 묘사될 수 있었을 것이다. 아무튼 이성의 권위와 그 운명에 관한 논쟁의 불씨가 아직도 꺼지지 않은 시점에서 이 책은 인간 본성에 관한 철학적 논쟁의 오디세이로서 적지 않은 의의를 지닐 수 있을 것이다.

시대순으로 배열된 원전의 차례를 독자의 이해를 돕기 위해 바꾸어 보았고, 또 사상가의 이름을 내건 각 장의 타이틀과 (사상적 배경, 인간과 세계, 인간 본성, 인간과 사회, 현대적 의의 등으로 옮겨져야 할) 본문 중의 소제목에도 변화를 주었으며, 이로 말미암아 어색해진 부분과 외국인명 그리고 첨언이 필요하다고 생각되는 부분에서는 간단한 역주(〔 〕로 표시된 부분)를 달아 놓았음을 밝혀둔다. 원문에 충실하면서 한편으로 막힘없이 쉽게 읽힐 수 있도록 나름대로 최선을 다했지만, 독자 여러분의 많은 질정이 있기를 바란다. 끝으로 일일이 이름을 밝히지는 않지만 이 책의 출판에 관심과 노고를 아끼지 않은 모든 분들께 깊은 감사의 뜻을 전한다.

1996년 8월

역 자

주

홉스

1) W. Molesworth 편, 『영국철학대계』(*English Works*) 1권, 『철학의 제원리』(*The Elements of Philosophy*) p. 11
2) 같은 책, 3권 권두 삽화
3) 같은 책, 4권, 「인간 본성」(Human Nature) p. 22
4) 『영국철학대계』 3권, 『리바이어던』(*Leviathan*) 4부 46장, p. 669
5) 같은 책, p. 674
6) 같은 책, p. 687
7) 같은 책, 1부 26장, p. 41
8) 같은 책, p. ix
9) 같은 책, 1권, 『철학의 제원리』 p. 409
10) 같은 책, 4권, 「자유와 필연성에 관하여」(Of Liberty and Necessity) p. 253
11) 『리바이어던』 1부 15장, p. 13
12) 같은 책, 13장, p. 114
13) 『영국철학대계』 4권, 「인간 본성」 p. 53
14) 『리바이어던』 1부 14장, p. 117
15) 「인간 본성」 p. 49
16) 같은 책, p. 44
17) 같은 책, p. 49
18) 『리바이어던』 1부 14장, p. 116
19) 『영국철학대계』 2권, 「시민론」(De Cive) p. 21
20) 『리바이어던』 2부 17장, p. 154
21) 같은 책, 18장, p. 163

22) 같은 책, 21장, p. 208
23) 『리바이어던』 1부 15장, p. 132

흄

1) L. A. Selby-Bigge 편, 『인간 본성론(*A Treatise of Human Nature*)』(P. H. Nidditch 개정판, Oxford, 1978), p. 183
2) 같은 책, p. 187
3) 『영국철학대계』 4권, p. 125～6
4) 『인간 본성론』, p. xx
5) 같은 책, p. 402
6) 같은 책, p. 402
7) 같은 책, p. 400
8) 같은 책, p. 407
9) L. A. Selby-Bigge 편, 『인간 오성에 관한 연구』(*Enquiry Concerning Human Understanding*)(Oxford, 1978), p. 75
10) 같은 책, p. 83
11) 『인간 본성론』 p. 252
12) T. H Green과 T. Grose 편, 『철학대계』(*Philosophical Works*) 4권, 「영혼불멸에 관하여」(Of the Immortality of the Soul), p. 406
13) 『인간 본성론』 p. 45
14) 『인간 오성에 관한 연구』 p. 46
15) 같은 책, p. 48

16) 『인간 본성론』 p. 179
17) 같은 책, p. 416
18) 같은 책, p. 481
19) 같은 책, p. 483
20) 같은 책, p. 487
21) 같은 책, p. 618
22) 흄, 『도덕의 제원리에 관한 연구』(*Enquiry Concerning the Principles of Morals*) p. 286
23) T. H Green과 T. Grose 편, 『철학대계』(1964) 3권, 「정부의 기원에 관하여」(Of the Origin of Government) p. 114
24) 『인간 본성론』 p. 493
25) 같은 책, p. 485
26) 같은 책, p. 494
27) 같은 책, p. 539
28) 같은 책, p. 537
29) 같은 책, p. 551
30) 같은 책, p. 490
31) 『도덕의 제원리에 관한 연구』 p. 108

다윈

1) Francis Darwin 편, 『찰스 다윈의 삶과 편지들(*Life and Letters of Charles Darwin*)』(London, 1887) 1권, p. 61
2) 다윈, 『종의 기원(*The Origin of Species*)』(J. W. Burrow 편,

London, Penguin, 1968) p. 115
3) 같은 책, p 202
4) 같은 책, p 108
5) 같은 책, p 438
6) 같은 책, p 104
7) 같은 책, p 210
8) 같은 책, p 409
9) H. R. Steeves와 E. H. Ristine 편, 『현대사상에 관한 논문 선집』(*Representative Essays in Modern Thought*)(New York, 1913), 『인간에 적용되는 다윈주의』(Darwinism as applied to Man), 또 『다윈주의(*Darwinism*)』(1889)의 미지막 장도 참조.
10) 『창세기』(*Genesis*), 1. 25(NEB)
11) 같은 책, 1. 27
12) 『찰스 다윈의 삶과 편지들』 1권, p. 93
13) 같은 책, p 309
14) 같은 책, p 304
15) 같은 책, p 306
16) 『찰스 다윈의 삶과 편지들』 2권, p. 201
17) 같은 책, 1권, p. 312
18) 스펜서, 『윤리학의 지식』(*The Data of Ethics*)(1907), p. 170
19) 『찰스 다윈의 삶과 편지들』 2권, p. 177
20) 다윈, 『인간의 유래』(*The Descent of Man*), p. 125
21) 같은 책, p 108
22) 같은 책, p 66
23) 같은 책, p 124

24) 같은 책, p 122
25) 같은 책, p 126
26) 같은 책, p 113
27) 같은 책, p 105
28) 같은 책, p 128
29) 같은 책, p 130
30) 같은 책, p 132
31) 『찰스 다윈의 삶과 편지들』 1권, p. 316
32) 『찰스 다윈의 삶과 편지들』 2권, p. 202

니체

1) 니체, 『힘에의 의지』(*Will to Powers*), 200번
2) 같은 책, 202번
3) 같은 책, 481번
4) 같은 책, 493번
5) 같은 책, 480번
6) 니체, 『짜라투스트라는 이렇게 말했다』(*Thus Spoke Zarathustra*), p. 42
7) 니체, 『즐거운 학문』(*Gay Science*), 125번
8) 니체, 『서광』(*Daybreak*), 49번
9) 『힘에의 의지』, 55번
10) 『짜라투스트라는 이렇게 말했다』, p. 237
11) 『힘에의 의지』, 25번

12) 니체. 『선악의 피안』(*Beyond Good and Evil*), 36번
13) 같은 책
14) 니체, 『속담과 격언 모음집』(*Assorted Opinions and Maxims*), 366번
15) 『짜라투스트라는 이렇게 말했다』, 3번
16) 『힘에의 의지』, 684번
17)니체, 『도덕의 계보학』(*On the Genealogy of Morals*), p. 59, 2. 2.
18) 『즐거운 학문』, 354번
19) 같은 책
20) 『힘에의 의지』, 41번
21) 같은 책, 136번
22) 같은 책, 765번
23) 같은 책, 246번
24) 『즐거운 학문』, 21번
25) 『선악의 피안』, 83번
26) 같은 책, 223번
27) 『도덕의 계보학』, p. 136
28) 『힘에의 의지』, 753번

마르크스

1) D. McLellan 편, 『선집』(*Selected Writings*)(Oxford, 1977), p. 158, 「포이에르바하에 관한 테제」(Theses on Feuerbach)

2) D. McLellan 편, 『정치경제학비판 강요』(*Marx's Grundrisse*) (London, 1971)
3) K. Marx와 F. Engels, 『서한집』(*Selected Correspondence*) (London, 1934), p. 125
4) 같은 책
5) 같은 책(또한 McLellan 편, 『선집』, p. 525)
6) K. Marx와 F. Engels, 『선집』(*Selected Works*)(Moscow, 1970) 3권, p. 162
7) K. Marx, 『자본론』(*Capital*)(Penguin 1976) 1권, p.92
8) K. Marx와 F. Engels, 『독일 이데올로기』(*German Ideology*) (C. J. Arthur 편, London, 1970), p. 59
9) D. McLellan 편, 『칼 마르크스 초기 저작』(*Karl Marx, Early Texts*)(Oxford, 1971), p. 134, 「경제 · 철학 수고」(Economic and Philosophical Manuscripts)
10) 같은 책, p. 140
11) 『자본론』 1권 1. 4., p. 165
12) McLellan 편, 『선집』, p. 152, 『신성가족』(*The Holy Family*)
13) 『자본론』, p. 552
14) 『독일 이데올로기』, p. 53
15) 같은 책, p. 59
16) 같은 책, p. 47
17) 같은 책, p. 53
18) McLellan 편, 『정치경제학비판 강요』, p. 124
19) McLellan 편, 『선집』, p. 246
20) McLellan 편, 『정치경제학비판 강요』, p. 131

21) McLellan 편, 『선집』, p. 497
22) 『독일 이데올로기』, p. 44
23) McLellan 편, 『선집』, p. 569, 『고타강령비판』(*Critique of the Gotha Programme*)
24) 같은 책, p. 235
25) 같은 책
26) 『독일 이데올로기』, p. 95

프로이트

1) 프로이트, 『꿈의 해석』(*The Interpretation of Dreams*)(『선집』(*Collected Works*) 5권, 1900), p. 608
2) 프로이트, 『한 자전적 연구』(*An Autobiographical Study*)(20권, 1925), p. 60
3) 같은 책, p. 8
4) 프로이트, 『정신분석학 입문강의』(*Introductory Lectures in Psychoanalysis*)(16권, 1917), p. 285
5) 프로이트, 『무의식』(*The Unconscious*)(14권, 1915), p. 95
6) 프로이트, 『정신분석학 기초강의』(*Some Elementary Lessons in Psychoanalysis*)(23권, 1940), p. 285
7) 같은 책, p. 284
8) 프로이트, 『정신분석학 개요』(*An Outline of Psychoanalysis*)』(23권, 1940), p. 187
9) 프로이트, 『비전문적 분석의 문제』(*The Question of Lay*

Analysis)(20권, 1962), p. 214

10) 『꿈의 해석』, p. 247

11) 프로이트, 『토템과 타부』(*Totem and Taboo*)(13권, 1913), p. 124

12) 프로이트, 『정신분석학 소고』(*A Short Account of Psychoanaly-sis*)(19권, 1924), p. 204

13) 『비전문적 분석의 문제』, p. 207

14) 프로이트, 『에고와 이드』(*The Ego and the Id*)(19권, 1923), p. 58

15) 프로이트, 『다섯 살 소년의 공포 분석』(*Analysis of a Phobia in a Five-year-old Boy*)(10권, 1969), p. 140

16) 『에고와 이드』, p. 25

17) 프로이트, 『신 정신분석학 입문강의』(*New Introductory Lectures on Psychoanalysis*)(22권, 1933), p. 61

18) 같은 책, p. 64

19) 같은 책, p. 69

20) 같은 책, p. 77

21) 같은 책, p. 80

22) 『정신분석학 개요』, p. 186

23) 프로이트, 『쾌락의 원리를 넘어서』(*Beyond the Pleasure Principle*)(18권, 1920), p. 10

24) 『에고와 이드』, p. 25

25) 프로이트, 『문명과 그 불만』(*Civilization and its Discontents*)(21권, 1930), p. 97

26) 프로이트, 『환상의 미래』(*The Future of an Illusion*)(21권, 1927), p. 6

27) 『문명과 그 불만』, p. 105
28) 같은 책, p. 119
29) 같은 책, p. 122
30) 같은 책, p. 113
31) 같은 책, p. 115
32) 『환상의 미래』, p. 15
33) 『정신분석학 개요』, p. 185
34) 『환상의 미래』, p. 31
35) 『문명과 그 불만』, p. 74
36) 『토템과 타부』, p. 88
37) C. Barrett 편, 『강의와 대화』(*Lectures and Conversations*) (Oxford, 1966), p. 51

플라톤

1) 『역사』(*History*) 3권, p. 38.
2) 플라톤, 『메논』(*Meno*), 71e.
3) 플라톤, 『국가』(*Republic*), 508d.
4) 『메논』, 82b 이하.
5) 『메논』, 286b.
6) 『국가』, 479d.
7) 『파이돈』(*Phaedo*), 415c.
8) 『파에드로스』(*Phaedrus*), 253c 이하.
9) 『국가』, 611b.

10) 같은 책, 475c.
11) 같은 책, 435e.
12) 같은 책, 415a 이하.
13) 같은 책, 459c.
14) 같은 책, 443d.
15) 같은 책, 444d.

아리스토텔레스

1) 아리스토텔레스, 『물리학』(*Physics*), 194b.
2) 아리스토텔레스, 『형이상학』(*Metaphysics*), 1073b.
3) 아리스토텔레스, 『니코마코스 윤리학』(*Nicomachean Ethics*), 1096b.
4) 『정치학』(*Politics*), 1252b.
5) 같은 책, 1332a.
6) 『니코마코스 윤리학』, 1180a
7) 같은 책, 1234b.
8) 『정치학』, 1254b.
9) 『니코마코스 윤리학』, 1098a.
10) 아리스토텔레스, 『영혼론』(*De Anima*), 412b.
11) 같은 책, 412b.
12) 같은 책, 403a.
13) 『니코마코스 윤리학』, 1178a.
14) 『정치학』, 1264b.

15) 같은 책, 1262b.
16) 같은 책, 1263a.
17) 『니코마코스 윤리학』, 1168b.
18) 『정치학』, 1262b.
19) 같은 책, 1337a.
20) 『니코마코스 윤리학』, 1141a.

아퀴나스

1) 아퀴나스, 『신학대전』(*Summa Theologiae*), 76. 1.
2) 『고린도서 1편』(*I CORINTHIANS*) 15. 19(NEB)
3) 『신학대전』, 1a, 75. 4.
4) 같은 책, 1a, 76. 1.
5) 같은 책, 1A, 76. 3.
6) 같은 책, 1a, 76. 3
7) 같은 책, 1a, 76. 2.
8) 아퀴나스, 『이교도에 관한 전서』(*Summa Contra Gentiles*), 4. 79.
9) 『신학대전』, 81.
10) 같은 책, 1a, 83. 1.
11) 같은 책, 1a, 83. 1
12) 같은 책, 1a, 2, 85, 1.
13) 같은 책, 1a, 2. 82.
14) 같은 책, 1a, 2. 96. 2.
15) 같은 책, 1a, 2. 95. 1.

16) 같은 책, 1a,2a. 91. 6.
17) 같은 책
18) 같은 책, 1a, 2a,94. 2.
19) 같은 책, 1a, 2a,94,6.
20) 같은 책, 1a, 2a, 94,6.

비트겐슈타인

1) 비트겐슈타인, 『논리철학 논고』(*Tractatus Logico-Philosophicus*)(1921), 7번
2) 같은 책, 44번
3) 비트겐슈타인, 『철학적 탐구』(*Philosophical Investigations*)(1953), 7번
4) 같은 책, 23번
5) 같은 책, 244번
6) 같은 책, 124번
7) 같은 책, 225번
8) 비트겐슈타인, 『철학적 문법』(*Philosophical Grammar*)(Oxford, 1974), p. 382
9) E. Haldane과 G. R. Ross 역, 『데카르트의 철학적 저작들』(*Philosophical Works of Descartes*)(Cambridge, 1931) 1권, p. 101
10) 『철학적 탐구』, 384번
11) 같은 책, 337번

12) 같은 책, 342번
13) 같은 책, 293번
14) 같은 책, 258번
15) 같은 책, 202번
16) 같은 책, 205번
17) 같은 책, 207번
18) 같은 책, 293번
19) 같은 책, p. 178
20) 같은 책, 304번
21) 같은 책, p. 174
22) 같은 책, 654번
23) 같은 책, 206번
24) 같은 책, 241번
25) 비트겐슈타인, 『메모』(*Zettel*), p. 387
26) 비트겐슈타인, 『확실성에 관하여』(*On Certainty*), 609번
27) 같은 책, 609번
28) 『철학적 탐구』, p. 230
29) 비트겐슈타인, 『심리철학에 관한 논급』(*Remarks on the Philosophy of Psychology*)』(G. H. Von Wright와 H. Nyman 편, 2권, Oxford, 1980), 689번
30) 『확실성에 관하여』, 475번
31) 『심리철학에 관한 논급』(G. E. M. Anscombe와 G. H. Von Wright 편, 1권, 옥스포드, 1980), 901번
32) 이러한 복잡한 문제와 관련된 충분한 논의를 위해서는 R. Trigg, 『고통과 감정(*Pain and Emotion*)』(Oxford, 1970) 참조.

찾아보기